십자가가 사라진 현대 교회

* 십자가가 사라진 현대교회

지은이 조록형

펴낸 곳 크리스찬북뉴스

발행일 2025년 9월 26일

이메일 cbooknews@naver.com

출판사 홈페이지 www.cbooknews.com

총판 기독교출판유통(TEL 031-906-9191, FAX 0505-365-9191)

정가 20,000원

ISBN 979-11-989118-2-7

십자가가 사라진 현대 교회

칼뱅의 삼중직을 중심으로 본 교회론적 십자가 신학

조록형 지음

목차

추천사 1   8

추천사 2   10

저자 서문   12

서론   15

제1부

십자가 신학의 상황적 통찰과 신학적 응답

제1장 복음의 보편성과 상황화: 신학적 긴장　18

제2장 초대교회와 십자가 신학의 형성　22

제3장 율법과 십자가: 바울의 신학적 전환과 논쟁　45

제4장 종교개혁과 십자가 신학의 재정립　54

제5장 전쟁과 고난 속의 십자가 신학: 몰트만의 신정론적 해석　76

제6장 물질주의 문명과 십자가 신학: 존 홀의 비판적 상황화　94

제2부

번영신학의 십자가 이해 비평

제7장 성공주의 신앙과 십자가 신학의 위기   114

제8장 번영신학의 신학적 기초와 사상적 배경   119

제9장 번영신학의 십자가 신학에 대한 구조적 왜곡   142

제10장 번영신학의 핵심 개념 분석   157

제11장 십자가와 번영의 신학적 관계   172

제12장 번영신학에 대한 신학적 비판과 종말론적 재해석   187

제3부

십자가 신학의 보편성과 총체적 재구성

제13장 십자가 신학의 중심성과 현대적 요청　192

제14장 성경에 나타난 십자가 신학의 기초　197

제15장 전통 속 십자가 신학의 유형들　219

제16장 십자가 신학의 신학적 통합과 비판　265

제17장 십자가 신학 담론을 위한 총체적 재구성　290

제18장 보편성과 통전성 안에서의 십자가 신학　321

결론　324

참고문헌(Bibliography)　327

추천사 1

조록형 박사의 '십자가가 사라진 현대교회'는 현대교회에 대한 예리한 성찰이자 현대교회, 특히 한국교회를 향한 준엄한 경고라고 생각된다. 한국교회는 1970년대 이후 교회 성장을 제일의적 과제로 여겨 수적 성장을 추구하여 왔으나, 뒤돌아보면 성공주의, 기복 신앙, 혹은 탈현세적 내세주의와 같은 번영신학에 매몰되어 복음의 본질로부터 이탈하거나 16세기 개혁자들이 말했던 참된 교회의 표식을 상실하는 오류를 범하기도 했다.

우리는 이런 교회 현실에 무감각했으나, 저자는 우리 시대 교회관에 대한 예리한 성찰을 통해 십자가 없는 교회의 문제점을 지적하고 이른바 성경적 교회관을 제시하고 있다. 즉, 저자는 성경과 사도 바울, 그리고 초대교회로부터 시작하여 종교개혁과 현대교회에 이르기까지 교회·복음 이해·신학의 문제를 검토하고, 오늘의 교회가 지녀야 할 복음의 핵심인 십자가의 신학이 어떠해야 하는가를 제시하고 있다.

이 책의 부제가 암시하는 바처럼, 저자는 그리스도의 왕적, 제사장적, 선지자적 직분, 곧 삼중직에 대한 칼빈의 이해를 토대로 십자가의 신학을 제시하고 있다.

이 책을 보면서 초대교회로부터 현대에 이르는 긴 역사 과정의 교회, 역사, 신학을 성찰하는 조록형 박사의 학문적 예지에 놀라지 않을 수 없었다. 성경, 교회사, 조직신학, 그리고 현대신학에 대한 깊은 식견이 기초가 되었기 때문에, 저자는 '십자가의 신학'을 자신의 신학 체계로 제시할 수 있었을 것이다.

루터가 당시 교회의 비성경적인 사제주의나 공적 사상, 혹은 교회적 율법주의를 비판하고 개혁을 말했을 뿐 아니라 바른 하나님의 교회 건설을 주창했듯이, 이 책의 저자도 십자가 없는 현대교회를 비판하는 것으로 끝나지 않고, 바른 교회관 그리고 그 교회가 선포해야 할 십자가의 신학을 제시하고 있는 것은 하나님의 교회에 대한 사랑과 애정이라고 할 수 있을 것이다.

이 책의 저자인 조록형 박사를 알게 된 것은 30여 년 전의 일이다. 그는 변함없고 일관된 진실한 그리스도인이었고, 하나님과 교회와 성도들을 사랑하는 장로였고 목사였다. 그가 걸어온 신앙적 삶과 학구적 여정이 이 책 속에 그대로 드러나 있다. 이런 점에서 이 책은 개신교 선교사 내한 140주년을 기념하는 이때에 한국교회를 향한 값진 선물이라고 확신한다.

전 고신대학교 교수
현 백석대학교 신학대학원 석좌교수
이상규

추천사 2

　　조록형 박사가 알파크루시스 대학교 박사원에서 수년간의 노고를 통하여 완성한 이 논문은 한국교회의 고질적인 문제점 중 하나인 번영신학의 성공주의적 세계관과 내세지향적 구원론의 패착(敗着)을 지적하는 것으로 시작되었다.

　　그리고 거기서 더 나아가 이런 문제점을 십자가 신학에 대한 올바른 이해를 통하여 극복함으로써 한국교회의 모범적인 성장에 기여하려는 의도를 아울러 제시하여 주었다. 그런데 특이한 것은 십자가 신학을 존 칼뱅의 삼중직이라는 렌즈를 통하여 이해한 후 이를 근거로 십자가 신학의 교회론을 재구성함으로써 십자가 신학에 대한 새로운 안목을 우리에게 제시하여 주었다는 점이다.

　　조 박사의 십자가 신학에 대한 새로운 안목은 세속적인 번영신학과 내세 중심적 구원론에 매몰되어 성경적 복음주의의 궤도에서 벗어난 한국교회에 신선한 도전을 제시하여 주었고, 이는 한국교회 및 신학에 대한 이 논문의 가장 큰 기여로서 이해될 수 있을 것이다.

본인은 알파크루시스 대학교 박사원장으로 재직할 때부터 조 박사의 논문을 관심을 갖고 지켜보았는데, 마침내 조 박사가 모든 수고를 끝내고 박사학위를 취득한 후 이를 단행본으로 출판하게 된 것을 진심으로 축하하면서, 여기에 머물지 않고 계속 진력하여서 향후 한국교회와 신학에 더욱 크게 기여할 수 있기를 기대하는 바이다.

백석대학교 대학원장(전)

Alphacrucis Unversity College 박사원장(전)

김경진 교수

저자 서문

2013년 말, 이민 생활 속에서 마주한 깊은 고난은 제 신앙 여정에 전환점을 가져다주었습니다. 고통은 때로 외면하고 싶은 현실이지만, 제게는 그것이 오히려 십자가의 의미를 더 깊이 묵상하고 연구하게 되는 계기가 되었습니다. 이 책은 그러한 여정의 결실로, 필자의 철학박사 논문 중 일부를 발췌하여 현대 교회와 신학의 맥락에 맞게 재구성한 것입니다.

오늘날 교회는 신앙과 삶의 불일치로 인해 세상으로부터 신뢰를 상실하고 있으며, 그에 따라 사회적 영향력 역시 급속히 약화되고 있습니다. 이러한 현실의 이면에는 번영신학이 제시하는 성공주의적 세계관과 성장 중심의 교회론이 깊이 작용하고 있습니다. 나아가, 개혁주의 전통 내에서도 내세 지향적이고 형벌 대속 중심의 구원론은 신앙과 삶의 괴리를 심화시키는 데 일조해 왔습니다.

이러한 배경 속에서 '십자가 신학'은 오늘날의 신학적 상황에 비추어 새로운 해석과 접근을 요구받고 있습니다. 십자가에 대한 담론은 교회 역사 속에서 각 시대와 문화의 정황을 반영하며 전개되어 왔지만, 그 가운데서도 복음의 본질이라는 신학적 핵심은 변함없이 지켜져 왔습니다. 그러나 오늘날 우리가 직면한 도전은, 그 전통을 단순히 반복하거나 시대의 흐름에 편승하여 무비판적으로 수용하는 데 있지 않습니다. 오히려 우리는 성경에 기초한 바른 분별력과 신학적 통찰을 바탕으로, 현대 사회와 교회의 현실에 적실한 새로운 해석과 적용을 모색해야 합니다. 그렇게 할 때에 비로소 십자가 신학은 그 본래의 보편적 진리를 유지하면서도, 오늘의 구체적인 역사적·문화적 상황 속에서 살아 있는 메시지로 다시 말할 수 있게 될 것입니다.

특히 번영신학이 제시하는 십자가 이해는 복음의 핵심을 왜곡할 위험을 내포하고 있습니다. 십자가를 고난이 아닌 승리와 축복의 도구로만 해석하는 관점은 목회 실천과 교회론에 왜곡된 방향성을 제공해 왔습니다. 이에 따라 우리는 십자가 신학을 다시금 고백적으로 붙들되, 그것이 그리스도의 삼중직—곧 왕, 제사장, 선지자의 직분—안에서 총체적으로 통합되어야 함을 강조하고자 합니다.

그리스도는 문화를 초월하여 계시되시지만, 동시에 특정한 시대와 문화 속에서 역사하십니다. 그러므로 십자가 신학은 시대와 분리된 추상적 개념이 아니라, 구체적 역사와 문화적 조건 속에서 그 의미를 드러내는 살아 있는 신학이어야 합니다. 모든 신학은 결국 진리를 향한 인간의 응답이며, 특정한 시대적 맥락 속에서 구체화되는 고백적 작업입니다.

이 책이 독자 여러분으로 하여금 십자가의 신학적 깊이와 현실적 적용 가능성을 동시에 성찰하는 데 도움이 되기를 소망합니다. 특별히 이 시대의 교회가 십자가로 다시 돌아가 복음의 본질을 회복하고, 진정한 제자도와 공동체적 신앙을 회복하는 데 작은 밀알이 되기를 간절히 소망합니다.

2025년 9월 15일

호주 시드니에서

조록형

서론

십자가의 재발견과 교회의 회복

21세기 현대 교회는 신앙과 삶의 불일치라는 고질적 위기 앞에 직면해 있다. 교회는 한편으로 급속한 세속화와 개인주의적 문화의 흐름에 밀려 사회적 발언권과 윤리적 권위를 상실하였고, 다른 한편으로는 교회 내부의 신학적 혼란과 타협 속에서 복음의 본질을 점차 잃어가고 있다. 이러한 위기의 중심에는 단순한 제도나 실천의 문제를 넘어, 신학적 기반의 왜곡이라는 보다 근본적인 문제가 자리하고 있다. 특히 지난 수십 년간 전 세계 교회에 영향을 미친 번영신학은 복음의 본질을 성공과 물질, 성장과 치유 중심의 내러티브로 전환시킴으로써, 십자가의 신학을 심각하게 훼손해왔다.

번영신학은 외형상 '예수 그리스도의 십자가 은혜를 믿음으로 받아들이면 의롭다 하심을 얻는다'는 전통적인 구속 개념을 수용하는 듯 보이지만, 실상은 고난과 자기 부정이라는 십자가의 본래적 의미를 제거하고, 신앙을 세속적 축복과 기적의 수단으로 환원시킨다. 더 나아가, 십자가 사건을 단회적이고 자동화된 축복의 보증으로 전락시키며, 성화와 영화의 과정을 내포하는 구속사의 긴 여정을 무력화시킨다. 이로 인해 교회는 고난과 죽음이라는 복음의 역설을 외면하고, 영광과 승리의 내러티브만을 선호하는 왜곡된 신학과 실천에 빠지게 된다.

그렇다면 이 시대에 교회는 어떠한 신학적 길을 걸어가야 하는가? 십자가를 어떻게 다시 해석하고, 어떻게 다시 설교해야 하는가? 본서는 이러한 문제의식에서 출발하여, 십자가 신학을 시대적 정황과 문화적 맥락 속에서 재해석하는 시도를 담고 있다. 고대에서 현대에 이르기까지, 교회는 그 시대의 언어와 사유 구조를 통해 십자가를 해석해 왔으며, 그러한 해석은 종종 문화와 권력의 언어에 의해 왜곡되기도 했다. 그러나 모든 시대는 그 나름의 방식으로 십자가라는 '하나님의 어리석음' 앞에 응답해 왔으며, 그 과정에서 교회는 스스로를 정화하고 새롭게 세워져 왔다.

본서는 십자가 담론이 시대와 문화의 맥락 속에서 어떻게 형성되어 왔는지를 추적하고, 특히 번영신학이 제시하는 십자가 이해가 현대 교회에 끼친 영향을 비판적으로 분석한다. 아울러 그리스도의 삼중직―왕, 제사장, 선지자―에 근거하여 십자가 신학을 총체적으로 재구성함으로써, 복음의 보편성과 상황성을 동시에 아우르는 신학적 대안을 제시하고자 한다. 이를 통해 오늘날의 교회가 다시금 십자가 앞에 서서, 고난과 자기 부정, 나아가 부활과 화해의 길을 따를 수 있도록 이끄는 것이 본서의 궁극적인 목적이다.

제1부

십자가 신학의 상황적 통찰과 신학적 응답

제1장 복음의 보편성과 상황화: 신학적 긴장

복음은 본질상 보편적이다. 이는 예수 그리스도의 십자가와 부활을 통해 계시된 하나님의 구속 계획이 모든 인류와 만물을 향한 하나님의 행위라는 사실에서 기인한다. 이 보편성은 시간과 공간, 인종과 문화, 계층과 국가를 초월하여 유효하다. 그러나 이와 동시에, 복음은 언제나 특정한 시간과 장소에서 구체적인 인간에게 전해지고 수용된다. 따라서 복음은 그 보편적 진리를 손상하지 않는 범위 내에서, 각 문화와 시대의 언어와 삶의 구조 안에서 의미화되어야 한다. 이것이 바로 복음의 상황화(contextualization)라 불리는 신학적 과제이다.[1]

---

[1] '상황화'(contextualization)라는 용어는 세계교회협의회(World Council of Churches, WCC) 산하 신학교육기금의 책임자였던 대만의 신학자 쇼키 코(Shoki Coe)와 부책임자 아론 삽세지안(Aharon Sapsezian)에 의해 최초로 제안되었다. 이 용어는 1972년 WCC 보고서에서 공식적으로 채택되었으며, 이후 선교, 예배, 신학, 성경 번역, 타종교와의 관계 등 다양한 영역에서 핵심 개념으로 인용되며 광범위한 논의와 연구를 촉발시켰다. '상황화'는 그 출발점이 에큐메니컬 진영, 특히 WCC로부터 비롯된 탓에, 복음주의 진영이나 보수 신학계에

복음의 상황화는 피할 수 없는 현실이자 필수적인 신학적 요청이다. 언어, 전통, 문화적 관습은 복음의 수용과 해석에 깊이 관여하며, 복음이 그 문화 안으로 들어가지 못할 경우, 실질적인 신앙 형성과 공동체적 실천은 불가능해진다. 하지만 복음의 상황화는 단순한 문화 수용을 의미하지 않는다. 오히려 상황화는 복음의 보편성과 고유성을 유지하면서, 특정 문화 속에 들어가 그 문화를 새롭게 해석하고 변혁하는 과정이다.[2] 이는 곧 복음이 문화와 만날 때 발생하는 필연적 긴장, 즉 '복음의 보편성'과 '맥락적 특수성' 사이의 신학적 긴장을 동반한다.

이 긴장은 이론적인 문제로 그치지 않는다. 현대 교회 안에서 십자가 신학의 상황화를 둘러싼 논쟁은 이 긴장의 실제적 증거다. 예컨대, 현대 복음주의의 일부에서는 십자가의 고난과 자기희생의 복음을 왜곡한 번영신학이 확산되었다. 이는 십자가를 하나님의 자기비하와 대속적 죽음이 아니라, 물질적 축복의 수단으로 재해석하는 방식으로, 복음의 상황화를 빙자한 본질적 진리의 훼손이라 평가할 수 있다. 십자가 신학의 중심 메시지—예수 그리스도의 대속적 죽음과 하나님의 주권적 구속사—는 어떠한 문화적 해석의 틀 속에서도

서는 해당 개념이 성경의 보편성과 진리성을 상대화하거나 왜곡할 수 있다는 우려 속에서 일정한 비판과 경계의 시선을 유지해 왔다. 그럼에도 불구하고, '상황화'는 오늘날까지도 여전히 신학 담론 내에서 활발히 사용되며, 수용과 거부, 이해와 오해 사이에서 다양한 신학적 뉘앙스를 띠는 개념으로 기능하고 있다. 이로 인해 상황화는 현대 신학 연구의 핵심 주제들 가운데 하나로 자리 잡았으며, 지역성과 보편성 사이의 창조적 긴장을 다루는 중요한 신학적 틀로 주목받고 있다.

2 Bruce J. Nicholls, "Theological Education and Evangelization," *Let the Earth Hear His voice*, ed. J. D. Douglas(Minneapolis: World Wide., 1975), 637.

타협하거나 삭제될 수 없는 핵심이다.

그렇기에 신학은 항상 복음의 상황화를 '비판적 수용'이라는 틀 속에서 다루어야 한다.[3] 문화적 요소들은 선별적으로 수용되어야 하며, 그 문화의 세계관은 복음의 계시적 빛 아래에서 재조명되고, 필요시 해체되어야 한다. 이는 복음이 문화를 단순히 모방하거나 동화되는 것이 아니라, 오히려 그 문화를 복음의 빛 아래에서 새롭게 변혁하는 기능을 수행해야 함을 의미한다.

이와 같은 긴장을 신학적으로 분석하고자 할 때, 기독교 역사 속의 십자가 신학 전개는 풍부한 자료를 제공한다. 예를 들어, 바울은 로마 제국이라는 다신교 세계 속에서 십자가를 "하나님의 지혜와 능력"(고전 1:24)으로 선포함으로써, 당시의 철학적·종교적 기대를 전복했다. 마르틴 루터는 중세의 공로 중심적 구원 이해 속에서, 십자가의 은혜를 신앙의 유일한 기초로 재해석하였다. 위르겐 몰트만은 전쟁과 홀로코스트의 비극 속에서, 십자가를 고통 받는 이들과 연대하시는 하나님의 자기 계시로 제시하였고, 더글라스 존 홀은 북미의 물질주의적 승리주의 문화에 맞서, 십자가의 낮아짐을 신앙의 중심으로 회복하고자 했다. 이처럼 십자가 신학은 보편적 복음의 진리를 유지하면서도, 시대적 질문에 대한 응답의 방식으로 다양하게 발전해 온 것이다.[4]

---

3   Paul G. Hiebert, *Anthropological Insights for Missionaries*(Grand Rapids: Baker Book House, 1985), 184.

4   바울, 루터, 몰트만, 홀의 십자가 신학은 기독교 신학 전체를 포괄적으로 대변한다고 보기는 어렵다. 또한 이들 각 신학자의 사상을 충분한 깊이와 폭을 갖추어 다루는 일은 본서의 지면상 한계로 인해 실현 가능하지 않다. 따라서 본서에서는 '십자가 신학'이라는 의도된 주제의식에 따라, 각 신학자가 처한 시대적 정황과 이에 대한 신학적 응답을 간략히 정리하는 데 초점을 둘 것이다. 특히 루

십자가 신학은 시대적 상황 속에서 다양한 방식으로 구성되면서도, 복음의 보편적 진리를 변함없이 유지해 왔다. 복음은 언제나 맥락 안에 들어가야 하지만, 그 맥락이 복음을 재정의하거나 훼손하지 않도록 분별되어야 한다. 복음의 보편성은 맥락적 다양성을 배제하지 않으며, 오히려 그 위에서만 정당화될 수 있다. 이러한 긴장 속에서 복음은 진정한 생명력을 얻으며, 십자가 신학은 오늘날에도 여전히 신학적·실천적 통찰을 제공하는 중심 진리로 기능한다.

터와 몰트만은 서로 다른 신학적 전제와 지평 위에서 십자가 신학을 전개하였기에, 동일한 신학적 맥락 안에서 병렬적으로 논의될 수 없는 인물들이다. 아울러, 본서의 목적은 두 신학자의 십자가 신학 자체를 심층적으로 비교하거나 체계적으로 분석하려는 데 있지 않다. 오히려 본서는 고통과 위기의 상황 속에서 십자가 신학이 어떻게 해석되고 적용되었는지를 조명하기 위한 목적으로, '상황적 신학'의 대표적 사례로서 몰트만을 소환하고자 한다. 루터는 십자가 사건을 성부와 성자 사이에서 이루어진 구속사적 행위로 이해하며, 이신칭의 교리를 통해 개인의 구원을 강조한다. 그의 신학에서는 그리스도의 두 본성이 유기적으로 연합되어 있으며, 그리스도의 신성은 고난의 최심부까지 침투함으로써 하나님이 그리스도 안에서 인간의 고통을 체휼하신다고 본다. 그러나 동시에 루터는 하나님은 본질적으로 '무감정'(impassibilitas)의 존재이시며, 그 본성상 고난을 당하실 수 없다고 이해한다. 반면, 몰트만은 십자가 사건을 삼위일체의 종말론적 연합이라는 틀 속에서 이해하며, 이를 통해 신정론적 질문에 응답하려 한다. 그는 성부, 성자, 성령이 십자가 사건에 모두 참여하였으며, 성부는 성자의 고통에 참여함으로써 '수난당하시는 하나님'으로 자신을 드러내신다고 주장한다. 몰트만의 십자가 신학은 루터의 개인 구원 중심의 틀을 넘어, 세계 전체의 고통과 상처에 함께하시는 하나님의 내재성과 우주적 구속(救贖)의 가능성을 강조하는 방향으로 나아간다.

제2장 초대교회와 십자가 신학의 형성

사도 바울은 유대교의 열렬한 바리새인이자, 초기 그리스도인들을 박해하던 인물이었으나, 다메섹 도상에서의 급진적 계시 체험을 통해 전 인격적 전환을 경험하였다(행 9:1-9; 갈 1:15-16). 이 사건은 단순한 회심이 아니라, 그가 전 인생을 바쳐 증거하게 될 복음의 핵심 내용을 계시로 받은 결정적 순간이었다. 바울은 그 순간, 십자가에 달린 예수가 단지 저주받은 자가 아니라 하나님의 아들로서 인류의 죄를 대속한 구속자의 심부름을 성취하였음을 깨달았다.

이러한 깨달음은 바울의 신학적 기초를 형성하였으며, 그가 전하는 복음의 중심을 '십자가 신학'(theologia crucis)으로 정초하는 계기가 되었다. 그는 십자가를 단지 고난이나 비극적 사건으로 간주하지 않고, 그 안에 하나님의 '지혜와 능력'이 계시되었다고 확신하였다(고전 1:18-25). 즉, 세상의 논리로는 어리석음이요 거리끼는 것이지만, 믿는 자들에게는 하나님의 구속적 의도가 총체적으로 드러난 결정적 사건이라는 것이다.

바울은 이 십자가 중심 복음을 통해, '율법적 의'에 근거한 유대 종교 체계를 전복하고, 오직 믿음으로 말미암는 의, 곧 '이신칭의'(sola fide)의 복음을 선언하였다(갈 2:16; 롬 3:28). 그의 십자가 신학은 단지 교리적 선언을 넘어서, 박해받는 초대교회 공동체를 향한 위로와 격려로 작용했으며, 교회의 정체성과 소명, 윤리적 실천의 토대가 되었다.

바울에게 있어 다메섹 체험은 단지 개인의 구원 경험이 아니라, 교회를 위한 공적 계시였다. 그는 이 계시를 통해 받은 복음을 인간에게서 배운 것이 아니라 하나님으로부터 직접 받은 것이라 선언하며, 자신의 사도직과 복음 선포의 권위를 이 신적 계시로부터 정당화하였다(갈 1:11-12). 그의 신학은 곧 십자가에 달리신 그리스도를 통해 계시된 하나님의 은혜, 공의, 그리고 역설적 구속의 질서를 전 인류에 선포하는 사명으로 승화되었다.

결국 바울은 '십자가의 도'가 하나님의 구속 역사 전체를 조망할 수 있는 신학적 중심임을 선포한다. 그는 이를 통해 초기 교회뿐 아니라 이후 모든 세대의 교회가 직면하는 신학적, 문화적, 윤리적 도전에 대응할 수 있는 영속적 기준을 제시한 인물로 자리매김한다. 그의 다메섹 체험은 단순한 종교적 사건이 아니라, 신학사의 전환점이자, 기독교 복음 이해의 본질을 구성하는 토대였다.

갈라디아 교회: 율법주의와 복음의 충돌

초대교회의 역사적 상황은 바울이 갈라디아 지방의 여러 교회에 보낸 서신을 통해 명확히 드러난다. 바울은 갈라디아서에서 자신이 직면한 유대주의적 위협과 그로 인한 신학적 긴장 상태를 생생하게 묘사하면서, 그러한 위기의 상황을 '십자가 신학'(theologia crucis)을 근거로 극복하려는 신학적 논쟁을 전개한다.[5] 그의 논쟁의 핵심은 하나님의 자녀가 되는 조건을 둘러싼 질문에 대한 해답으로, '십자가의 은혜'와 '율법주의' 간의 대립에 있었다.

독일 루터파 신학자이자 바울 신학 연구로 정평이 난 에른스트 케제만(Ernst Käsemann, 1906-1998)은 이러한 바울의 십자가 신학을 "모든 종교적 환상을 타파하는 논쟁적 신학"(a polemical theology that destroys all religious illusion)으로 규정한 바 있다.[6] 실제로 케제만의 지적처럼 바울 신학의 중심에는 십자가 신학이 자리하며, 그는 이 신학을 기독교의 유대교적 배경 속에서 철저히 적용하고자 하였다.[7]

---

5   갈라디아 교회뿐만 아니라, 고린도 교회에서도 바울이 적대자들의 공격 받은 흔적들이 많이 나타난다(고후 10-23장). 브루스(F. F. Bruce)는 고린도후서에서 등장하는 바울의 적대자들을 초기형태의 영지주의자들로 진술한다. 이런 진술은 다음의 문헌을 참고하라. F. F. Bruce, 『바울』, 박문재 역(서울: 크리스챤 다이제스트, 1992), 285; Murray J. Harris, *The Second Epistle to the Corinthians: A Commentary on the Greek Text*(The New International Greek Testament Commentary, Grand Rapids: W. B. Eerdmans, 2005), 87.

6   Ernst Käsemann, "Zur paulinishen Anthropologie," in *Paulinische Perspektiven*(Tübingen: J. C. B. Mohr, 1993), 64.

7   Ernst Käsemann, "Die Heilsbedeutung des Todes Jesu bei Paulus," in *Paulinische Perspektiven*(Tübingen: J. C. B. Mohr, 1993), 60-106. 바울신학의 중심이 '십자가 신학'임을 강조하는 연구들은 S. Mark Heim, *Saved from Sacrifice: A Theology of the Cross*(Grand Rapids: Eerdmans, 2006); Charles B. Cousar, *A Theology of the Cross: The Death of Jesus in the Pauline Letters*, OBT(Minneapolis: Fortress, 1990); Raymond Pickett, *The Cross in Corinth: The Social Significance of the Death of Jesus*(Sheffield: Sheffield Academic Press, 1997); John T. Carroll and Joel B. Green, "'Nothing but Christ and Him Crucified': Paul's Theology of the Cross," in *The Death of Jesus in Early Christianity*(Peabody: Hendrickson, 1995), 113-32를 참조하라.

바울이 갈라디아 지역에 십자가 복음을 전한 이후, 예루살렘으로부터 이른바 '거짓 형제들'(갈 2:4)[8], 곧 유대주의 성향을 지닌 그리스도인들이 침투하였고, 그들은 "다른 복음"(갈 1:6)[9]을 전파함으로써 갈라디아 교회에 심각한 혼란을 야기하였다(갈 1:7). 그 결과, 갈라디아 교인들은 바울이 전한 은혜의 복음을 저버리고(갈 1:6; 3:3; 4:9), 다시금 율법의 멍에 아래로 돌아가는 상황에 처하게 되었다(갈 6:12; 3:1). 이에 대해 바울은 서신 전반에 걸쳐 유대주의자들의 '율법 중심적 구원론'을 강도 높게 비판하며, 격앙된 감정까지도 드러낸다.[10]

갈라디아 교회 내부의 긴장 구조는 교회를 구성한 신자들의 출신 배경과도 밀접하게 관련되어 있다. 바울이 "너희가 그때에는 하

---

[8] 갈라디아 공동체에 침투한 적대자들에 대해 바울은 비록 '거짓'이라는 수식어를 붙이긴 했지만 '형제'라고도 칭하였다. 또한 그들이 '할례'를 강요한 점으로 미루어 볼 때, 이들은 바울과 경쟁 관계에 있었던 유대인 출신 그리스도인으로 추정된다. Hans Dieter Betz, *Galatians*(Philadelphia: Fortress Press, 1979), 6-8 참조. 그러나 적대자들이 유대주의자가 아니었다고 주장하는 학자들도 있다. 예를 들면, F. R. Crownfield는 적대자들이 율법 전체를 강요하지 않고 '할례'만을 강요한 점을 지적하며, 적대자들은 유대주의자가 아니었을 것이라고 추정하지만, 설득력이 떨어진다.

[9] "다른 복음"이란 바울이 이미 전한 복음의 본질에서 변질하고 왜곡된 거짓 교훈을 의미한다. 왜 바울이 "거짓 복음"이라고 말하지 않고 "다른 복음"이라고 했는지의 평가는 김창락, 『갈라디아서』 (서울: 대한기독교서회, 1999), 104-108을 참조하라.

[10] 갈라디아서에서 바울의 투쟁을 통상적으로 이해하는 유대주의와 복음(십자가 신학)에 대한 투쟁으로 보지 않고, 종교적 위선과의 싸움이었다고 주장하는 학자도 있다. 예를 들면, 권연경은 바울 신학을 관통하는 가장 본질적 주제는 '종교적 위선'과의 투쟁이라고 본다. 그는 바울이 고린도교회에 보낸 서신에서 잘 드러난 위선적 윤리 문제는 오늘날 교회의 문제에도 개념적 해석을 넘어 실제 상황에 본질적이고 구체적 통찰을 주는 점에서 의미가 있다고 주장한다(권연경, "갈라디아의 종교적 위선", 『신약연구』 16[1][2017]: 113-147 참조).

나님을 알지 못하여 본질상 하나님이 아닌 자들에게 종노릇 하였더니"(갈 4:8)라고 언급한 대목은, 갈라디아 공동체의 주류가 유대인이 아닌 이방인 그리스도인들이었음을 시사한다. 이러한 해석에 대해 에드윈 프리드(Edwin D. Freed)는, 바울이 갈라디아서에서 '율법의 행위'를 통한 의를 강하게 반박하면서도 아브라함(갈 3:7-14)이나 사라와 하갈(갈 4:21 이하) 등의 구약 본문을 인용하여 설득하려 한 점에 주목하여, 갈라디아 교회가 유대인 출신과 이방인 출신 신자들로 혼합되어 있었을 가능성을 제기한다.[11] 그러나 보다 설득력 있는 해석은, 갈라디아 교인들이 비유대인 출신임에도 불구하고, 하나님을 이미 알고 경외해온 '경건한 이방인들'이었을 가능성에 무게를 둔다.[12]

바울 서신은 대체로 그가 선교한 지역 공동체들이 직면한 구체적 문제와 신학적 혼란에 대한 해답을 제시하고, 동시에 교회를 향한 격려와 권면의 메시지를 담고 있다. 이러한 맥락에서 갈라디아 교회 내에서 바울이 직면한 복음의 왜곡과 그에 대한 투쟁의 흔적을 고찰하는 일은 초대교회의 상황을 이해하는 데 중요한 통찰을 제공한다. 특히 갈라디아서에 나타난 갈라디아 공동체의 갈등과 바울의 '투쟁적' 십자가 강조는, 당시 복음의 본질을 둘러싼 교회 내 논쟁의 신학적 지형을 반영한다.

첫째, 바울이 직면한 가장 핵심적인 신학적 갈등은 '율법의 행위'를 통한 구원론을 주장한 유대주의적 그리스도인들과의 논쟁이

11　Edwin D. Freed, *The Apostle Paul, Christian Jew: Faithfulness and Law*(New York: University Press of America, 1994), 85-6.
12　이대주, "바울의 갈라디아교회 자유 수호", 『신학논단』 101(2020): 179-208.

었다.¹³ 이들은 바울의 '십자가 복음'을 전면적으로 부정한 것이 아니라, 그 복음에 율법의 요소—특히 '할례'—를 추가함으로써, 구원의 조건을 유대 전통 안에서 재해석하려 하였다.¹⁴ 이에 대해 바울은 갈라디아서 서두(1:6)에서 이들의 가르침을 '다른 복음'이라 규정하고, 그러한 복음을 전하는 자는 "저주를 받을지어다"라고 두 차례(1:8-9) 반복하여 단호하게 정죄한다. 그는 갈라디아 교인들이 "그리스도의 은혜로 너희를 부르신 이를 떠났다"고 언급하면서, 그들의 상태를 단순한 일탈이 아닌 배교의 위협으로 간주한다.¹⁵

둘째, 바울은 갈라디아 공동체 내부에서 발생한 분열과 갈등의

---

13   사도행전 15장 1절에 따르면, 갈라디아 지방에 침투한 바울의 적대자들은 예루살렘 교회 출신으로 보이며, 이들은 할례를 비롯한 유대 율법과 민족적 전통을 복음 전파의 필수 요소로 간주한 유대인들이다. 이들은 구약 율법의 준수가 이방인 개종자에게도 동일하게 요구되어야 한다고 주장함으로써, 복음의 보편성과 은혜 중심 구원론을 훼손하는 결과를 초래하였다. 이러한 배경 속에서 다수의 신학자들은 이들을 '유대주의자들'(Judaizers)로 명명하며, 그들의 신학적 입장이 바울 복음의 핵심인 '믿음을 통한 칭의'에 근본적으로 반대되는 것임을 지적한다. Herman Ridderbos, "Galatians," *ISBE* 2(1992): 381; J. L. Martyn, "A Law-Observant Mission to Gentiles: The Background of Galatians," *SJT* 38(1985): 307-24; Sch T. R. Schreiner, *Galathians*(Zondervan Exegetical Commentary, Grand Rapids: Zondervan, 2010), 47-49를 참조하라.

14   할례법은 하나님이 시내산 계명에서 이스라엘에 명하신 규정이지만(레 12:3), 이미 창세기에서 하나님이 남자 아이들에게 생후 팔일 째에 할례를 행하도록 명령하신 계명이었다(창 17:9-14). 할례가 혼인 조건으로 등장하는 것은 야곱 시대에 있었다(창 34:14-17), 그 후 모세의 아내는 아들에게 할례를 시행하여 결정적 순간을 모면한다(출 4:25). 또한 출애굽 때, 이스라엘 백성들은 할례 받은 자만 유월절 의식에 참여케 했다. 배철현, 『유다인의 토라: 타르굼 옹켈로스 창세기』(서울: 한님성서연구소, 2001), 58-61 참조.

15   바울은 갈라디아인들이 그리스도를 통해 하나님의 자녀가 된 근거로 "그리스도의 은혜"를 강조한다(R. N. Longenecker, *Galatians*, 이덕신 역, 『갈라디아서』[서울: 솔로몬, 2003], 195-196.).

실상을 '온 율법'의 개념과 연결하여 분석한다(갈 5:14). 바울의 논리는 다음과 같다. '온 율법'은 곧 '이웃 사랑'으로 요약되며, 이는 공동체 내에서 벌어진 할례 여부를 둘러싼 갈등이 이웃에 대한 사랑의 실천을 방해하고 있음을 지적하는 것이다.[16] 바울은 '할례'의 문제를 단순한 의식이나 민족적 표식이 아니라, 율법 전체를 지킬 수 없는 자들이 특정 조항만을 강조하는 모순으로 비판한다(갈 6:13). 그는 '할례' 자체를 '율법의 저주'(갈 3:10)와 연결지음으로써, 오히려 이방 신들을 섬기던 과거로의 퇴보로 간주한다(갈 4:8). 따라서 바울은 '이웃 사랑'이라는 율법의 본질을 강조함으로써, 율법적 의의 추구가 공동체를 파괴하는 행위임을 신학적으로 논증한다.

셋째, 바울은 적대자들이 자신의 사도권을 부정함으로써 복음 자체의 정당성을 훼손하려는 시도에 강력히 반박한다. 그는 갈라디아서 서두(1-2장) 전체를 할애하여, 자신의 사도직이 인간이나 교회로부터 받은 것이 아니라, 오직 예수 그리스도의 계시로 말미암은 것임을 주장한다. 이러한 자기변호는 단순한 개인적 방어를 넘어, 그가 전한 복음이 '사람에게서 난 것이 아니며'(1:11-12), 하나님으로부터 유래한 계시라는 점을 입증하기 위한 신학적 근거 제시이다. 특히 갈라디아서 2장 16절은 바울 신학의 정점을 이루며, "사람이 의롭게 되는 것은 율법의 행위로 말미암지 않고 오직 예수 그리스도를 믿음으로 되는 줄"을 선언함으로써, 십자가 중심의 구원 교리를 확립한다.

요약하면, 바울의 '십자가 신학'은 갈라디아 교회 내에서 율법주의적 복음 왜곡에 대응하기 위해 발전된 '구원 교리'로 이해할 수 있

---

16 이승문, "바울의 율법 이해와 갈라디아 공동체의 정황", 『대학과 선교』 5(2018): 138-9.

다. 바울이 복음을 전하던 시대 상황은 헬라 세계, 로마 제국, 심지어 유대교 문화 내에서도 십자가에 달린 그리스도의 죽음을 수용하기 어려운 분위기였다(참조. 고전 1:23). 이러한 상황 속에서 바울은 자신의 복음의 권위를 확립하기 위해 두 가지 신학적 명분을 제시한다.

첫째, 그가 전한 복음이 사람에게서 난 것이 아니라 하나님으로부터 유래한 계시라는 점이다. 그는 고린도전서 15장 3절에서 자신이 전한 복음이 '자기가 받은 것'이라고 설명함으로써, 그 복음이 선민 유대인의 전승 속에서 비롯된 하나님의 역사적 개입임을 암시한다.[17] 둘째, 바울은 예수의 직접 제자가 아님에도 불구하고, 자신이 사도로 부름받았음을 강조하면서, 자신의 복음이 신적 권위에 기반한 것임을 주장한다. 그가 갈라디아서 1-2장에서 거의 전적으로 자신의 사도직 정당화에 집중하는 이유는, 복음의 진정성이 자신의 사도권의 정당성 위에 서 있음을 인식하였기 때문이다.

이제, 초대교회가 직면한 또 다른 신학적·사회적 갈등을 살피기 위해, 유대와 헬라 문화가 공존하고 다양한 계층 간의 갈등이 혼재

---

17 바울이 스데반의 설교 현장에 있었던 것으로 보아 초기 팔레스타인이나 시리아를 접촉했던 헬라파 그리스도인들을 통해 복음을 전해 들었던 것으로 추정할 수 있다. 또한, 바울은 갈 1:11-12에서 사람에 의존하지 않은 "예수 그리스도의 계시로 말미암은" 복음이라고 설명한다. 고린도전서와 갈라디아서에서 바울의 진술이 서로 외견상 모순적인 것으로 나타나는데, 고펠트는 두 서신이 쓰일 때의 수신자 상황과 관련하여 해석할 필요가 있다고 진술한다. 갈라디아서에서는 역사적 전통을 주장하는 유대주의 그리스도인과의 논쟁에서 "하나님으로부터 오는 계시의 중요성"을 강조하는 반면, 고린도전서에서는 탈 역사적인 열광적인 그리스도인들에게 역사적 전통의 중요성을 강조하고 있다. 즉 복음은 "본질에서 항상 역사적 전통이며, 동시에 영적 케리그마"이다(L. Goppelt, *Theology of the New Testament: The variety and unity of the apostolic witness to Christ* 참조). 본서는 고펠트의 견해를 지지한다.

했던 고린도 교회의 상황을 조명해보자.

고린도 교회: 문화적 긴장과 공동체 분열

고린도 교회가 직면한 문제는 갈라디아 교회와는 상이한 양상으로 나타난다. 이러한 점에서 고린도 교회의 상황을 고찰하는 일은, 초대교회가 처한 문화적·사회적 복합성 및 신학적 긴장을 이해하는 데 중요한 단서를 제공한다. 로마의 식민지였던 고린도는 헬라-로마 문화가 교차하는 대표적인 도시로서, 로마 제국의 정치적 통제 아래 있었지만 문화적으로는 헬레니즘의 영향력이 더 강하게 작용한 지역이었다. 이러한 배경 속에서 고린도 교회는 당시 헬레니즘 도시 교회들이 공통적으로 겪은 문제들—계층 갈등, 신분 차별, 명예 추구—을 고스란히 내포하고 있었다.[18]

실제로 고린도 공동체의 사회적 에토스(ἔθος)는 갈라디아 교회보다 훨씬 강한 '엘리트주의'와 '개인주의'의 특징을 지녔으며, 이는 공동체의 분열과 긴장의 중요한 요인으로 작용하였다. 예를 들어, 바울이 고린도전서에서 '약함'이라는 단어를 총 29회에 걸쳐 사용한 사실은, 이 공동체가 '강함'과 지식을 숭상하는 문화를 얼마나 깊이 내면화하고 있었는지를 보여준다. 특히 알렉산드리아 출신의 유능한 지도자 아볼로의 영향을 받은 일부 교인들은 자신의 '지혜'와 '능력'을 자랑하고, 바울의 '약함'을 비판하며 공동체 내 파당을 조성하는 분열적 경향을 보였다.[19]

---

18 Richard A. Horsley, 『고린도전서』, 박경미 역(서울: 대한기독교서회, 2019), 35-6.

19 조경철, "하나님의 능력이 나타나는 계시의 장으로서 약함(약함을 자랑하는 사도 바울의 영성 연구)", 『신학과세계』 79(2014): 65-6. 조경철은 특히 고

초대교회 내부의 갈등은 단순히 개인적 성향이나 리더십에 대한 호오(好惡)를 넘어서, 유대인 출신 그리스도인과 이방인 출신 그리스도인 간의 문화적·신학적 차이에서 비롯된 것이기도 하다. 사도행전은 바울이 복음 전도를 시작할 당시 유대인을 대상으로 사역했으나, 극심한 반대에 부딪혀 디도 유스도의 집으로 선교 거점을 옮기고, 이후 이방인 중심의 사역으로 전환하는 과정을 기록하고 있다(행 18:5-7). 이는 고린도 교회 내부에 유대인과 이방인 사이의 신학적 긴장과 문화적 충돌이 존재했음을 시사한다.[20]

십자가 복음의 선포는 헬라와 유대, 양 문화 모두에게 근본적인 도전이었다. 마르틴 헹엘(Martin Hengel)은 헬레니즘 및 로마 사회의 배경 속에서 십자가형이 갖는 공포와 저주의 상징성을 지적하면서, "십자가에 달린 신"이라는 복음의 메시지가 당시 사회에 얼마나 큰 충격과 거부감을 불러일으켰는지를 상세히 설명한다.[21] 십자가형은 고대 사회에서 대역죄, 반국가 행위자, 노예와 폭력범들에게 적용되던 가장 수치스럽고 모욕적인 처형 방식이었다.[22] 유대인의 입

린도전 1-4장에서 진술하는 '약함'의 의미를 분석하여, 약함에서 드러나는 하나님의 능력을 말하고자 하는 바울의 메시지를 발견하고자 한다.

20　Donald Guthrie, *New Testament Introduction*(Illinois: Inter-Varsity Press, 1970), 421.

21　Martin Hengel, 『십자가 처형』, 이영욱 역(서울: 감은사, 2020), 31.

22　Ibid. 156. 당시 로마 제국은 카르타고와 전쟁을 벌인 후의 수직 형태의 말뚝으로 만들어진 십자가를 처형 도구로 사용한다(H. W. Kuhn). 그러나 이미 그 역사는 페르시아로 거슬러 올라가며, 알렉산드로스 대왕이 동방원정을 할 당시에도 십자가 처형이 시행됐던 것으로 알려졌다(Martin Hengel, 『신구약 중간사』, 임진수 역[서울: 살림출판사, 2004], 16.). 이런 전통 때문에 십자가형을 당해야 하는 대상은 식민지 지배에 저항하던 반란군이나 아니면 로마의 노예들이었다. 유대교 안에서도 바리새인들이 등장하여 유대인의 왕 알렉산더 얀네우스에게 저항하다가 많은 바리새인이 십자가 처형을 당한 것으로 전해

장에서도 "나무에 달린 자는 하나님께 저주를 받은 자"(신 21:23)라는 율법의 가르침에 따라, 십자가에 달린 자는 신적 저주의 대상이었다.[23]

이와 같은 시대적 정황 속에서 바울이 십자가 복음을 선포하는 것은 심대한 오해와 저항을 동반할 수밖에 없었으며, 그는 이러한 부담감을 "내가 너희 가운데 거할 때에 약하고 두려워하고 심히 떨었다"(고전 2:3)라고 표현한다. 그럼에도 불구하고 바울은 고린도 교회를 향해 "그리스도 안에서 내가 복음으로써 너희를 낳았다"(고전 4:15)고 진술함으로써, 고린도 사역이 단순한 설득이나 논변이 아닌 '해산의 고통'과 같은 깊은 수고의 결과였음을 강조한다.

고린도 교회의 맥락에서 발생된 문제점을 좀 더 자세히 짚어보자.

첫째, 고린도 교회는 다양한 계층의 신자들이 한 공동체 안에 모인 '다양성'을 갖춘 공동체였으나, 이로 인해 계층 간의 가치관 충돌

지고 있다. 그 숫자에 관한 언급은 쿰란에서 발견된 문헌에는 8백 명으로 나오며(4QpNah), 요세푸스 역시 그에 관한 보도를 하고 있다(F. F. Bruce, 『신약사』, 나용화 역[서울: 기독교문서선교회, 1999], 94-95).

23   바울이 신명기의 율법을 사용한 것과 관련하여, 마코비(Hyam Maccoby)는 유대교의 '저주'의 사상과는 다르고, 바울이 인류의 죄의 저주로부터 자유롭게 하기 위하여 자발적으로 자신을 죽음의 저주 아래 두신 예수의 위대한 희생을 강조하기 위하여 신명기의 옛 언약을 인용한 것이라고 주장한다. 곧 바울은 예수를 증거함에 있어서 그의 바리새파 배경으로부터 그의 논증의 기본을 취한 것이라는 것이다(Hyam Maccoby, *The Mythmaker: Paul and Invention of Christianity*[New York: Barnes & Noble, 1998], 67). 다만 헹엘(Martin Hengel)은 바울이 십자가형이 유대인들에게는 거리끼는 것(고전 1:23)이라고 강조하는 것을 볼 때, 그는 자신의 선교 경험만을 진술하고 있는 것이 아니라 바리새파의 율법 학자로서 자신이 이해했던 예수의 십자가를 기술하고 있는 것이라고 주장한다(Martin Hengel, 『바울: 그리스도인 이전의 바울』, 강한표 역[서울: 한들, 1999], 205-6.). 본서는 헹엘의 주장이 더욱 설득력이 있다고 본다.

이라는 내재적 분열 가능성을 안고 있었다.[24] 갈라디아 교회와는 달리, 고린도 교회에서는 율법이나 할례 준수를 강조하는 유대주의적 논쟁은 상대적으로 적었으나, 리더십에 대한 선호와 기호를 중심으로 한 '분파주의'(factionalism)가 심각한 문제로 대두되었다. 바울, 아볼로, 게바 등 교회의 지도자들이 사역한 이후, 이들의 이름을 내세운 여러 '파'들이 형성되었고, 공동체 내에서 우열과 정통성을 둘러싼 분쟁이 지속되었다(고전 1:12). 이러한 분열의 기원에 대하여 학자들은 다양한 해석을 제시한다. 일부는 열광주의적 성향의 신앙 기호가 파당을 형성하였다고 본다.[25] 다른 일부는 세례 집례자에 따른 정체성 분열로 본다.[26] 바울은 이러한 분쟁이 그리스도의 몸인 교회의 일치를 심각하게 훼손한다고 판단하고, 교회는 오직 그리스도와의 연합 속에서 사고와 판단의 일치를 추구해야 한다고 역설한다. 이러한 권면은 오늘날 한국교회가 직면한 분열과 리더십 중심주의에 대한 중요한 성찰점을 제공한다.

둘째, 고린도 교회에는 십자가 복음의 왜곡이라는 신학적 위기가 존재하였다. 급진적인 유대주의자들과 연합한 일부 적대자들은 성령 체험에 대한 열광주의(spiritual enthusiasm)를 바탕으로, 십자가의 도를 영지주의적 방식으로 재해석하였다.[27] 이들은 십

24　D. A. Carson, D. J. Moo, 『신약개론』, 엄성옥 역(서울: 은성사, 2010), 470-74.

25　박익수, 『고린도전서』(서울: 대한기독교서회, 1994), 60.

26　권오현, 『바울의 편지』(서울: 대한기독교서회, 1995), 317.

27　가현설(假現說)은 헬라어로 '보이다'라는 의미인 '도케오'(δοκέω)가 어원이다. 이는 영지주의 교리인 예수의 몸은 환상일 뿐이라는 것을 의미한다. 이 교리는 예수의 인간성을 부정하고, 하나님 아들 예수는 인간의 몸을 갖지 않았다고 주장한다. 유대 영지주의는 예수의 십자가 사건을 환상일 뿐이며, 예수의 죽

자가의 '어리석음'(고전 1:18)에 대한 문화적 반발을 극복하기 위해, 예수의 고난과 죽음을 실제가 아니라 환영적 사건으로 보는 '가현설'(Docetism)에 기울었다. 즉, 문화에 적응하려는 지혜가 곧 십자가의 실재를 제거하는 신학적 왜곡으로 나타난 것이다. 이러한 이원론적 사유는 결국 '육체로부터의 완전한 해방'을 주장하는 반율법적 자유방임주의로 이어졌으며, "모든 것이 가하나 모든 것이 유익하지 아니하다"(고전 6:12)라는 사도의 반론에서 그 실체가 드러난다. 뤼트케르트(W. Lütgert)는 이들을 '그리스도파 영지주의자들'로 규정하면서, 그들의 교만한 영적 자긍심이 실상은 그리스도의 주권(Lordship)을 거부하는 것이라고 진단한다.[28] 바울 또한 그들을 향해 "그리스도께 속하였다고 말하나, 실상은 그리스도가 그들에게 속하신 것처럼 왜곡한다"(고후 10:7)고 책망한다.

셋째, 고린도 교회는 도덕적 타락의 심각한 문제를 안고 있었다. 십자가 신학의 왜곡은 윤리적 해이에 대한 정당화로 이어졌고, 이는 공동체 내 도덕적 붕괴를 촉진시켰다.[29] 바울은 고린도전서 5-6장에서 음행, 성적 타락, 송사 문제 등을 직접적으로 다루며 교회의 거룩성과 경계성을 회복할 것을 촉구한다. 그는 "너희 중에 음행이 있다 함을 들으니, 이방인 중에서도 없는 것이라"(고전 5:1)고 언급하며,

---

음과 부활은 중요하지 않다고 주장한다. 라이케(Bo Reicke)는 바울을 비판했던 거짓 선생들은 가현설을 믿는 유대주의적 영지주의와 자유주의였다고 주장한다(Bo Reicke, *Diakonie*, Festfreude Und Zelos[Uppsala: Lundequistska bokhandeln, 1951], 275. 조재형, "영지사상에서 살펴본 고린도후서에 나오는 바울의 대적자"에서 재인용).

28   Hans Conzelmann, *I Corinthion: Hermeneia-A Critical and History Commentary on the bible*(Philadelphia: Fortress, 1975), 14.
29   박익수, 『고린도전서』, 55-57.

이방인과의 윤리적 비교를 통해 신자들의 상태가 하나님 백성으로서 도저히 용납될 수 없는 수준에 이르렀음을 지적한다. 주목할 점은, 바울이 이 문제를 단순히 개인의 윤리로 환원하지 않고, 교회 공동체 전체의 영적 정체성과 공적 책임으로 접근했다는 점이다.[30] 그는 죄에 대한 징계의 목적을 단죄가 아닌 교회의 회복으로 보며, "너희가 자랑하는 것이 옳지 아니하도다…적은 누룩이 온 덩이에 퍼지느니라"(고전 5:6)고 권면한다.

이러한 고린도 교회의 신학적, 윤리적 위기를 직면한 바울은, 예루살렘 사도회의(행 15장)의 '상황적 신학'(contextual theology)과 일치하는 방식으로 복음을 재확인하고 교회의 일치를 도모한다. 사도행전 15장과 갈라디아서 2장에 기록된 예루살렘 회의는, 복음의 본질을 훼손하지 않는 범위 안에서 문화와 상황에 따른 유연한 대처를 보여주는 대표적 사례이다. 바울은 율법주의적 구원론으로 복음을 왜곡하는 갈라디아 교회에 '십자가의 은혜'를 강조하고, 교회 내 분열과 자기 지혜를 자랑하는 고린도 교회에는 '십자가의 지혜'를 선포함으로써(고전 1:23-24), 각기 다른 상황에 직면한 교회들을 동일한 복음의 본질로 이끌고자 했다.

결론적으로, 갈라디아 교회가 율법주의적 복음 왜곡에 직면한 공동체였다면, 고린도 교회는 헬레니즘적 문화 가치와 사회 계층 간의 긴장, 유대-이방인의 통합 문제 등 복합적인 요소가 얽힌 공동체였다. 바울이 이 두 공동체에서 각각 강조한 '십자가 신학'은, 단지 구원의 방식에 대한 신학적 원리 제시에 그치지 않고, 문화적 충돌과 공동체 분열을 넘어서 복음의 본질을 회복하려는 목회적·선교적

---

30 김진옥, "사단에게 내어 준 자(고전 5:1-5)에 대한 고찰", 『신학정론』 30(2)(2012년): 628.

실천이었다.

하나님의 지혜와 능력으로서의 십자가

복음주의 설교자 마틴 로이드 존스(David M. Lloyd-Jones, 1899-1981)는 십자가를 하나님의 '지혜'(σοφία)가 총체적으로 드러난 결정체로 말한다.[31] 하나님의 존재 안에는 공의와 자비라는 두 성품이 동시에 내재하며, 이 둘은 분리될 수 없는 방식으로 하나님의 거룩함을 구성한다. 공의의 측면에서 하나님은 죄인에게 반드시 형벌을 내리셔야 하고, 자비의 측면에서는 죄인을 무한히 용서하셔야 한다. 이러한 상반되는 요구를 동시에 충족시켜야 한다는 점에서, 구원의 문제는 인간의 이성으로는 해결할 수 없는 난제로 남는다.

그러나 하나님은 이와 같은 내적 긴장을 십자가 사건 안에서 해결하셨으며, 이는 곧 하나님의 '지혜'로 나타난다. 다시 말해, 하나님의 지혜는 십자가에서 독생자의 희생을 통해 죄에 대한 정당한 형벌이 실행되는 동시에, 죄인에게 무한한 자비가 베풀어지는 방식으로 구현되었다(참조. 롬 5:8). 이러한 구속 사건은 창세전에 하나님께서 작정하신 것으로, 시간과 역사를 초월한 '하나님의 감추어진 지혜'(고전 2:6-7)로 나타난다.

십자가는 유대인에게는 거리끼는 것이요, 헬라인에게는 어리석게 보이는 표적이며(고전 1:22-23), 세상의 관점에서는 약함과 굴욕, 실패의 상징이다. 그럼에도 불구하고 사도 바울은 "내게는 우리 주 예수 그리스도의 십자가 외에 결코 자랑할 것이 없다"(갈 6:14)고 고백하며, 인간의 지혜와 능력을 자랑하는 자들을 향해 십자가만이

---

31 David Martyn Lloyd-Jones, 『마틴 로이드 존스의 십자가』, 서창원 역 (서울: 두란노, 1987), 85-9.

하나님의 지혜라고 단언한다.[32] 바울에게 있어서 하나님의 참된 지혜는 곧 십자가에 못 박히신 예수 그리스도, 즉 '십자가의 도'(ὁ λόγος ὁ τοῦ σταυροῦ)에 있다.

이처럼 십자가에 계시된 하나님의 지혜는 단순한 사상적 명제가 아니라, 믿는 자들에게 실제적인 구원을 이루는 '하나님의 능력'(롬 1:16)으로 작용한다. 이는 바울의 복음 이해의 핵심이며, 하나님의 능력이 세상의 악을 치유하고 자유를 선포하는 방식으로 나타났음을 시사한다. 나아가 이러한 능력은 고통과 죽음이라는 약함 안에서 드러났으나, 그것은 파멸의 종착점이 아니라 종말론적 희망의 표징으로 기능한다. 즉, 십자가는 고난과 죽음을 통해 오히려 하나님의 약속과 구원의 미래를 드러내는 결정적인 사건이 된다.

바울이 그리스도의 능력 안에 머물기 위해 자신의 '약함'(ἀσθένεια)을 자랑하였다는 진술은 깊이 주목할 만하다(고후 12:9). 바울이 약함을 부끄러워하지 않고 오히려 자랑할 수 있었던 이유는, 그가 한때 수치로 여겼던 그리스도의 십자가가 '부활'을 통해 '하나님의 능력'으로 계시되었음을 확신했기 때문이다. 그는 예수 그리스도께서 "죽은 자들 가운데서 부활하심으로 하나님의 능력(δύναμις)에 의해 하나님의 아들로 선포되었다"(롬 1:4; 참조. 1:16)고 선언하며, 자신의 사도직(διακονία)의 근거를 바로 이 하나님의 능력 안에서 찾는다.[33] 바울에게 있어서 '약함'은 단순히 인간적 결핍을 의미하

32　Gordon D. Fee, *The First Epistle to the Corinthians*(Grand Rapids, Cambridge: Wm. B. Eerdmans Publishing, 1987), 75-80.

33　일반적으로 디아코네오(διακονεω)라는 단어가 '섬김' 또는 '봉사'를 가리키는 의미로 사용된다. 그러나 원어에서는 '직분'을 의미하고, 바울은 자신의 사도직을 디아코네오(διακονεω)라고 명한다.

지 않으며, 세속적 기준에서 파악되는 취약성도 아니다. 오히려 그는 그리스도의 십자가 죽음과 부활이라는 구속 사건을 해석의 기준으로 삼아 약함과 강함을 재구성한다.

바울은 그리스도의 십자가에서 드러난 인성의 약함이 부활을 통해 하나님의 능력으로 전환되었음을 신앙의 핵심으로 받아들이고, 이를 자신의 사도적 실존에 적용한다.[34] 즉, 그리스도의 부활로 계시된 하나님의 신적 능력은 단순한 역사적 사건을 넘어, 새 창조의 원동력이며 인간이 복음 전도자로 부름 받을 수 있는 유일한 가능성의 근거가 된다. 그는 이를 통해, 복음을 전하는 자가 오직 부활하신 주님의 생명 안에서 하나님의 영광을 드러낼 수 있다고 확신한다.

이러한 신학적 이해는 바울의 사역 전반에 일관되게 나타난다. 그는 자신이 연약함 가운데 있음을 끊임없이 인정하면서도, 예수의 생명에서 오는 '그리스도의 능력'(고후 12:10)에 의지하여 모든 고난 속에서도 기쁨으로 감당할 수 있었음을 고백한다.[35] 바울은 인간의 연약한 실존, 곧 '질그릇'으로 상징되는 존재가 오히려 예수의 생명과 능력을 담는 복음의 통로가 될 수 있음을 강조한다. 이 '질그릇에 담긴 보배'(고후 4:7)에 대한 그의 진술은 복음의 본질과 사역자의 존재론적 조건을 동시에 드러낸다.

고린도후서 4장 10-11절에서 바울은 그리스도의 '죽음'과 '생명'이라는 보배를 자신의 몸에 지닌다고 진술한다. 유대-헬레니즘 전승에서 '그릇'은 종종 '몸'을 상징하는 은유로 사용되며, 이는 인간의

---

34 조경철, "하나님의 능력이 나타나는 계시의 장(場)으로서 약함(ασθηνεια)", 『신학과세계』 79(2014): 64-94.

35 바울은 대적자들의 공격에 계속해서 자신의 약함을 인정한다(고전 2:3; 4:10; 고후 11:21, 29; 12:10; 13:3, 4, 9).

유한성과 취약함, 죽음에 이르는 실존적 조건을 드러내는 표현 방식이다.[36] 이러한 배경을 고려할 때, 바울의 진술은 '보배'가 단순한 복음의 메시지를 넘어, 인간의 약함 속에 충만히 임재하는 하나님의 능력이며, 이는 십자가에 나타난 하나님의 계시와 직결됨을 증언하는 것이다.

그렇다면, 하나님의 능력의 원천은 무엇인가? 그것은 곧 '사랑'이다. 하나님의 신적 능력은 "하나님은 사랑이시다"(요일 4:8)라는 선언적 진술에 기초하며, 이 사랑은 죄와 악이 만연한 세상을 향한 자기희생적 개입으로 나타난다. 구체적으로, 하나님의 사랑은 십자가의 희생을 통해 죄와 사망의 권세를 정복하고 구속사를 실현하는 동력이 되었다. 따라서 희생하는 사랑은 하나님의 본질이자, 하나님의 능력 그 자체로 기능한다.

사도 바울은 이러한 하나님의 사랑 안에서 자신의 사도직의 정체성을 확인한다. 그는 연약한 질그릇과 같은 자신의 존재 안에 가장 귀한 보배, 곧 '예수 그리스도의 십자가와 부활'의 복음이 담겼음을 인식하며(고후 4:7), 이를 전하는 사도직이 하나님의 사랑에서 비롯되었음을 고백한다. 더욱이 바울은 자신이 경험한 고난을 단순한 고통의 경험이 아니라, '예수의 생명' 안에서 극복할 수 있는 능력의 통로로 이해한다. 이러한 이해는 고난의 신학적 재해석을 가능하게 하며, 그는 로마서 5장 3절에서 "우리는 환난 중에도 즐거워하나니"라고 선언한다. 그 이유는 고난이 인내를, 인내가 연단을, 연단이 소망을 낳는다는 신앙적 확신에서 기인한다.

---

36 퍼니쉬는 인간론적 은유인 '그릇'이 고후 4:10의 '몸'(소마[σῶμα])으로 이어진다고 진술한다. 서론, 각주, 주석과 함께 번역된 V. P. Furnish, *II Corinthians*, AncB 32A(Garden City, NY: Doubleday, 1984), 279.

바울은 하나님의 능력을 증거하기 위하여 자신이 실제로 박해를 경험한 사역적 삶을 상기시킨다.[37] 그는 특히 "내 영혼을 스올에 버리지 아니하시며"(행 2:27)라는 시편의 구절을 인용하며, 어떤 상황에서도 자신을 버리지 않으시는 하나님의 구원을 강조한다. 이러한 인식은 구약의 언약 신학과 긴밀하게 연결되어 있으며, 창세기 28장 15절, 신명기 31장 6-8절, 역대상 28장 20절, 시편 16편 10절, 예레미야 15장 20절 등 유대 전승의 핵심 본문들로 소급된다.

바울은 자신이 경험한 고난의 현장에서 '버리지 아니하시는 하나님'의 능력을 신실하게 믿음으로 붙들었다. 이 신뢰는 단순한 낙관이 아니라, 하나님께서 생명의 능력을 부여하실 것이라는 확신에 근거한 실천적 믿음이었다. 바울에게 있어 믿음은 하나님의 능력이 인간의 역사 속에 실현된다는 사실을 인정하고 그것에 응답하는 인격적 태도였다.

특히 주목할 점은, 바울이 하나님의 능력이 자신이 '연약할 때' 오히려 더욱 선명하게 드러난다고 고백했다는 사실이다(고후 12:9-10). 그는 이러한 신학적 인식을 바탕으로 자신의 약함을 부끄러워하지 않고 오히려 자랑하며, 고난에 적극적으로 참여하는 자세를 보인다. 이것은 그리스도의 고난에 연합된 자로서의 정체성을 인식하고, 자신의 실존을 하나님의 능력이 드러나는 공간으로 수용한 결과라 할 수 있다.

파당을 형성하고 갈등을 일으키던 고린도 교회를 향하여, 바울은 세 가지 핵심적인 질문을 제시하고 그에 대한 신학적 응답을 통하여 '십자가의 도'(ὁ λόγος τοῦ σταυροῦ)의 본질을 교훈한다(고전

---

37 갈 1:13-23; 갈 5:11; 고전 4:12를 참조하라.

1:18). 바울이 강조하는 이 '십자가의 도'는 표면적으로는 어리석고 무기력한 것으로 보일 수 있으나, 신앙적 관점에서는 하나님의 '지혜'와 '능력'으로 나타나는 역설적 진리이다(고전 1:24).

권성수는 세상의 기준으로는 미련하고 무능하게 보이는 이 십자가 복음이 실상은 인간을 구원하는 하나님의 '지혜'와 '능력'임을 다음 세 가지 차원에서 요약하여 설명한다.[38] 첫째, '십자가의 도'는 세상의 논리로는 불합리하게 보일 수 있으나, 궁극적으로는 하나님의 구원 계획 안에서 지혜와 능력의 본질로 작용한다(고전 1:18-25). 둘째, 하나님은 지혜롭고 유능한 자가 아닌, 오히려 세상에서 무시당하는 자들을 택하심으로써 아무도 자랑할 수 없도록 하신다(고전 1:26-31). 셋째, 바울은 자신의 복음 선포가 인간의 수사학이나 지혜가 아닌, 오직 성령의 능력에 기초하고 있음을 강조하며, 진정한 하나님의 지혜는 성령을 통해 분별되고 전달된다는 점을 천명한다(고전 2:1-5).

고린도 교회는 당시 헬라 문화의 지적 중심지에 위치해 있었으며, 철학과 수사학이 발달한 사회적 분위기 속에서 세상의 지혜를 숭상하고 자랑하는 경향이 강하게 나타났다. 이러한 문화적 배경은 교회 내부의 파당 형성과 신학적 혼란을 심화시켰다. 이에 대해 바울은 반복적으로 자신이 복음을 전할 때 '말의 지혜'($\sigma o \phi i \alpha\ \lambda \acute{o} \gamma o \upsilon$)에 의존하지 않았음을 강조한다(고전 2:1). 그는 '세상의 지혜'와 '하나님의 지혜'를 대립적인 개념으로 설정하며, 복음은 인간적 수사나 철학적 논증이 아닌 하나님의 계시적 진리임을 밝힌다. 또한 유대인들이 요구하는 '표적' 역시 참된 하나님의 지혜가 아님을 지적한다

---

38 권성수, "고린도전서 1:18-25 주석", 『신학지남』 63(4)(1996): 49-77.

(고전 1:22-24).

바울이 십자가를 하나님의 지혜와 능력으로 확신하는 데에는 세 가지 신학적 근거가 존재한다.

첫째, 십자가는 세상을 변화시키는 하나님의 능력이다. 바울은 십자가에 나타난 하나님의 지혜가 단지 신학적 개념에 그치지 않고, 실제로 모든 피조세계에 내재되어 있으며, 인간이 그 지혜를 인식하도록 하나님께서 계시의 길을 열어주셨다고 본다. 그는 고린도전서 1장 30절에서, 십자가 안에 감추어졌던 비밀이 "지혜와 의로움과 거룩함과 구속"이라는 선물로 신자들에게 주어졌음을 선언한다.[39] 따라서 바울은 고린도 교회의 갈등을 단순히 윤리적 문제로 보지 않고, 그 해결책으로 '십자가의 지혜'를 제시하며, 인간적 지혜와 신적 계시 사이의 신학적 충돌을 '십자가 신학'의 관점에서 재해석하고자 한다.

둘째, 십자가는 약한 자를 통해 하나님의 구원의 능력을 드러낸다. 바울은 고린도전서 1장 26절에서 "너희 중에 지혜 있는 자가 많지 아니하고 능한 자가 많지 아니하며 문벌 좋은 자도 많지 아니하도다"라고 말하며, 세상의 기준으로는 보잘것없는 자들을 하나님께서 택하셨음을 강조한다. 그는 계속해서 "세상의 미련한 것, 약한 것, 천한 것, 멸시받는 것"을 택하신 하나님의 선택이, 인간으로 하여금 결코 자랑하지 못하게 하려는 의도임을 밝힌다(고전 1:27-29). 바울은 "미련함과 지혜로움", "약함과 강함", "감춤과 드러남"(고전 4:1-5)이라는 변증법적 구도를 통해, 인간의 자랑과 자기 의존성을

---

39 조경철, 『신약성서신학』 (서울: KMC, 2014), 208-12.

무너뜨리고, 하나님의 주권적 구원 행위를 강조한다.[40]

하나님께서 왜 세상의 눈에 약한 자들을 택하시는가? 바울은 이것이 인간이 자신의 약함을 인식할 때에만 비로소 하나님의 능력을 체험할 수 있기 때문이라고 본다. 이분법적 대비—'어리석음'과 '하나님의 지혜'—는 단순한 수사적 장치가 아니라, '십자가 외에는 복음이 없다'는 바울의 신학적 확신을 드러내는 전략이다.

셋째, 하나님의 지혜와 능력은 성령을 통해 계시된다. 바울은 그의 서신들에서 세례와 성령의 역사를 긴밀하게 연결하며, 세례를 성령의 임재를 경험하는 사건으로 이해한다.[41] 고린도전서 2장 10절과 12절에 따르면, 인간은 성령의 도우심 없이는 십자가의 역설, 즉 세상의 눈에 어리석고 연약해 보이는 십자가가 실제로는 하나님의 지혜와 능력임을 깨달을 수 없다. 이처럼 성령은 십자가 안에 감추어진 진리를 인식하게 하는 결정적인 주체이며, 오직 성령에 의해 조명된 자만이 그리스도의 고난에 자발적으로 참여할 수 있다.

바울의 영성은 이러한 인식에 기초한다. 그는 복음을 전할 때 "두렵고 떨림으로"(고전 2:3) 임하였으며, 이는 성령의 능력에 전적으로 의존하는 그의 내면적 태도를 반영한다. 또한 갈라디아서 6장 17절에서 언급한 "예수의 흔적"은, 그의 몸에 새겨진 고난의 표식으

---

40 조경철, 『예수의 하나님나라와 윤리』 (서울: 성서학 연구소, 2006), 228-32.

41 김봉습, "고린도전서 1:30의 해석에 대한 소고—구문 이해 및 바울 서신의 관련 구절 분석을 중심으로", 『신약논단』 26(4)(2019년 12월): 1099. 김봉습의 주석에 따르면, 바울은 세례를 일반적으로 통용되는 물세례를 의미하는 것으로 보지 않고, "성령의 임재"를 경험하는 성령의 사건으로 이해하였다. 따라서 그에게 있어 물로 세례를 베푸는 것은 본질적으로 중요한 문제가 아니었다고 그는 주장한다.

로서, 십자가의 삶을 실천적으로 따르는 외적 증거이다. 결국 믿음이란, 하나님의 지혜와 능력을 인식하고 성령의 능력에 의존하는 존재론적 태도임을 바울은 보여준다.

요약하자면, 바울은 인간의 관점에서 볼 때 미련하고 거리끼는 십자가가, 실제로는 하나님의 지혜와 능력임을 확신하였다. 그는 이 역설을 통해 세상의 지혜와 강함을 전복하고, 약한 자들을 통하여 복음으로 세상을 새롭게 하시는 하나님의 섭리를 증거한다. 십자가는 단지 구속의 도구가 아니라, 하나님의 지혜와 능력이 총체적으로 계시되는 '숨겨진 비밀'(고전 2:7)이며, 이는 성령을 통해 믿는 자들에게 실현된다.

제3장 율법과 십자가: 바울의 신학적 전환과 논쟁

바울의 십자가 신학에서 율법과의 관계는 핵심적 담론으로 자리 잡고 있다. 그는 갈라디아서에서 율법과 십자가를 '저주'와 '자유'의 대칭 구조로 설명하면서(갈 5:13), 양자의 양립 불가능성을 강조한다. 특히 바울은 율법을 단순히 유대 종교의 제도적 구조로 이해한 것이 아니라, 신학적 해석의 중심축으로 삼아, "율법의 행위에 속한 자들은 저주 아래 있다"(갈 3:10)고 단언한다.[42]

---

[42] '율법'의 구약적 의미인 히브리어 '토라'(הרות)는 보통 하나님이 시내산에서 모세에게 주신 십계명을 일컫는 말이다(요 1:17). 토라는 구약성경 모세오경을 통칭하여 사용하기도 한다. 율법의 신약적 의미인 헬라어 '노모스'(νόμος)는 구약의 토라를 의미하기도 하고, 구약성경 전체를 지칭하거나 또는 하나님의 뜻이라는 의미에서 '하나님의 율법'이라고 말하기도 한다. '노모스'는 바울서신에 자주 등장하지만(예. 로마서에 74회, 갈라디아서에 32회), 매 경우가 모두 동일한 것을 가리키는 것은 아니다. 십자가와 율법에 관하여 논의하기 전에 바울의 율법관을 이해하는 것은 매우 중요하지만, 그의 율법관을 평가하는 것은 단순하지 않다. 현대 신학자들 사이에도 바울이 율법을 보는 시각이 긍정적 또는 부정적이라는 평가가 공존한다. 바울은 기본적으로 율법을 선한 것으로(롬 7:7-12; 13-25) 보았지만, '유대 율법주의' 또는 '공로주의'에 대한 평가는 부정적이다. 바

엔버그 피더슨(R. Enberg-Pedersen)은 바울이 율법과 십자가를 대조하면서 십자가가 율법의 저주로부터 인류를 해방시킨다고 확신하게 된 것은, 다메섹에서의 체험을 통해 '하나님의 은혜'를 실존적으로 경험했기 때문이라고 분석한다.[43] 실제로 바울은 율법의 사회적·윤리적 기능을 긍정하되(요 1:17), 그것이 시대적 한계 안에 있다는 점을 강조하며, 율법의 완성으로서 십자가를 위치시킨다.

유대주의자들은 창세기 17장을 근거로 할례를 아브라함 언약의 필수적 표징으로 보았고, 이를 통해 하나님의 자녀 됨이 결정된다고 주장하였다.[44] 그러나 바울은 아브라함이 율법 이전에 "믿음으로 의롭다 하심을 받았다"(창 15:6; 갈 3:6)는 사실을 근거로, 무할례자 역시 믿음을 통해 하나님의 자녀가 될 수 있음을 강변한다(롬 4:11).[45] 그는 예수의 십자가 죽음을 '율법의 저주'와 결부시키며, 그리스도께서 "우리를 위하여" 저주를 담당하셨다고 천명한다(갈 3:13).

울서신에 나타난 율법의 기능은 '구원의 수단'이 될 수 없고, 죄악된 행위를 억제하기보다는 인간이 죄를 깨닫게 하고(롬 3:20), 죄책을 불러일으켜 인간을 죄의 노예가 되게 하여(롬 5:20) 절망과 사망으로 이끈다(고전 15:56)고 말한다. 따라서 율법은 그리스도인들에게 삶의 원리를 제공하고, 죄를 깨닫게 하는 '몽학선생'과 같은 역할을 한다. 바울은 율법과 복음, 율법과 십자가를 대립적인 항으로 병치할 때, 일반적으로 율법을 하나님의 뜻이나 구약성경 전체를 의미하는 정의와는 다르게 사용한다. 그는 '율법에 속한'이나 '율법의 행위로'라는 표현을 사용하여 율법을 부정적인 의미로 해석한다. 특히 '율법의 행위'를 통해 구원을 얻을 수 있다고 주장하는 이들을 향해, '율법 아래'에 있다는 표현을 사용할 때는 죄책과 오염으로 인해 죄의 종노릇하는 상태를 가리킨다. 이진섭, "바울과 율법", 『Canon&Culture』 5(2)(2011): 81-121 참조.

43 Troels Enberg-Pedersen, *Paul and Stoics*(Louisville, Kentucky: Westminster John Knox Press, 2000), 142-3, 331-2.

44 E. P. Sanders, *Judaisn:Practice & Velief 63 BCE-66 CE*(London: SCM Press, 1992), 213.

45 F. F. Bruce, 『신약의 메시지』, 김광택 역(서울: 생명의말씀사, 1983), 28.

이 진술은 하박국 2장 4절의 인용―"의인은 믿음으로 살리라"(갈 3:11)―와 더불어, '믿음-의'의 원리가 구약의 예언자적 전통 속에서도 지속적으로 증언되어 왔음을 주장하는 바울의 해석 전략이다. 이승문은 이러한 하박국의 인용이 단순한 수사적 장치가 아니라, 초대교회 전승의 영향을 받은 바울 고유의 해석 방식이라고 평가한다.[46]

바울은 할례 문제를 율법 순종 전체와 연계시키면서, "율법 전체를 지키지 아니하면 할례의 의미는 무효하다"(갈 5:3)는 입장을 견지한다.[47] 바울의 적대자들이 수많은 율법 규정 중 왜 할례만을 고집했는지에 대해서는, 일부 학자들이 '할례'를 고대 근동에서 희생 제사와 동일시하는 전통적 이해에 기초해 설명한다.[48] 고대 사회에서는 장자를 제물로 바치는 관행이 있었고(출 22:29), 이후에는 이를 동물 희생제사로 대체하였으며, 일부 전통에서는 할례를 대체제적 희생으로 간주하기도 했다.[49] 이에 비추어 바울은 로마서 3장 25절에서 예수의 십자가 희생을 제사의 맥락 속에서 이해하며, 율법이 지

---

46 이승문, "갈라디아 공동체의 율법 저주와 십자가에 처형된 그리스도", 『신학논단』 35(2004): 30. 바울은 '믿음의 의'와 '율법의 의'를 합 2:4의 언급을 통해 첨예하게 대립시킨다(롬 1:17; 갈 3:11).

47 Michael Cranford, "The Possibility of Perfect Obedience: Paul and an Implied Premise in Galatians 3:10 and 5:3," *NT*, XXXVI. 3(1994): 242-258.

48 서중석, "유대교와 바울의 위치-연속인가 단절인가", 『바울서신해석』 (서울: 대한기독교서회,
1998), 208.

49 John H. Walton, Victor H. Matthew, 『창세기-신명기: IVP 성경배경주석』, 정옥배 역(서울: IVF, 2000), 49. 창 17:9-14에서 할례는 고대 근동에서 언약공동체 회원의 표지, 곧 전 생애를 하나님께 바친다는 의미로 사용되었다. 피를 뿌리는 의식으로 보아, 다른 민족들이 사람을 제물로 바치던 희생제사에 대한 대체품일 수도 있다는 해석이 나온다.

닌 제사체계를 대체한 그리스도의 피 흘림을 강조함으로써 '할례'를 배격하는 신학적 정당성을 확보한다.[50]

그는 갈라디아서 5장 2-11절과 6장 12-15절에서 할례의 무의미함을 반복하여 천명하며, 십자가 복음과 할례가 본질적으로 양립할 수 없음을 선언한다. 이와 더불어 바울은 십자가로 인해 율법이 '폐지'되었다고 말한다(엡 2:15). 예수는 "율법을 폐하러 온 것이 아니라 완성하러 왔다"(마 5:17)고 진술하였지만, 바울은 십자가를 통해 율법이 그 기능을 다한 것으로 본다. 그는 십계명과 의문 율법(ceremonial law) 간의 구분을 전제하며, 그리스도의 희생이 제사법적 율례를 불필요하게 만들었다고 주장한다(골 2:14-17).

역사적으로도 바울의 율법 해석에 대한 상이한 해석이 존재해 왔다. 루터는 바울이 율법에 대항했다고 본 반면, 칼뱅은 바울이 율법의 긍정적 기능을 인정한 것으로 이해한다. 이러한 차이는 바울이 자신의 율법관을 수신자의 신학적·역사적 맥락에 따라 유연하게 구성했다는 점에서 기인한다. 그는 로마서에서 "율법의 요구가 우리 안에서 이루어졌다"(롬 8:4)고 말하는 반면, 갈라디아서에서는 하나님의 언약이 율법에 의해 무효화되지 않는다고 말한다(갈 3:17). 이는 바울이 공동체의 특정한 상황에 따라 율법과 십자가의 관계에 서로 다른 강조점을 부여했음을 보여준다.[51]

바울은 '율법 아래'에 있는 삶을 곧 '육체를 따르는 삶'으로 규정

---

50 이승문, "바울의 율법 이해와 갈라디아 공동체의 정황", 『대학과 선교』 5(2018): 123-4. 구약의 희생 제사에서 "피"라는 단어는 매우 중요하지만, 당시에는 '피'라는 단어를 사람의 죽음과 관련하여 쓰지는 않았다. 그런데 바울이 예수의 '피'를 강조한 점에 주목하라.

51 이승문, "바울의 율법 이해와 갈라디아 공동체의 정황", 『대학과 선교』 5(2018): 114-39.

하며(갈 5:16-18), 율법이 생명을 줄 수 없는 한계가 있다고 본다(갈 3:21). 이는 전통적인 성경 주석이 '율법의 행위'가 저주 아래 있는 이유를 율법의 완전한 준수가 불가능하다는 사실에 둔 것과 맥을 같이한다.[52] 율법은 본래 '의'와 '구원'을 위한 수단이 아니라, 언약 백성이 거룩하게 살아가기 위한 지침이었다. 그러나 율법을 구원의 조건으로 절대화한 유대주의는 그 본래 기능을 왜곡한 셈이 되었으며, 이방인들 또한 율법이 요구하는 완전한 삶을 살아내지 못한 결과, 모두가 율법의 저주 아래 놓이게 된 것이다. 바울은 바로 이 지점에서 예수 그리스도의 십자가 죽음이 그 저주를 대속하는 하나님의 유일한 구원의 방식임을 주장한다.[53]

갈라디아서 2장 16절은 바울이 '율법-의'에 맞서 '믿음-의'를 명확히 천명한 핵심 본문이다. 그는 이 구절에서 인간이 율법을 통해서는 결코 의롭다 하심을 얻을 수 없으며, 오직 예수 그리스도를 믿는 믿음을 통해서만 의롭게 될 수 있음을 선언한다.[54] 이 진술은 유대

---

52 John Stott, *Romans: God's Good News for the World*(Downer Grove, IL: InterVarsity Press, 1994), 86. 더글라스 무(Douglas Moo)에 의하면, 롬 2:1-16에서 보여주듯이 전통적인 유대인들은 그들이 하나님과 언약 관계에 있어서 '율법 준수'가 그들을 궁극적 구원으로 인도할 것이라고 믿고 있었다. 그러나 바울은 율법 준수를 통해 구원의 원리가 확증되더라도, 누구도 그 율법을 행할 수 있다는 것과 율법 준수가 실패할 경우 그들의 언약 관계를 방패로 의지할 수 있다는 것을 부정한다(Douglas Moo, *NICNT Romans*, 2nd ed. [Grand Rapids, MI: Eerdmans, 1996], 147-8).

53 유대인의 율법에 선언된 "나무에 달린 자의 저주"(신 21:23)를 예수께서 받음으로, 율법을 지키지 못하는 백성들의 저주를 제거되고, 모든 믿는 자에게는 그의 속죄의 죽음의 은혜가 확보되었다. 그러나 여전히 율법을 지킴으로 구원을 얻고자 하는 자들에게는 은혜가 소용이 없다(F. F. Bruce, 『신약의 메시지』, 27-8.).

54 바울의 '칭의'는 율법으로 구원을 얻을 수 없고 오직 믿음으로만 얻을 수

교의 전통적 구원론을 넘어서는 신학적 전환을 시도하는 것이다. 바울은 인간의 죄인됨을 단순히 행위의 결과로 보지 않고, 존재론적 차원에서 "모든 사람이 죄를 범하였으며"(롬 3:23), "의인은 없나니 하나도 없다"(롬 3:10)고 선언하며, 십자가가 그 존재론적 막힘을 돌파하는 유일한 하나님의 방식임을 증언한다[55]

현대 신학계에서는 바울 신학에 대한 새로운 해석이 '바울에 대한 새 관점'(New Perspective on Paul)이라는 이름으로 제기되어, 큰 논쟁을 일으켰다.[56] E. P. 샌더스(E. P. Sanders), 제임스 던(James

---

있음을 선언한 것이다. 바울은 그 근거를 합 2:4을 인용한 갈 3:11과 레 18:5을 인용한 갈 3:12에서 제시한다. 그런데 레 18:5과 합 2:4은 서로 대조를 이룬다. 윌리암(Sam K. Williams)은 바울이 인용한 합 2:4은 히브리어 본문과 다른 두 개의 70인역과도 다르다고 지적한다(Sam K. Williams, ANTC[Nashville: Abingdon Press, 1997], 90-91.). 또한, 유대주의자들은 그들의 교훈을 지지하기 위해서 바울이 인용한 레 18:5에 호소하였다는 생각으로 추론할 여지가 있다. 다만 바울이 갈 3:11에서 바울이 인용한 레 18:5은 아마도 바울의 적대자들인 "유대주의자들"이 자신들의 주장을 갈라디아 교인들에게 설득시키기 위해 먼저 사용하였을 수도 있다(Robert K. Rapa, "Galatians," in Tremper Longman III, ed. David E. Garland, *The Expositor's Bible Commentary 11, Romans-Galatians*[Grand Rapids: Zondervan, 2008], 594). 왜냐하면, 바울은 갈 3:6 이하에서, 이미 유대주의자들이 아브라함의 신실한 행위를 자신들의 주장을 뒷받침하기 위한 실례로 들었던 것과 관련하여, 창 15:6을 인용하여 유대주의자들과는 전혀 다른 아브라함의 믿음을 실례로 제시한 바가 있었기 때문이다.

55 E. Käsemann, "Zur paulinishen Anthropologie," *Paulinische Perspektiven*(Tübingen, 1969), 9-60; R. H. Gundry, *Soma in Biblical Theology with Emphasis on Pauline Anthropology* 1976; W. Schmithals, *Die theologische Anthropologie des Paulus*, Stuttgart/Berlin/Koln/Mainz 1980; J. Gnilka, *Paulus von Tarsus: Apostel und Zeuge*(Freibury/Basel/Wein, 1996), 201-16에서 바울의 인간론을 참조하라.

56 N. T. Wright, "Curse and Covenant: Galatians 3.10-14," *The Climax of the Covenant: Christ and the Law in Pauline Thought*(Edinburgh: T & T Clark,

D. G. Dunn), 톰 라이트(N. T. Wright) 등의 학자들은 후기 유대교의 '언약적 율법주의'(covenantal nomism)를 강조하면서, 바울이 율법 자체보다 이방인과 유대인 사이의 언약 경계와 정체성 문제를 주로 다루었다고 본다. 샌더스는 유대인은 언약에 의해 이미 구원받은 존재이며, 율법은 언약 안에 머물기 위한 조건이라고 주장한다.[57] 이와 같은 주장은 바울의 복음을 이방인 중심으로 축소시키고, 종교

1991), 135-55. 바울서신에 드러난 바울의 율법관에 대한 주요 연구는 다음 자료를 참조하라. Sigfred Pederson, "Paul's Understanding of the Biblical Law," *NT*, XLIV.1(2002): 1-34; Stephan K. Davis, *The Antithesis of the Ages: Paul's Reconfiguration of Torah*,1-38; Hermann Lichtenberger, "The Understanding of the Torah in the Judaism of Paul's Day: A Sketch," in *Paul and the Mosaic Law*, ed. Dunn, James D. G. (Grand Rapids, Michigan: William B. Eerdmans Publishing, 2001), 7-23; James D. G. Dunn, *The Theology of Paul the Apostle*(Grand Rapids, Michigan: William B. Eerdmans Publishing, 1998), 128-61; E. Best, "Recent Continental New Testament Literature," *ET*, 108.9(1997): 270-1; F. Thielman, "Law," in *DPHL*(Editors: Hawthorne, Gerald F., Martin, Ralph P.; Leicester, England: IVP, 1993), 529-42; E. P. Sanders, *Jewish Law from Jesus to the Mishnah: Five Studies*(London: SCM Press, 1990); idem., *Paul, the Law, and the Jewish People*(Minneapolis: Fortress Press, 1983); Daniel P. Fuller, "Paul and The Works of The Law," *WTJ* 38.1(1975): 28-42; C. E. B. Cranfield, "St. Paul and the Law," in *New Testament Issues*, ed. Richard Batey(New York and Evanston: Harper & Row, Publishers, 1970), 148-72.

57 E. P. Sanders, *Paul and Palestinian Judaism: A Comparison of Patterns of Religion*(Philadelphia: Fortress, 1977), 75, 544. 샌더스에 의하면, 이방인은 믿음으로 '언약 공동체' 안에 들어가는 것(Getting in)이 요구되지만, 유대인은 이미 하나님의 은혜로 '언약 공동체' 안에 있기 때문에 율법의 요구에 순종하여 언약 공동체 안에 머무는 것(Stayig in)이 필요하다. 인간이 언약 안에 머무는 것은 하나님의 은혜로만 가능하고, 언약 공동체에서 있는 인간은 율법을 지키므로 최종 구원(final justification)을 보장받을 수 있다.

개혁 이후 '이신칭의'(sola fide) 교리와 충돌하게 된다.[58]

톰 라이트는 '율법의 행위'를 도덕적 공로로 보지 않고, 언약 공동체의 경계표지로 이해한다.[59] 그는 율법 행위는 민족적 정체성의 상징일 뿐이며, 바울은 이를 해체함으로써 유대인과 이방인 모두를 포괄하는 하나님의 언약 공동체를 지향했다고 본다. 그러나 존 파이퍼(John Piper)는 이에 반대하며, 바울이 율법의 행위가 아닌 '믿음'을 의의 유일한 경로로 명확히 제시했다고 주장한다(롬 3:28).[60] 라이트의 칭의 이해는 법정적 의미의 칭의를 '언약 공동체 내 소속의 선언'으로 축소시킴으로써, '인간 구원'이라는 본래 의미를 희석시킨다는 비판을 받고 있다. 그 결과, 새 관점주의는 구원론에서 다시금 '반(反)-펠라기우스주의' 논쟁을 불러일으키고 있다.[61]

바울은 율법이 "거룩하고 의로우며 선하다"(롬 7:12)고 평가하지만, 동시에 율법이 인간 내면의 죄성과 결합될 때 오히려 죄를 드러내고 증폭시키는 역할을 한다고 지적한다(롬 7:14-17). 유은걸은 바울 신학에서 율법과 양심이 인간으로 하여금 죄를 자각하게 하고, 그리스도 안에서의 칭의의 필요성을 인식하게 하는 도구적 기능을 수행한다고 주장한다.[62]

---

58 James D. G. Dunn, *Theology of Paul the Apostle*(Edinburgh: T. & T. Clark, 1998), 박문재 역, 『바울신학』 (고양: 크리스챤다이제스트, 2003), 98-9.

59 John Piper, *The Future of Justification*, 신호섭 역, 『칭의 논쟁』 (서울: 부흥과개혁사, 2014), 231.

60 Ibid., 232.

61 개혁주의 구원론은 인간 구원의 전모를 하나님이 책임을 지신다는 것이다. 그러므로 구원받은 인간은 하나님의 은혜에 감사하여 하나님의 계명인 율법 준수를 통한 거룩한 삶이 요구되지만, 그것이 구원의 요건은 될 수 없다(박형용, 『바울신학』 [서울: 합신출판사, 2013], 51).

62 유은걸, "양심과 율법의 기능: 바울 구원론에 있어서 판단근거의 문제",

요약하면, 바울에게 있어서 십자가는 율법에 대한 단순한 대안이 아니라, 하나님의 구속사의 결정적 성취이자 율법을 완성하고 폐지하는 구원 사건이다. 십자가는 '율법 아래'에서 구원을 추구하는 유대주의의 전복(顚覆)이며, 은혜와 믿음으로 의롭다 함을 얻는 새로운 언약 질서의 출현을 의미한다.

『신학논단』 49(2007): 33-56.

제4장 종교개혁과 십자가 신학의 재정립

독일의 종교개혁자 마르틴 루터(Martin Luther, 1483-1546)는 중세 스콜라주의가 지닌 '영광의 신학'(theologia gloriae)에 대한 비판적 대응으로 '십자가의 신학'(theologia crucis)을 제시하였다. 그는 1518년 하이델베르크 논쟁(Heidelberger Disputation)에서 "오직 십자가만이 우리의 신학이다"(crux sola est nostra theologia)라고 선언하며, 십자가의 신학을 자신의 신학적 기초로 삼았다. 루터는 '십자가에 달리신 예수 그리스도'의 사건이 인간을 진정으로 자유롭게 하는 복음임을 새롭게 조명하였으며, 이 신학을 중세 교회가 주장한 영광의 신학과 명확히 대조되는 종교개혁 신학의 핵심 사상으로 발전시켰다.

루터 이전 개혁 사조들과 시대적 조건

루터의 종교개혁에 앞서 이미 유럽의 여러 지역에서는 로마 가톨릭교회의 부패를 비판하고 교회의 개혁을 요구하는 다양한 시도들이 나타나기 시작하였다. 그 대표적인 예로, 14세기 영국의 존 위클리프(John Wyclif, 1320?-1384)와 15세기 보헤미아의 얀 후스(Jan Hus, 1372-1415)의 개혁운동은 루터의 종교개혁에 선구적 역할을 한 전조로 평가된다. 이들은 공통적으로 "교회의 참된 머리는 그리스도"라는 신학적 입장을 견지하였으며, 자국어로 성경을 번역함으로써 신자들이 직접 하나님의 말씀에 접근할 수 있도록 하였다. 위클리프와 후스는 모두 성직 제도의 부패와 교황권의 남용을 강도 높게 비판했으며, 성만찬에 관한 로마 가톨릭의 화체설(transubstantiation)을 부정하였다. 특히 후스는 평신도의 성찬 참여를 적극 주장하였다. 결국 콘스탄츠 공의회(Council of Constance, 1415)는 이들을 이단으로 단죄하고, 후스를 화형에 처했으며, 이미 사망한 위클리프의 시신을 무덤에서 파내어 화형에 처하는 상징적 행위를 단행하였다.

　루터의 종교개혁은 이러한 교회 개혁의 흐름과 맞물려 있으며, 그 역사적 배경에는 무엇보다 교회의 구조적 부패가 깊이 자리하고 있었다. 16세기 초 유럽 교회의 가장 심각한 문제는 교황청의 정치적 타락과 제도적 부패였다. 성직 매매(simony), 성직 중임(pluralism), 과도한 십일조 및 헌금 징수, 면죄부(indulgentia) 판매는 사회 전반의 비판을 초래하였다. 수도원 역시 경건과 금욕의 본래 목적을 상실하고 사치와 향락의 공간으로 전락하였으며, 소명에 충실하고자 했던 수도사들과 성직자들 가운데 상당수는 환멸을 느끼고 수도원을 떠나는 지경에 이르렀다. 이처럼 부패가 만연한 현실 속에서, 교회의 전례는 미신적 요소와 형식주의에 치우쳤고, 이러한 상황은 교회 개혁에 대한 광범위한 사회적 요구를 불러일으켰다.

　종교개혁은 단지 교회의 문제에 국한된 것이 아니라, 당시 유럽 사회 전반에 걸쳐 나타난 정치적, 문화적, 지성사적 변동과도 깊은 관련이 있다. 민족국가의 형성과 더불어 등장한 민족주의(nationalism)는 교황 중심의 보편교회 권위에 도전하였고, 중세 말기 르네상스의 인문주의(humanism), 자연과학의 발달, 구텐베르크(Johannes Gutenberg)의 인쇄술 혁신 등은 '근대성'(modernity)의 조짐을 보여주며 종교개혁의 사상적 확산을 가속화하였다. 특히 독일 지역의 제후들은 교황청의 정치적 간섭에서 벗어나기 위한 수단으로 루터의 개혁운동을 정치적으로 지지하였으며, 이는 종교개혁의 지속성과 확산에 결정적 역할을 하였다. 또한 15세기 항해술과 지리학의 발달로 신대륙이 발견되면서 세계관이 확대되었고, 인쇄술의 발전은 종교개혁의 핵심 사상들을 빠르게 유럽 전역에 전파할 수 있는 기반을 제공하였다. 그러나 이와 같은 사회문화적 조건들은 종교개혁의 가능성을 열어주는 간접적 요인일 뿐, 신학적·신앙적 개혁의 내적 동기 자체가 될 수는 없다.[63]

　루터는 종교개혁을 단행함에 있어 단지 교회의 외형적 문제에 그치지 않고, 기독교 신학과 교리, 윤리의 근본적인 개혁을 목표로 하였다.

　그러므로 루터의 종교개혁 사상을 온전히 이해하기 위해서는 16세기 이전의 사상사적 배경에 대한 이해가 필수적이다. 13세기에는 아리스토텔레스(Aristoteles)의 철학이 유럽 지성계를 지배하였고, 이는 중세 스콜라철학(scholasticism)의 형성에 결정적 영향을 미

63　Crane Brinton, 『서양사상의 역사』, 최명관, 박은구 역(서울: 을유문화사, 1984), 311.

쳤다. 토마스 아퀴나스(Thomas Aquinas, 1225-1274)는 아리스토텔레스의 철학을 수용하여 신학과 철학, 신앙과 이성의 조화를 꾀하였으며, 자연 질서에 대한 논리적 탐구를 통해 하나님의 존재를 증명할 수 있다고 주장하였다. 그는 또한 '유비적 언어'를 통해 하나님의 속성(자비, 공의 등)을 인간 언어로 서술할 수 있다고 보았다. 이러한 신학적 전통은 중세 말까지 지속되었으며, 루터의 신학은 이와 같은 스콜라주의적 합리주의에 대한 비판적 반성 위에서 전개되었다.

루터의 '십자가 신학'(theologia crucis)이 등장하게 된 역사적 배경에는 중세 말 사상계의 세 가지 주요 조류가 작용하였다. 첫째는 보편 논쟁(universalia controversia) 속에서 새롭게 주목받게 된 유명론(nominalism), 둘째는 신앙의 내면적 차원을 강조한 신비주의(mysticism), 셋째는 원천으로의 회귀를 외친 르네상스 인문주의(humanismus)이다. 루터가 종교개혁을 단행하던 16세기 초의 신학적 상황은 스콜라주의가 외부로부터는 인문주의자들의 비판에 직면했고, 내부로부터는 실재론(realism)과 유명론 사이의 보편 논쟁으로 인해 균열되고 있었다. 이러한 지적·신학적 토대 위에서 루터의 신학은 형성되었다.

첫째, 루터가 활동한 시기의 스콜라 신학은 전통적 실재론을 따르는 '옛길'(via antiqua)과 윌리엄 오캄(William of Ockham, ca. 1287-1347)을 중심으로 한 유명론을 따르는 '새길'(via moderna)로 양분되어 있었다. 루터는 오캄의 유명론 신학에 상당한 영향을 받았으며, 그를 "나의 사랑하는 스승"이라 부를 정도로 존경하였다.⁶⁴ 실재론은 플라톤의 이념론에 근거하여 보편자(universals)의 실재성을 강조하는 반면, 유명론은 보편자의 실재를 부정하고 개별자(particulars)만을 인정함으로써 존재론적 전제를 전환시켰다. 유명론은 결국 인간 이성이 신의 존재를 인식할 수 없으며, 신에 대한 인식은 오직 계시와 믿음을 통해서만 가능하다는 인식론적 제한을 설정하였다. 오캄의 사상은 하나님의 절대적 능력(potentia absoluta)을 강조하며, 성직 중심의 구원 체계와 성례 중심 신학을 비판하였다.⁶⁵

이러한 사상적 흐름은 루터가 "오직 성경"(sola scriptura)을 종교개혁의 핵심 원리로 제시하게 된 배경이 되었다.⁶⁶ 다만, 루터는 오캄이 인정할 수 없는 원죄, 공로 배척, 의지의 노예 상태, 칭의와 은총론에 있어 오히려 스콜라주의 전체를 넘어서는 비판적 전환을 시도하였다. 그는 1517년 9월 4일, '스콜라 신학에 대한 반박 논제'(Disputatio contra scholasticam theologiam)를 통해 기존 스콜라주의에 대한 포괄적 비판을 선언하였다.⁶⁷

둘째, 중세 말 교회의 제도적 타락은 신비주의적 경건 운동의 확산을 초래하였다. 루터는 독일 지역의 경건주의 전통 안에서 신비주

---

64   이양호, 『루터의 생애와 사상』 (서울: 대한기독교서회, 2002), 41.

65   Heiko A. Oberman, "Some Notes on the Theology of Nominalism: With Attention to Its Relation to the Renaissance," *Harvard Theological Review* 53(January 1960): 50.

66   Heiko A. Oberman, *The Dawn of the Reformation*(Grand Rapids, MI: William B Eermans, 1992), 194.

67   M. Luther, "Disputatio Contra scholasticam theologiam," *Luther's Works V: Luther as Reformer(I)*, 지원용 역, "스콜라 신학을 반박한 논제," 『루터편집5: 교회의 개혁자』 (서울: 컨콜디아사, 1984), 31-7.

의 영향을 받은 교사들로부터 교육을 받았으며, 특히 『독일 신학』(*Theologia Deutsch*)은 루터의 초기 신학 형성에 깊은 영향을 미쳤다. 중세 후기의 신비주의는 교회의 형식주의적 전례와 외형적 신학에 대한 반작용으로, 신자 개인의 내면적 영적 체험과 하나님과의 직접적 연합을 강조하였다. 신비주의는 내면화된 신앙의 강조와 하나님과의 영적 친밀함을 통해 종교개혁의 영성 형성에 기여하였다.[68] 특히 중세 신학에서 강조된 '주입된 은혜'(gratia infusa)는 신비주의 전통 안에서 하나님과의 연합을 가능케 하는 핵심 개념으로 작용하였다.[69] 물론, 명상을 통한 신과의 합일이라는 신비주의적 방식은 종교개혁자들이 추구한 신앙 이해와는 명백한 차이가 있다. 그럼에도 불구하고, 첫째, 독일 신비주의가 루터의 초기 신학에 준 영향, 둘째, 신비주의 전통에 서 있었던 인문주의자들이 종교개혁에 동참하였다는 사실, 셋째, 신비주의가 16세기 대중 종교심성과 개혁의 정서를 형성하는 데 기여하였다는 점은 간과할 수 없다.[70]

셋째, 루터의 종교개혁은 르네상스 인문주의의 영향을 받아 전개되었다. 에라스무스(Desiderius Erasmus, 1466-1536)를 중심으로 한 인문주의자들은 "근원으로 돌아가자"(ad fontes)를 기치로 내걸고 고전 문헌, 특히 성경과 교부들의 저작에 대한 주해를 통해 중

---

68 David G. Schmiel, "Martin Luther's Relationship to the Mystical Tradition," *Concordia Journal* no. 9(March 1983): 46-7. 루터는 독일의 신비주의를 높게 평가하지만, 중세의 다양한 신비주의 전통을 구분 없이 종교 개혁과 연결하는 것은 조심해야 한다.

69 Steven E. Ozment, *The Age of Reform*, 1250-1550: An Intellectual and Religious History of Late Medieval and Reformation Europe(New Haven: Yale University Press, 1980), 242.

70 남병두, "16세기 종교개혁의 사상적 원천에 관한 연구", 『복음과 실천』 52(1)(2013년): 228.

세 교회의 권위와 전통에 도전하였다.[71] 인문주의자들은 인간의 이성과 존엄성, 윤리적 삶을 강조하면서 교회의 개혁을 촉구하였으며, 이는 루터의 성경 중심주의와도 일맥상통하는 측면이 있었다. 특히 에라스무스는 라틴어 성경의 오류를 비판하고 헬라어 신약 성경을 편찬함으로써 성경 원문에 대한 접근성을 높였다.[72] 그러나 루터는 에라스무스의 도덕 중심적 인간 이해와 자유의지에 대한 낙관적 입장을 비판하였다. 루터는 인간이 원죄로 인해 전적으로 무능력한 존재이며, 구원은 오직 하나님의 주권적 은혜에 의해 이루어진다고 보았다. 그는 인간의 자유의지에 대한 에라스무스의 입장을 '그리스도의 신성에 대한 도전'으로 간주하였으며, 두 사람 사이의 논쟁은 『자유의지에 대한 논박』(*De Servo Arbitrio, 1525*)에서 정점에 달하였다.

이처럼 위클리프(John Wycliffe), 후스(Jan Hus), 오캄(William of Ockham), 그리고 인문주의자들에 이르기까지 다양한 개혁적 사조들이 루터 이전에도 존재하였지만, 그들의 시도는 정치적·사회적 조건의 미비로 인해 실패로 귀결되었다. 그러나 루터의 개혁은 16세기 독일 사회 전반에 축적된 교회에 대한 환멸과 반로마 정서, 정치적 자율성에 대한 욕구, 인쇄술을 통한 신학 사상의 급속한 확산이라는 복합적 요인과 맞물려 종교개혁이라는 역사적 전환점을 이루게 되었다. 루터는 어거스틴 수도원에서 개인의 구원 문제를 두고 깊은 영적 투쟁을 벌이던 중, "의인은 믿음으로 말미암아 살리라"(롬

---

71 Heiko A. Oberman, *The Dawn of the Reformation*(Grand Rapids, MI: William B Eermans, 1992), 194.

72 Diarmaid Ninian John MacCulloch, 『종교개혁의 역사』, 이은재, 조상원 역(서울: 기독교문서선교회, 2011), 224. 에라스무스는 이성은 타락의 과정에서 손상되었을 뿐 파괴된 것이라고 보지 않는다. 따라서 루터의 전적 타락의 주장을 받아들이지 않았다.

1:17)는 말씀을 통해 회심의 은혜를 경험하였다. 그는 이후 '행위와 공로'에 기반한 구원관을 전면 부정하고, '오직 믿음으로 의롭게 됨'(sola fide)을 선포하는 십자가 신학을 정초하였다.[73] 루터가 발견한 '하나님의 의'(iustitia Dei)는 종교개혁 신학의 중심 주제이자 십자가 신학의 핵심 개념이 되었다.

결론적으로, 독일에서 시작된 종교개혁은 단순한 교회 내부의 신학 논쟁을 넘어, 중세 말기 교회의 도덕적 타락, 르네상스 인문주의의 부상, 고전 문헌에 대한 관심의 고조, 봉건제도의 붕괴와 근대 민족국가의 형성 등 다양한 시대적 요인들이 복합적으로 작용하여 나타난 거대한 역사적 변혁이었다. 이러한 지적·신학적, 사회·정치적 조건들 위에서 루터는 십자가 신학이라는 혁신적 신학 패러다임을 제시함으로써 서구 기독교사의 전환점을 마련하였다.

하이델베르크 논쟁과 '십자가 신학'의 정초

루터(Martin Luther)는 '참된 신학'(vera theologia)은 십자가에 달리신 그리스도를 아는 것으로부터 출발한다고 단언하였다. 그는 16세기 종교개혁 당시 로마가톨릭 교회의 신학을 지배하던 중세 스콜라주의에 대한 비판적 문제의식을 제기하며, 이에 대한 대안으로 '십자가 신학'(theologia crucis)을 정립하였다.[74] 중세 스콜라 신

---

73 Gerhard O. Ford, *On Being a Theologian of the Cross: Reflections on Luther's Heidelberg Disputation*, 1518(Grand Rapids, Cambridge: Wm. B. Eerdmans Publishing, 1997), xii.

74 당시 독일의 베드로 대성당 건축을 위하여 무리하게 시행된 면죄부 판매, 마인츠 대주교직 매매 등은 루터의 집중적인 공격의 대상이 되었다. 이런 상황에서도 스콜라주의의 사변적이고 형이상학적 특성이 현실의 문제를 바로 진단하지 못하고 해법을 마련하지도 못했다. 이것이 계기가 되어 루터는 스콜

학은 신앙과 이성의 조화를 추구하는 사변적 방법론을 채택하여, 절대적 진리를 이성으로 체계화하고 입증하고자 하였다. 이들은 하나님과 인간의 관계를 율법주의적 도덕 체계로 규정하고, 이성의 사유를 통해 하나님께 도달할 수 있다고 보았다.[75] 이에 대해 루터는 이러한 스콜라 신학을 '영광의 신학'(theologia gloriae)으로 규정하고, 인간의 공로를 강조하는 거짓 복음이라 강도 높게 비판하였다. 루터에게 '십자가 신학'의 본질은 바로 이 인간 공로 사상에 대한 전면적 반박이며, 이는 그리스도의 죽음을 통해 나타난 하나님의 은혜와 사랑을 회복하는 '이신칭의'(sola fide)에 근거한다.

루터의 십자가 신학은 단지 영광 신학을 수정하거나 보완하는 수준이 아니라, 그것을 전면적으로 해체하고 전복하려는 신학적 시도였다.[76] 그는 1518년 하이델베르크 논쟁(Heidelberger Disputation)에서 중세 로마가톨릭 교회의 영광 신학에 대응하는 십자가 신학의 근본 원리를 정식화하였다.[77] 루터는 특히 28개 논제 가운데 19-21번째 논제를 통해 영광 신학자와 십자가 신학자 사이의 근본적인 구분을 다음과 같이 명확히 진술한다.

논제 19. 하나님의 보이지 않는 것들을 마치 실제로 일어난 일들

라 신학에 반대하여 비덴베르크 대학교에서 히브리서 11장을 강해하는 과정에서 자신의 종교개혁사상을 변호하기 위하여 하이델베르크 논쟁(Heidelberg Disputation, 1518) 문을 발표하면서부터 십자가 신학을 시작하였다.

75 문선희, "루터의 십자가 신학 득의", 『신학논단』 35(2004): 139.

76 Bernhard Lohse, *Luthers Theologie in ihrer historischen Entwicklung und in ihrem systematischen Zusammenhang*, 정병식 역, 『마틴 루터의 신학』 (서울: 한국신학연구소, 2002), 65.

77 Wittenbergische Ausgabe(추후 WA로 표기) 1.613. 21ff. Paul Althaus, *Die Theologie Martin Luthers*, 이형기 역, 『마틴 루터의 신학』 (서울: 크리스챤다이제스트, 1994), 256-65에서 재인용.

처럼 분명하게 인식할 수 있는 것처럼 생각하는 사람은 신학자로 불릴 자격이 없다(롬 1:20).

   논제 20. 그러나 고통과 십자가를 통하여 하나님의 가시적인 것들을 이해하는 자는 신학자로 불림을 받을 가치가 있다.

   논제 21. 영광의 신학자는 악한 것을 선하다고 하고, 선한 것을 악하다고 한다. 십자가 신학자는 실제로 있는 그대로를 말한다.[78]

   알리스터 맥그라스(Alister E. McGrath)는 이 중 논제 20의 라틴어 원문 번역이 부정확하다고 지적하면서, 이를 "고난과 십자가 안에서 목격되는 것처럼 가시적으로 된 '하나님의 등'(posteriora Dei)을 이해하는 자는 누구든지 신학자로 불릴 자격이 있다"로 재번역한다.[79] 맥그라스는 '하나님의 등'이라는 표현이 출애굽기 33장 23절에 대한 신학적 암시를 포함하고 있음에도 불구하고 이를 번역에서 생략한 것은 하나님의 계시의 '숨겨짐'에 대한 중요한 신학적 함의를 놓친 것이라 평가한다.[80] 루터는 바로 이 논제를 통해, 하나님은 그리스도의 십자가 안에 자신을 계시하시되 동시에 그 계시의 장막 뒤에 숨으신다는 이중적 신비를 진술하고자 한 것이다.[81]

   영광 신학과 십자가 신학은 하나님의 인식 가능성과 계시 방식에 대한 전혀 상이한 이해를 전제한다. 영광 신학은 인간의 이성과 자연계시를 통해 하나님에 대한 지식에 도달할 수 있다고 주장한다.

---

78 Martin Luther, *Luther's Work*(추후 LW로 표기), ed. Jaroslav Pelikan and Helmut T. Lehmann(Philadelphia: Mujenberg Press, 1955), 31, 40.

79 McGrath, 『루터의 십자가 신학』, 289.

80 Ibid.

81 신문궤, "마르틴 루터의 십자가 신학에 직면한 한국교회", 『신학과 목회』 49(2018년 5월): 198.

반면 루터는 하나님은 인간의 이성이 혐오하고 외면하는 그리스도의 십자가라는 역설적 지점을 통해서만 계시된다고 보았다.[82] 그는 바울의 로마서 1장 20절이 말하는 자연계시 자체를 부정하지는 않았으나, 이를 통한 구원 인식의 가능성을 전면적으로 배격하였다. 루터에 따르면 자연계시는 하나님의 존재에 대한 간접적 인식은 가능하게 하지만, 구원에 이르는 은혜의 인식은 오직 십자가에 나타난 계시를 통해서만 가능하다.[83] 이와 같이 루터의 하나님 인식론은 고린도전서 1장 21절의 바울적 전제를 그대로 계승한다. 참된 신학과 신앙은 오직 십자가에 달리신 그리스도를 통해서만 하나님을 인식할 수 있으며, 이는 역설 속에 숨겨진 하나님(self-hidden God)의 계시이다.

중세 스콜라 신학은 헬레니즘 철학의 영향을 받아 하나님의 본질을 '무감정성'(apatheia), '불변성'(immutabilitas), '부동성'(impassibilitas) 등으로 규정하였다.[84] 이러한 형이상학적 신론

---

82 Althaus, 『마틴 루터의 신학』, 43-4. 루터의 롬 1:20과 고전 1:21 이하 언급에서 명백히 드러나듯이, 루터는 "행위"를 하나님의 창조 사역으로, 그리고 "고난"을 그리스도의 십자가의 고난으로 사용한다. 그런데 루터는 "행위"를 하나님의 창조 행위뿐만 아니라 인간의 행위라는 의미로도 사용하고, 또한 "고난"을 예수의 고난뿐만 아니라 인간의 고난을 가리키는 의미로 사용했다.

83 Ibid., 44.

84 현대신학에서 등장한 몰트만의 '고통 받는 하나님'의 개념에 반발하여 전통적인 하나님의 무감정, 무고통의 속성 이론을 보호하려는 시도가 Richard Creel의 *Divine Impassibility*, Thomas Weinandy의 *Does God Suffer?*, Paul L. Gavrilyuk의 *The Suffering of the Impassible God* 등의 저서를 통해 소수의 신학자에 의해 논쟁적으로 나타나고 있다. 특히, 가브릴류크(Gavrilyuk)는 무고통, 무감정 하나님의 증거를 기독교 전통과 역사에서 찾으려고 시도했다. 그는 성경이 하나님의 분노, 질투와 같은 감정적 반응을 의인화하여 하나님의 감성적 삶으로 표현하는 것을 문자 그대로 받아들이는 것은 문제가 있다고 주장한다. 즉,

은 신성과 인성을 구분하면서, 그리스도의 고난은 오직 인성에 국한된 것이며, 신성은 고난에 참여하지 않는다고 주장하였다.[85] 그러나 루터는 이와 같은 이원론적 고난 이해를 단호히 거부하고, 십자가 위의 고난은 곧 하나님 자신의 고난이며, 하나님은 그리스도 안에서 인간의 고통에 실제로 참여하신다고 주장하였다.[86] 루터에게 있어서 하나님의 '감추심'은 그분의 '자기 비하'(kenosis)를 의미하며, 이는 인간의 절망 속에서만 나타나는 하나님의 긍휼과 자비의 방식이었다.

루터는 그리스도의 십자가 고난을 하나님의 진노 아래 있는 인간의 고통과 긴밀히 연결시킨다. 그는 로마서 8장의 주석에서 하나님의 계시 방식이 철저히 '역설적'임을 강조한다.[87] 곧 십자가 아래 드러나는 약함, 어리석음, 고난, 수치, 비참은 외형적으로는 실패처럼 보이지만, 실상은 하나님의 능력, 지혜, 선하심, 영광이라는 실재가 감추어진 방식으로 드러나는 것이다. 이러한 관점에서 루터의 '십자가 신학'은 하나님에 대한 인식이 철저히 '은폐된 계

고통은 하나님의 본성에 대한 표현이라기보다는 세상과 하나님의 관계에서 하나님의 경륜에 대한 표현일 뿐이라는 것이다. Paul L. Gavrilyuk, *The Suffering of the Impassible God: The Dialectics of Patristic Thought*, Oxford University Press, 2004, 210-23; James F. Keating and Thomas Joseph White, ed., *Divine Impassibility and the Mystery of Human Suffering*(Grand Rapids: W.B. Eerdmans, 2009)를 참조하라.

85 Alister E. McGrath, *Christian Theology: An Introduction*, 김홍기 외 3인 역, 『역사속의 신학』 (서울: 대한기독교서회, 1998), 326.

86 Ibid. 후에 몰트만도 십자가에서 그리스도와 함께 고통당하시는 하나님을 강조하며 그의 삼위일체론을 전개한다.

87 마르틴 루터, 『루터의 로마서 주석』, 박문재 역(서울: CH북스, 2001), 150-72.

시'(revelatio sub contrario)라는 방식으로 이루어지며, 인간 이성은 그 감추어진 하나님의 자기 계시에 참여함으로써만 참된 신학을 구성할 수 있다.

루터의 십자가 신학은 사도 바울의 신학을 직접적으로 계승하고 있다. 바울은 초대교회 당시 십자가를 부정하고자 하는 율법주의자들과 철학자들을 향해 '오직 그리스도의 십자가'만을 강조하였고, 이는 루터의 십자가 신학 형성에 결정적인 영향을 주었다.[88] 루터에게 바울은 단순한 신학적 전거가 아니라, '십자가 신학에 있어 가장 위대한 선배'였다. 그러나 중세를 거치며 바울의 십자가 신학은 점차 영광 신학의 틀 속에서 왜곡되었고, 루터는 이를 비판적으로 해체하였다. 특히 로마가톨릭 교회가 십자가의 고난을 외면한 채 영광과 축복만을 강조하게 된 것은 복음의 본질에 대한 중대한 훼손이라 보았다. 이러한 경향은 종교개혁 이후 개신교 안에서도 완전히 극복되지 않았으며, 이에 대해 윌리엄 펜(William Penn)과 같은 종교개혁의 후예들은 다시금 십자가 신학의 회복을 촉구하였다.[89]

펜은 "십자가 없는 축복과 영광은 거짓 복음에 불과하다"고 경고하면서, 참된 축복과 영광은 반드시 십자가를 통과하여야 한다고 주장하였다. 인간 본성 안에 내재된 축복과 번영에 대한 갈망은 그리스도의 십자가 은혜 안에서만 올바르게 회복될 수 있으며, 이는 루터와 바울이 함께 증언하는 '십자가 복음'의 본질이다. 결국, 모든 참된 기독교 신학은 영광이 아니라 십자가에서 출발하며, 그 안에서만 진정한 신앙과 구원이 가능하다.

---

88 Althaus, 『마틴 루터의 신학』, 51.
89 William Penn, *No Cross, No Crown*, ed. Jason R Henderson(US: Createspace Independent Publishing Platform, 2017).

루터 신학의 핵심: 이신칭의와 은혜의 복음

루터의 '십자가 신학'(theologia crucis)이 지닌 가장 중요한 특징은 '하나님의 의'(iustitia Dei)의 의미를 재발견한 데 있다. 이러한 신학적 발견은 종래에 위클리프(John Wycliffe)나 얀 후스(Jan Hus) 등과 같은 개혁자들이 시도한 교회론 중심의 개혁을 넘어, 인간의 내면 깊숙이 자리 잡은 구원론적 불안, 곧 하나님의 심판에 대한 두려움의 문제에 근본적인 해답을 제시하였다는 점에서 결정적 의의를 지닌다. 초기의 루터는 '하나님의 의'를 윌리엄 오캄(William of Ockham)의 '비아 모데르나'(via moderna, '새길') 전통에 따라 이해하였다.[90] 그러나 1518년에 이르러 루터는 '하나님의 의'가 하나님의 아들이신 그리스도의 성육신과 십자가 죽음을 통해 분명히 계시되었으며, 이를 통해 '의'는 기독론적으로 해석되어야 한다고 주장하게 된다.[91]

루터가 오랫동안 씨름했던 신학적 물음은 다음과 같은 것이었다: "만일 하나님의 의가 선인에게는 상을, 악인에게는 벌을 주는 공

---

90 McGrath, 『루터의 십자가 신학』, 189. 비아 모데르나 구원론은 은혜에 대한 하나님의 약속들은 조건적이라는 가정에 기반을 두고 있다. 즉 하나님은 "자기 자신 안에 있는 것"을 행한다는 조건으로 은혜 베풀 것을 약속했기 때문에, 이 조건에 충족시키지 못한다면 하나님은 은혜를 베풀 의무가 없다는 것이다(Ibid., 204). 그러나 여기에 나타난 근본적 오류는 인간의 지혜로 '하나님의 의'를 발견하고 의롭게 되는 것이 가능하다고 가르치는 것이다. "영광의 신학" 근저에는 타락한 인간의 교만이 숨겨져 있다. 타락한 인간이 아직 타락하지 않은 이성으로 '하나님의 의'를 발견할 수 있다고 주장하는 중세 신학은 루터의 관점에서는 전제 자체에 오류가 있다. 이처럼 전제의 오류는 결국 영광의 신학이 "악을 선으로, 선을 악으로" 주장하는 오류를 범한다(논제 21). 루터는 인간이 이성으로 '하나님의 의'를 발견하고, 인간의 행위로 의롭게 될 수 있다고 가르치는 영광의 신학을 거부했다.

91 WA 4. 17. 33-9.

정한 성품이라면, 어떻게 하나님은 죄인인 인간을 의롭다 하실 수 있는가?" 이 질문은 루터로 하여금 깊은 영적 고뇌에 빠지게 만들었으며, 그는 오랫동안 이 문제로 인해 불안과 절망 속에 머물렀다.[92] 곧, '공의'(justitia)로서의 하나님과 '자비'(misericordia)로서의 하나님이 어떻게 양립할 수 있는가에 대한 문제는 루터의 신학 형성에 있어 가장 핵심적인 문제의식이었다.

이러한 내적 전환은 1515년부터 1516년 사이에 진행된 『로마서』 주석 강의에서 뚜렷하게 나타난다. 루터는 로마서 1장 17절, 즉 "복음에는 하나님의 의가 나타나서 믿음으로 믿음에 이르게 하나니…"라는 말씀을 새롭게 해석함으로써, '하나님의 의'에 대한 이해를 근본적으로 전환하게 된다.[93] 이 구절에서 말하는 '하나님의 의'는 더 이상 심판적 공의나 형벌의 기준이 아니라, 죄인을 의롭다 하시는 하나님의 은혜의 행위, 곧 '칭의의 도구'로 이해되었다. 루터는 이 발견을 통해 자신의 기존 신학을 철저히 재구성하였으며, 십자가 신학을 중심으로 한 새로운 구원론 체계를 수립하게 된다.

루터에 따르면, 하나님은 인간이 무력하고, 심지어 무(無)와 같은 존재가 될 때, 다시 말해 인간의 가능성이 철저히 박탈되었을 때에 비로소 그분의 '고유한 일'(opus proprium)을 수행하신다. 동시에 하나님은 인간을 율법 앞에서 낮추시고 비참하게 하심으로써, 하나님의 '낯선 일'(opus alienum)을 통해 그분의 긍휼과 능력을 드러내신다.[94] 이와 같은 신학적 구조 속에서 루터의 칭의 교리는 단순

---

92 McGrath, 『루터의 십자가 신학』, 179.

93 Ibid., 190.

94 Jos E. Vercruysse, "Gesetz und Liebe, Die Struktur der 'Heidelberg Disputation' Luthers(1518)," *Lutherjahrbuch*, 48(Quoted in Forde 1997): 22.

한 신학 항목 가운데 하나가 아니라, 하나님의 계시 방식과 구원의 실재를 설명하는 중심 원리로 기능한다.

루터에게 칭의는 곧 하나님과 인간의 관계 속에서 불의한 인간을 의롭다고 여겨주심으로써 하나님의 전적인 은혜와 주권이 드러나는 사건이다. 이는 단순히 도덕적 변화를 의미하는 것이 아니라, '전가'(imputatio)라는 법적 선언을 통해 의롭지 않은 자를 의롭다고 칭하시는 하나님의 주권적 행위이다.[95] 루터는 이 칭의 사건이 "온 세상과 모든 거룩한 천사보다도 더 위대한 일"이라고 평가하며, 이는 단지 개인 구원의 차원을 넘어 하나님의 구속사 전체에 있어 결정적인 사건으로 간주하였다.

따라서 루터의 칭의 교리는 단순한 교리적 명제 하나에 그치지 않으며, 교회를 세우기도 하고 무너뜨리기도 하는 교회의 핵심 교리(articulus stantis et cadentis ecclesiae)로 자리매김하였다.[96] 이 교리를 통해 루터는 중세의 공로 중심적 구원 이해를 전복하고, 복음의 본질을 '오직 은혜'(sola gratia)와 '오직 믿음'(sola fide) 위에 새롭게 수립하게 되었던 것이다.

루터는 그의 칭의론 전개에 있어 '의'(iustitia)의 개념을 두 가지로 명확히 구분하여 설명한다. 이는 각각 외부로부터 주어진 의와 신자의 삶 속에서 실현되는 의로 대별된다. 전자는 루터가 '낯선 의'(aliena iustitia)라고 부른 것으로, 인간 외부로부터 주어지는 타

---

95 WA 39, 97; LW 34, 166f.

96 루터 신학자 Balthasar Meisner가 *Anthropôlogia sacra disputation* 24(Wittenberg: Johannes Gormannus, 1615)에서 처음으로 루터의 말이라고 소개하여 그렇게 알려졌다. 신문궤, "마르틴 루터의 십자가 신학에 직면한 한국교회", 207에서 인용.

자의 의를 의미한다. 이 의는 인간이 스스로 획득할 수 없는 것으로, 오직 하나님의 은혜에 의해 주어지는 '수동적 의'(iustitia passiva) 또는 '믿음의 의'(iustitia fidei)로 불린다. 곧, 이는 그리스도의 십자가 안에서 계시된 하나님의 의가, 죄 가운데 있는 인간에게 회개와 믿음을 통해 전가(imputatio) 되는 은혜의 의이다.

이에 반해 루터가 '두 번째 의'로 언급한 것은 인간의 고유한 차원에서 나타나는 의, 곧 '능동적 의'(iustitia activa)이다. 이 의는 인간이 선한 행위를 통해 구현하는 것이나, 루터는 이를 인간의 자력적 산물로 보지 않는다. 오히려 그는, 두 번째 의 역시 첫 번째 의의 결과로서만 가능하다고 보았다[97] 다시 말해, 인간이 선한 행위를 통해 얻게 되는 의는 그 자체로 의로움의 근거가 되지 않으며, 오직 '낯선 의'를 소유한 자가 성령의 역사 안에서 실천할 때에만 유효한 열매로 간주된다.

루터가 강조한 첫 번째 의는 하나님 앞에서(coram Deo) 신자가 의롭다 함을 받는 결정적 근거로 작용한다. 이것은 법정적 칭의(forensic justification)의 토대로서, 인간 내면의 어떤 변화나 공로가 아닌 전적인 하나님의 자비에 의존한다. 따라서 이 의는 곧 믿음의 의로 규정되며, 신자의 자격이나 행위가 아닌 하나님의 선포에 근거하여 주어진다.

루터는 그의 초기 시편 주석에서 '의'라는 개념을 '믿음의 의'로 해석하며, 인간의 의로움이란 스스로 획득하는 것이 아니라 전적으

---

[97] LW 31, 297-9; Martin Luther, "두 종류의 의", John Dillenberger(ed.), *Martin Luther Selections From His Writings*, 이형기 역, 『루터 자서전』 (서울: 크리스챤다이제스트, 1994), 133-7.

로 하나님의 은혜에 의해 주어진다는 점을 분명히 한다.[98] 이에 대한 해석은 루터를 연구한 임마누엘 허쉬(Emanuel Hirsch)에 의해 다음과 같이 요약된다.

> 첫째, 이것은 하나님에게 속한 '의'라기보다는, 하나님이 준 선물로서 의다. 둘째, 이것은 비록 인간 앞에서 유효하지 않을지라도, 하나님 앞에서는 유효한 의다. 셋째, 이것은 그리스도를 믿는 믿음으로서의 '의'다.[99]

루터에게 있어서 감추어진 하나님(Deus absconditus)과 그 계시는 궁극적으로 '하나님의 의'(iustitia Dei)로 드러난다. 이 의는 인간 이성이나 행위로 파악될 수 없으며, 오직 믿음(fides)에 의해서만 인식될 수 있다. 예수 그리스도를 믿는다는 것은 곧 예수 그리스도의 역사적 사역 속에 나타난 하나님 아버지의 사랑을 인정하고 신뢰하는 것을 의미한다. 인간은 이 신앙을 통해서만 의롭다 함을 얻으며, 그 밖의 어떤 공로나 업적도 칭의의 근거가 될 수 없다.

폴 알트하우스(Paul Althaus)는 이러한 루터의 칭의론에 대해, 하나님이 죄를 인간에게 전가하거나 무시하는 것이 아니라, 실제로 용서하신다는 데 그 본질이 있다고 설명한다. 그는 시편 32편 1절 ("허물의 사함을 받고 자신의 죄가 가려진 자는 복이 있도다")을 근거로, 불의한 죄인을 의롭다 선언하시고 용납하시는 행위가 곧 칭의의

---

98 예를 들면, 루터는 시 36:6에서 "당신의 믿음의 의, 그것에 의해서 우리는 당신 앞에 의롭습니다"라고 주석한다. WA 3. 199. 18 참조.

99 Emanuel Hirsch, "Initium Theologiae Lutheri," in *Der Durchbruch der reformatorischen Erkenntnis*, 64-95; 87-93. McGrath, 『루터의 십자가 신학』, 219에서 재인용.

실체라고 주장한다.[100]

이러한 맥락에서 두 번째 의, 곧 신자의 실천적 의(iustitia activa)는 오직 첫 번째 의, 즉 '낯선 의'의 능력에 근거하여 가능해진다.[101] 낯선 의의 은혜를 입은 자는 "새로운 피조물"(고후 5:17)로 불리며, 그의 삶은 옛 사람의 본성과 싸우는 과정 속에 놓인다. 루터는 만일 이 새 피조물의 목표, 즉 옛 사람을 억제하고 성령 안에서의 갱신을 이뤄내는 것이 이루어지지 않는다면, "복음, 신앙, 그리고 그 외의 모든 것은 아무런 효력을 가지지 못할 것"이라고 단언한다.[102]

알트하우스에 따르면, 루터의 유명한 정식(定式)인 "동시에 의인인 동시에 죄인"(simul iustus et peccator)이라는 선언은 그리스도인의 실존을 가장 깊이 있게 표현한 진술이다.[103] 이는 인간이 법정적으로 의롭다 선언된 이후에도 여전히 죽음의 현실과 육체의 죄성을 지닌 존재로 살아가야 한다는 사실에 근거한다. 곧, 의롭다 함을 받은 자는 여전히 죄와 싸워야 하며, 육체 안에 있는 죄의 본성과 완전히 분리되지 않는다. 그러나 루터에 따르면, 성령의 능력으로 옛 사람과 싸우는 자는 참으로 의인이다.[104]

이러한 실존적 긴장 속에서 루터는 두 번째 의, 곧 인간의 실천적 의를 그리스도의 본을 따르는 삶(벧전 2:21)으로 규정한다. 이것은 단순한 윤리적 모방을 넘어서는 것으로, 그리스도 형상

100　Althaus, 『마틴 루터의 신학』, 256.
101　WA 8, 114; LW 32, 239.
102　WA 8, 26; LW 13, 22.
103　Althaus, 『마틴 루터의 신학』, 272-3. 루터는 로마서 강의에서 그리스도인의 "의인과 죄인"의 양면성을 선포한다(WA 56, 70, 272 참조).
104　Ibid., 273.

(conformitas Christi)을 닮아가는 성화(sanctificatio)의 삶이다. 루터는 신자들에게 자신을 미워하고, 이웃을 사랑하며, 자신의 유익을 추구하지 않고 오히려 타인의 유익을 도모하라고 권면한다.[105] 이러한 권면은 단순한 덕목의 나열이 아니라, 전 생애적 '생활 양식'의 전환을 요청하는 것이며, "육을 십자가에 못 박으라"(갈 5:24)는 명령으로 구체화된다.

윤형철은 루터의 칭의론에 나타난 이중적 의 개념이, 그리스도의 의를 통해 죄와 사망에서 해방된 자에게 실질적이고 갱신적인 변화가 요청된다는 사실을 포함하고 있음을 강조한다.[106] 곧, 하나님의 초월적이고 외재적인 '의'는 신자 안에서 내재화되고 실현되는 의를 동반해야 하며, 그것이야말로 참된 신자의 표지라는 것이다.

루터는 이 같은 '하나님의 의'를 얻기 위한 필수 전제 조건으로 믿음의 의를 요구한다.[107] 그러나 그는 단순히 믿음 자체가 자동적으로 칭의를 이루는 것으로 보지 않았다. 루터는 "우리를 의롭게 하는 은혜와 믿음조차도 하나님의 언약 없이는 우리를 의롭게 하지 못할

105　Luther, "두 종류의 의", 267f.

106　윤형철, "루터의 칭의 개념이 지닌 혁신성과 모호성", 『개신논집』 17(2017): 112.

107　Althaus, 『마틴 루터의 신학』, 224. 초기에 루터는 '겸손한 믿음'(humilitas fidei)을 언급하였는데, 그것은 루터가 비아 모데르나 신학의 영향 아래서 '계약적 구조 안'에서 말한 것으로, 겸손한 믿음을 인간의 최선을 다하는 조건적 충족으로 이해한 것으로 볼 수 있다. 그 후 루터는 십자가를 통해 드러나는 모순된 하나님의 의를 묵상할 때, '대가와 보상'의 구조에 문제가 있음을 깨닫고 바뀌게 된 것이다. 윤원준은 그의 논문 "Martin Luther와 하나님의 의: Luther 칭의론에 대한 비판적 고찰"에서 루터 초기에 '대가와 보상'의 구조를 비판 없이 받아들임으로 그의 칭의 구원론에서 많은 불일치의 문제가 있었음을 지적한다. 윤원준, "Martin Luther와 하나님의 의: Luther 칭의론에 대한 비판적 고찰", 『복음과실천』 48(1)(2011): 159-184 참조.

것이다"라는 진술을 통해, '하나님의 의'와 '믿음의 의' 사이의 관계를 명료하게 설명한다.[108] 곧 이 둘은 하나님의 언약(covenant)이라는 공통된 기반 위에 서 있으며, 하나님의 의는 인간에게 믿음을 소유할 것을 요구하는 언약적 요구로 작용한다.

이러한 신학적 통찰은 인간이 하나님 앞에 나아가기 이전에, 자신이 전적으로 타락하여 어떤 선한 행위로도 의롭다 하심을 받을 수 없는 절망적 존재임을 자각하는 데서 출발한다. 이러한 인식은 인간으로 하여금 자기 자신에 대한 철저한 절망 속에서 하나님의 도움을 간절히 구하게 만들며, 그 절규는 곧 십자가를 통한 구원의 의존으로 이어진다. 루터는 이것을 하나님과 인간 사이의 전적 관계 역전으로 이해하며, 논제 25에서 "인간은 자기 자신에게 절망할 때 비로소 십자가가 구원의 유일한 통로임을 깨닫는다"라고 진술한다. 이러한 구원론적 확신은 루터가 논제 26에서 선포한 "죄인들은 어떤 것을 행함으로써 의롭게 되는 것이 아니라, 오직 그분을 믿음으로써 의롭게 된다"에서 정점에 이른다. 요컨대, 루터의 칭의론에서 십자가는 인간의 절망 속에 주어지는 하나님의 의의 결정적 계시이며, 인간은 믿음을 통해 그 의에 참여함으로써 비로소 자유와 평안을 얻게 된다.

십자가는 자기 공로를 의지하여 하나님 앞에 서려는 신자들의 내적 절망과 좌절의 상황 속에서, 하나님의 의(iustitia Dei)로 현현하였다. 이러한 하나님의 의는 인간의 무능함과 자기기만을 폭로함과 동시에, 전적인 은혜로 주어진 의롭다 하심(justificatio)을 통해 신자에게 참된 평안과 자유, 그리고 새로운 존재 방식의 역동성을

---

108   WA 3. 289. 1-5.

선물하였다. 곧, 십자가는 자기를 부인하는 신앙의 전환점이며, 하나님의 의가 인간에게 실존적으로 도래하는 사건이다.

그렇다면 다음 장에서는, 루터가 말하는 이 십자가의 의미가 홀로코스트와 같은 극단적 외적 고통과 절규의 역사적 상황 속에서는 어떻게 이해되고 해석될 수 있었는지를 고찰하고자 한다. 신학적 해석의 범주를 내면적 구원론에서 역사적 고난의 신정론적 차원으로 확장하면서, 십자가의 신학이 시대적 현실 속에서 어떻게 적용되었는지를 살펴보는 것이 필요하다.

제5장 전쟁과 고난 속의 십자가 신학: 몰트만의 신정론적 해석

위르겐 몰트만(Jürgen Moltmann)은 제2차 세계대전의 광기와 홀로코스트라는 인류 역사상 가장 참혹한 비극의 경험 속에서 십자가를 새롭게 조명하였다. 그는 이와 같은 역사적 고난의 현실에서 십자가를 고통과 저항의 상징으로 해석하며, 이를 바탕으로 '희망의 신학'(Theology of Hope)을 전개하였다. 몰트만의 신학은 전통적인 구원론적 틀을 넘어, 종말론적 희망이라는 신학적 좌표 위에서 예수의 십자가와 부활을 재해석한다.

몰트만은 신학의 중심을 종말론(eschatology)에 두며, 그리스도의 십자가를 미래의 하나님 나라 완성이라는 관점에서 조망한다. 그는 부활하신 그리스도가 미래로부터 현재를 이끄는 역사적 희망의 동력이 된다고 주장한다. 그의 종말론은 단순한 시간의 종결로서의 '말세'가 아니라, 하나님 나라의 도래와 정의의 회복, 피조물의 갱신을 지향하는 역동적이고 참여적인 희망의 종말론이다.

이러한 몰트만의 종말론은 당대 신학자들이 제시했던 다양한 종말론적 입장들과 신학적으로 구별된다. 예컨대, 불트만(Rudolf Bultmann)의 실존적 종말론, 바르트(Karl Barth)의 초월적 종말론, 판넨베르크(Wolfhart Pannenberg)의 보편사적 종말론은 모두 종말의 의미를 신학적 패러다임으로 설정하였으나, 몰트만은 이들과는 달리 하나님 나라의 미래적 도래 자체에 신학적 초점을 맞춘다.[109] 그는 희망을 인간 내면의 심리적 태도나 추상적 관념으로 보지 않고, 역사 속에서 고통 받는 자들과 함께하시는 하나님의 실재적 약속으로 이해하였다.

몰트만의 '희망의 신학'이 형성된 시기는 1960년대, 전 세계 신학계가 '신의 죽음'(death of God) 논쟁에 휩싸이고, 그 연장선상에서 정치신학이나 해방신학과 같은 급진적 자유주의 신학들이 급부상하던 시점이었다. 이러한 상황에서 몰트만은 단지 신이 죽었다는 선언에서 멈추지 않고, 하나님이 십자가에서 고통 받아 죽으셨다는 신학적 진술을 바탕으로, 고난과 죽음 너머의 희망을 선포하였다. 그는 과거와 현재보다는 미래를 향한 신학을 전개함으로써, 고통당하는 자들의 현실 속에서 하나님의 변혁적 미래를 증언하였다.

몰트만이 20세기 후반 가장 영향력 있는 신학자 중 한 사람으로 부상하게 된 배경에는, 그의 삼위일체론, 희망론, 그리고 이 두 주제를 통합한 종말론적 십자가 신학이 자리하고 있다.[110] 그는 십자가의

---

109 김정형, "종말의 시제로서 도래(Adventus): 위르겐 몰트만의 종말론적 미래 개념 연구", 『한국조직신학논총』 34(2012): 37-9.

110 몰트만이 2차 세계대전과 아우슈비츠의 비극 이후 절망과 고통으로 인하여 사람들의 마음속에 신의 죽음, 신의 부재와 같은 심각한 신학적 혼란이 어지러운 상황에서 새로운 시대를 열망하는 사람들에게 '종말론적 희망'을 신학적 화두로 제시한 것은 그의 긍정적 역할이라고 본다. 그러나 바울-루터-칼뱅으로 연결되는 전통적 틀에서의 십자가 신학을 지지하는 필자로서는 몰트만이 십자

하나님을 단순히 고난의 신이 아니라, 고난 속에서 함께 하시며 미래를 여시는 삼위일체적 하나님으로 제시하였다. 이러한 몰트만의 통전적 신학은 단지 이론적 사변을 넘어, 역사와 현실, 고통과 해방, 죽음과 부활이라는 실존적 조건 안에서 신학이 어떻게 살아 숨 쉴 수 있는지를 보여주는 신학적 혁신이었다.

홀로코스트 이후 신학의 위기와 도전

제2차 세계대전 당시, 벨기에의 전쟁포로 수용소에 수감되어 있던 위르겐 몰트만(Jürgen Moltmann)은, 아우슈비츠에서 자행된 유대인 학살의 실상을 접하며 처음으로 신학적 절망과 하나님에 대한 근본적 질문에 직면하였다. 그는 "나의 하나님, 나의 하나님, 어찌하여 나를 버리셨나이까?"라는 시편의 절규를 반복하며, 만일 하나님이 선하시고 정의로우시다면, 어찌하여 이토록 참혹한 고통을 허용하시는가라는 근본적 신정론적 물음을 던졌다.[111] "나는 하나님

가를 '하나님이 자신의 신성을 포기한 사건'으로 주장하는 것은 동의할 수 없다. 다만, 본서는 20세기 독일의 참담한 상황과 21세기 북미의 낙관론과 같은 상반된 상황에서 십자가가 어떻게 해석되고 적용됐는지를 해명하기 위하여 몰트만 신학을 소환했음을 밝힌다.

111 독일의 함부르크에서 출생한 몰트만은 어린 시절부터 신학 수업을 받아온 다른 신학자들과 달리 세속적인 가정에서 자라났고, 젊은 시절 포로수용소(Norton Camp)에서 처음 하나님을 인격적으로 만나고 신학을 접하게 되었다. 그 후 몰트만은 정식적인 신학 공부를 통해 그의 신학을 체계화하는 데까지 이른다. 그런 그의 개인 환경 때문에 그는 특정한 신학 학파를 만들거나 혹은 신학 체계를 세우는 대가(大家)가 되려고 시도하지 않았다. 그의 주된 관심은 그의 체험을 중심으로 다른 사람들에게 도전을 주고, 신학 그 자체를 발견하며 자신의 신학적 사유를 발전시키면서 자신의 길을 걸어가는 데 있었다고 회고한다 (Jürgen Moltman, *Experience in Theology: The ways and Forms of Christian Theology*, trans. M. Kohl[Minncapolis: Fortress Press, 2000], xv.). 몰트만이 그의 생애에서 누구에게 어떤 신학적 영향을 받았는지를 분석해 보는 것은 몰트만의

과 인간들에 의해 버림받았다"는 깊은 좌절 속에서 그는, 고난당하는 인간의 실존에 직접 참여하시는 하나님, 곧 십자가에 달리신 하나님을 발견하게 되었다.[112]

신학 체계를 이해하는 데 큰 도움이 될 것이다. 몰트만은 YMCA에서 운영하던 포로수용소에서 많은 신학교 학생들을 만났고, 그곳에서 라인홀드 니버(Reinhold Niebuhr)의 『인간의 본성과 운명』(Reinhold Niebuhr, *Nature and Destiny of Man: A Christian Interpretation*, 2 vols. [New York: C. Scribner's sons], 1941-43)이란 신학 서적을 통해 그의 삶과 사상에 큰 영향을 받았다. 몰트만은 포로수용소의 4만 명이 힘없이 죽어가고, 절친 쇼퍼(G. Schopper)가 폭탄에 의해 전신이 찢겨 죽어가는 모습을 목격하는 고통 속에서 "이렇게 끔찍한 악이 세상에 이루어지고 있는데, 절대자 하나님은 어디 계시는가?" 또 "하나님은 왜 이런 악을 허용하시는가?"의 질문을 던지면서 하나님과 대면하게 되었다(김진균, "은퇴한 몰트만의 신학적 여정을 돌아보며", 기독교사상, [1994년 6월], 146). 그는 이런 질문과 함께 신정론, 고난, 희망의 문제에 관해 집중적으로 고민하면서 신학 공부를 시작했다. 몰트만은 포로 생활의 낙담과 좌절의 고통을 견디면서 '고난'과 '희망'이 어떤 관계에 있는지를 체험적으로 알게 되었다. 또한, 그는 포로 생활의 비참한 경험을 가지고, 이미 폐허가 되어버린 자신의 고향 함부르크에 돌아와서 참혹한 2차 대전 상황에서도 본회퍼처럼 양심을 지킨 독일 고백교회에서 희망을 발견하고, 희망과 신학에 대한 기대를 하게 되었다. 몰트만은 포로 생활을 끝낸 뒤, 잠시 영국 더비(Derby) 근처의 스완윅(Wsanwick)에서 기독 학생운동(Student Christian Movement)에 참여한 적이 있다. 그는 거기서 영향을 받아 1948년 튀빙엔 대학교에서 신학을 전공하고 1952년 신학박사 학위를 받았다. 그는 대학교에서 신학을 전공하는 동안 끔찍한 악을 허용하시는 하나님이 정의로우시냐는 문제에 집중하였다. 당시 튀빙엔 대학교수들 중에는 칼 바르트(Karl Barth)의 제자들이 많아서, 몰트만은 바르트의 변증법적 신학을 완전히 습득했다.

112   몰트만은 17세에 제2차 세계대전에 독일군으로 투입되었다가, 연합군 측에 잡혀 3년 동안 강제 수용소에서 생활했다. 그는 함부르크가 화염 속에서 파괴당하는 장면을 직접 목격했고, 그곳에서 굶주림이 인간의 내면세계를 철저히 붕괴시키는 것을 경험했다. 이 시기에 그는 미군 부대의 군목이 준 신약과 시편을 읽으면서 신앙을 갖게 되었다. 그는 절망만이 지배하는 어둠의 골짜기인 포로 생활 속에서도 하나님의 말씀 공부를 통해 하나님이 함께 있다는 사실을 발견하고, "내가 그리스도를 발견한 것이 아니라 그분이 나를 발견하셨다"라고 고

몰트만은 이러한 시대적 경험과 신학적 통찰을 바탕으로, 십자가 신학을 '희망의 신학'으로 전환시켰으며, 이는 이후 세계 신학계에 광범위한 영향을 미쳤다. 그는 예수 그리스도의 십자가와 부활 사건을 통해 드러난 하나님의 자기 비움과 참여의 방식이야말로, 절망의 역사 속에서 인간에게 참된 희망을 제공한다고 보았다. 고통의 신비에 응답하시는 하나님의 방식은 고통의 부재가 아니라, 고통의 공유와 연대였다.

몰트만의 이러한 신학적 응답은 단지 개인적 고난의 해석에 그치지 않고, 당시 기독교가 처한 역사적 타락과 종교적 혼돈에 대한 신학적 고발로 이어졌다. 제2차 세계대전 당시, 독일의 '제국교회'(Deutsche Christen)는 나치 정권에 편승하여 기독교를 정치 이데올로기의 수단으로 전락시켰다. 이들은 기독교 신앙만으로는 독일 민족을 구원할 수 없으며, 역사 속에서는 오히려 국가와 민족이 하나님의 뜻을 실현하는 직접적 도구라고 주장하였다.[113] 심지어 히틀러를 하나님이 보내신 메시아적 존재로 묘사하며, 그의 지도력을 절대화하고 신격화하였다. 이는 '예수의 자리에 히틀러를 앉힌 것'으로, 신성모독적이며 우상숭배적인 왜곡이었다.

이러한 상황 속에서, 고백교회(Die Bekennende Kirche)는 제

백하기에 이르렀다. 그는 미래가 불투명한 절망적인 포로 생활 중에도 희망의 끈을 놓지 않았다. 그는 절망 대신 희망으로, '하나님이 정의롭다면 왜 이런 일이 발생하는가'라는 신정론의 질문을 마음에 품고 신학 서적들을 읽기 시작했다. 포로 생활 3년의 기간은 그의 생애에서 큰 전환점을 맞이하게 했다.

113 송희영, "히틀러의 신격화와 종교박해", 『한국독어독문학교육학회: 독어교육』 73(2018): 301-4. 그들의 주장은 신약신학 사전의 편집자인 키텔(G. Kittel 1888-1948)을 비롯하여 기독교-독일신앙운동(Christlich-Deutsche GB)에 참여했던 저명한 신학자들이 신학적으로 뒷받침했다.

국교회의 신학적 일탈과 정치적 부역에 맞서 싸운 신앙적 저항운동의 중심체로 등장하였다. 고백교회의 신학자들과 성도들은 "교회는 하나님의 말씀 외에 그 어떤 것도 계시로 받아들일 수 없으며, 오직 예수 그리스도께만 순종해야 한다"고 선언하며, 권력에 의해 왜곡된 신학에 단호히 맞섰다.[114] 이들은 참된 교회를 사수하기 위해 기독교 내부로부터 기독교를 고발하는 역설적 행위를 감행하였다.

신앙적 저항의 대표적 인물인 디트리히 본회퍼(Dietrich Bonhoeffer)는, 나치 정권과 히틀러의 독재에 정면으로 항거한 예언자적 신학자였다. 그는 "지금 우리나라 사람들과 함께 이 시련을 겪지 않는다면, 전후에 독일에서 그리스도인의 삶을 재건할 권리를 상실할 것이다"라고 단언하며, 단지 신학적 성찰에 그치지 않고 행동하는 신앙인의 모범을 보였다.[115] 그는 히틀러의 악행을 묵과하는 '죄 없는 구경꾼들'의 침묵을 강력히 비판하며, "차를 몰고 광란의 질주를 하는 자를 본다면, 단지 피해자들을 돌보는 것으로 충분하지 않다. 나는 반드시 운전자의 손에서 운전대를 빼앗아야 한다"라고 선언하였다.[116] 이는 단순한 비유가 아니라, 신자의 사회적 책임과 도덕적 결단을 요구하는 구체적 윤리적 선언이었다.

본회퍼는 결국 히틀러 암살 모의에 가담한 혐의로 체포되어, 1945년 4월 플로센뷔르크 수용소에서 교수형에 처해졌다. 그의 순교는 기독교 신학이 내면의 경건만을 강조하는 '구원종교'로 전락해서는 안 되며, 오히려 현실 속에서 성숙하고 책임 있는 신자로 살아

---

114   유재덕, 『거침없이 빠져드는 기독교의 역사』(서울: 브니엘, 2008), 400.
115   Ibid., 315.
116   Eric Metaxas, 『디트리히 본회퍼』, 김순현 역(서울: 포이에마, 2011), 663.

가야 한다는 윤리적 명령을 뚜렷이 증언하는 사건이 되었다. 본회퍼에게 있어, 하나님의 계명은 곧 '세상의 평화'이며, 그리스도의 현존은 고난당하는 이웃 안에서 나타난다.

20세기 초 유럽의 신학은 자유주의와 계몽주의 신학의 영향이 쇠퇴하면서, 칼 바르트(Karl Barth)를 중심으로 한 신정통주의 신학(neo-orthodoxy), 특히 하나님의 초월성과 주권을 강조하는 초월주의 신학이 그 중심을 이루었다. 이 시기의 신정통주의는 실존주의 철학의 영향을 받아 인간 내면의 결단과 경험을 강조하였지만, 동시에 성경의 무오성에 대해서는 상대적으로 유보적인 입장을 취하는 경향이 있었다. 20세기 후반에 접어들면서, 이러한 신학적 경향은 영미권을 중심으로 다양한 변형을 낳게 된다. 세속화 신학(secular theology), 사신 신학(death of God theology), 과정 신학(process theology), 그리고 보다 포괄적인 흐름으로서의 신자유주의 신학(Neo-Liberal Theology)이 등장하며, 계시 이해와 신론, 종말론에 대한 전통적 신학의 틀을 급격히 해체하거나 수정하는 시도가 전개되었다.

이러한 신학적 격동기 속에서 몰트만의 『희망의 신학』(*Theology of Hope*, 1964)은 판넨베르크(Wolfhart Pannenberg)와 더불어 새로운 종말론적 패러다임을 제시한 것으로 평가된다.[117] 그러나 몰트만

---

117 몰트만은 2차 세계대전상황에서 죽음의 고통을 경험하면서, 기독교에서 보편적으로 이해하는 초월적 종말론 곧 "우주적 영광 속에 나타나는 그리스도의 재림, 세계 심판과 하나님 나라의 완성, 죽은 자들의 보편적인 부활과 만물의 새로운 창조"의 종말론에 비판을 제기한다. 그는 이런 종말론은 종말의 사건을 '최후의 날'로 미룸으로써, 종말의 개념은 점차 열광주의적 종파들과 혁명적 집단들에게 넘어가서, 현세에서 내제적인 영향력과 '희망'을 상실하고 말았다는 것이다. 이런 상황에서 몰트만은 미래에서 현재로 침투하여 현재를 변혁시키는 '종말론적 미래의 희망'을 새롭게 발굴하고자 한 것이다. Jürgen Moltman,

은 다른 동시대 신학자들과 달리, 종말론을 자신의 전체 신학의 중심 구조로 설정하였다. 이는 단지 개념적 선택의 문제가 아니라, 그의 역사적 체험―제2차 세계대전과 아우슈비츠의 충격―과 깊은 연관을 갖는다.

몰트만은 전쟁 포로로서 경험한 고통, 그리고 유대인 학살의 참상을 직면한 후, 바르트의 "오직 그리스도"(Solus Christus) 신학에 한계를 느꼈다. 바르트가 하나님의 초월성을 지나치게 강조함으로써, 역사 안에서 발생하는 악과 고통의 현실을 충분히 설명하지 못한다는 한계를 발견한 것이다. 이로 인해 몰트만은 바르트의 신학을 극복하고자 하였으며, 그 여정에서 깊은 영향을 끼친 인물이 바로 디트리히 본회퍼(Dietrich Bonhoeffer)였다. 특히 본회퍼의 『옥중서신』은 몰트만으로 하여금 십자가의 내재성을 더욱 확신하게 만든 결정적 계기가 되었다.

몰트만의 신학 형성에는 독일 튀빙겐 대학의 주요 신학자들로부터 받은 지적 자양분도 크게 작용하였다. 그는 에른스트 볼프(Ernst Wolf)로부터 교회의 사회적 책임과 참여에 대한 관심을 배웠고, 한스 요아힘 이반트(Hans Joachim Iwand)로부터 루터의 '이신칭의' 교리와 헤겔(Hegel)의 변증법적 사유 구조를 익혔다. 이러한 영향은 몰트만으로 하여금 루터의 십자가 신학을 현대적으로 재해석하고, 그리스도의 십자가와 부활을 변증법적으로 연결짓는 신학적 구조를 구축하게 하였다.

특히 몰트만에게 결정적 사상적 영감을 준 인물은 에른스트 블로흐(Ernst Bloch)였다. 블로흐의 『희망의 원리』(*Das Prinzip*

『희망의 신학』, 이신건 역(서울: 대한기독교서회, 2002), 11, 21.

Hoffnung)는 몰트만이 전쟁 포로 생활 중에 품었던 신정론적 질문을 넘어, 절망의 자리에서 희망을 사유하는 방향으로 신학을 전개하게 만든 계기가 되었다.[118] 몰트만은 블로흐의 유토피아적 희망 개념을 신학적으로 수용하되, 그것을 기독론적·종말론적 차원으로 전환하였다.

이러한 배경 속에서 몰트만은 자신의 신학적 입장을 세 권의 초기 저작을 통해 집약적으로 드러낸다. 『희망의 신학』(1964), 『십자가에 달리신 하나님』(1972), 『성령의 능력 안에 있는 교회』(1975)는 몰트만 신학의 3부작으로서, 각각 종말론, 기독론, 교회론을 중심으로 전개되며, 통합적으로는 고난과 희망, 삼위일체, 참여, 종말의 통일적 구조를 형성한다.

특히 『십자가에 달리신 하나님』은 그리스도의 십자가 사건이 단순한 구속의 수단이 아니라, 기독교 신학의 본질적 기준이며, 하나님의 사랑과 희망이 교차하는 신학적 정점임을 제시한다. 몰트만

---

118 몰트만의 자서전에 의하면, 몰트만은 1960년 종교철학자이자 수정 마르크스주의자인 어른스트 블로흐의 저서 『희망의 원리』에서 "혁명적 변화를 추진하는 힘은 미래로부터 온다"라는 '미래적 존재의 원리'를 차용한다. 그러나 그는 블로흐의 "초월성 없는 초월"에 대해 강하게 비판하며, 현재를 변혁시킬 수 있는 유일한 힘은 하나님이라고 주장하며, 자신의 종말론 이론에 근거하여 '희망의 신학'을 전개한다. 몰트만에게 희망의 근거는 '예수 그리스도'이다. 곧 그리스도의 부활이 역사 속으로 진입하여 희망의 실체를 제공한다. 그의 희망신학을 "블로흐의 철학에 세례를 준 것에 불과하다"라는 바르트의 비판에 대해, 몰트만은 자신이 블로흐와 그의 사상을 알기 전부터 '희망의 신학'을 추구했으며, 따라서 그를 계승하거나 '세례를 주려고' 하지 않았고, 오직 "구약성서에 나타난 약속의 역사와 신약성서의 부활 역사를 토대로 삼아 그분의 무신론적인 '희망의 원리'에 필적하는 신학적인 희망의 원리를 추구했다"라고 강변한다. Jürgen Moltmann, 『몰트만 자서전』, 이신건, 이석규, 박영식 역(서울: 대한기독교서회, 2011), 84-5, 114.

은 십자가를 하나님의 절정적 자기계시로 보며, 고난 받는 자들 속에 현존하시는 하나님을 통해 희망을 선포한다. 이러한 신학은 제2차 세계대전 이후 새로운 시대를 열망하던 인류의 영적 갈망에 응답하였고, 몰트만의 신학은 그 시대적 요청에 부합하는 형태로 폭넓은 공감을 불러일으켰다.

몰트만의 십자가 신학: 인식론적 전환과 신적 파토스의 계시

기독교 신앙의 본질은 궁극적으로 '십자가에 달린 예수를 어떻게 인식하는가'에 달려 있다. 왜냐하면 기독교 신학은 십자가에 달리신 그리스도를 통하여 계시된 하나님을 인식하는 데 그 중심을 두기 때문이다. 바울이 강조하듯이, 십자가는 유대인들에게 가장 수치스럽고 저주받은 형벌이었다. 이는 신명기 21장 23절에 언급된 "나무에 달린 자는 하나님께 저주를 받았음이니라"는 규정에 근거하며, 실제로 제2성전기 유대 사회에서 십자가형은 반역자, 노예, 정치범에게 적용되는 잔혹한 처형 방식으로 간주되었다.

바울은 갈라디아서 3장 13절에서 그리스도께서 "우리를 위하여 저주를 받은바 되사 율법의 저주에서 우리를 속량하셨다"고 진술하면서, 이러한 문화적 배경 위에서 십자가를 구원의 사건으로 제시한다. 그러나 바로 이 지점에서 신학적 긴장이 발생한다. 십자가를 구원의 통로로 해석하는 것은 유대인뿐 아니라 로마인에게도 비합리적이고 모순된 주장으로 인식되었기 때문이다. 십자가형은 패배와 수치, 심판을 상징하는 것이지, 결코 신적 구원과 승리를 의미할 수 없었다.[119]

---

119 Ibid., 55-6.

그럼에도 불구하고, 기독교는 '십자가에 달리신 하나님'을 믿는다. 이 표현은 전통적인 종교 인식과 철학적 신 개념을 전복하는 급진적인 선언이다. 바로 이 역설 속에서 위르겐 몰트만은 『십자가에 달리신 하나님』(Der gekreuzigte Gott)의 서문에서 다음과 같은 문제를 제기하며, 신학적 탐구의 새로운 지평을 연다.

> 내가 신학을 공부하기 시작하면서부터 나를 떠나지 아니한 것은 십자가의 신학이었다. …십자가의 신학이 나의 신학적 사고를 이끌어 가는 중심점이었다. 이것은 가시철조망 속에 사로잡힌 전쟁 포로의 한 사람으로서 기독교의 신앙과 신학이 무엇인지를 끊임없이 묻고 있었던 나의 전쟁포로 시대로 소급한다.[120]

이는 전쟁 포로로서 고통의 한가운데서 기독교 신앙의 본질을 끊임없이 묻던 시절로 거슬러 올라간다. 몰트만은 교회가 진정한 그리스도 중심 공동체가 되기 위해서는 그리스도의 십자가로 돌아가야 하며, 세상에 대하여 그리스도의 자유를 드러내야 한다고 주장한다. 그는 교회의 회복은 오직 예수 그리스도의 십자가에 있으며, 신학은 버림받고 십자가에 못 박힌 자의 시선에서 하나님의 열정을 말하지 않으면 무의미하다고 본다.[121] 그는 예수의 죽음을 반복적으로 분석함으로써, 고난당하는 자의 상황 안에서 하나님의 임재를 탐구하고, 이 사건이 인간 존재에 던지는 신학적 의미를 밝히고자 했다.

몰트만은 정치적, 종교적으로 용납될 수 없는 사건인 십자가가

---

120 Jürgen Moltmann, *The Crucified God*, 김균진 역, 『십자가에 달리신 하나님』 (서울: 대한기독교서회, 2017), 5-6.

121 Ibid., 34-5.

어떻게 희망의 사건이 될 수 있는지를 문제 삼는다. 그는 십자가가 인간의 종교적 투사로 만들어진 신 개념들과 본질적으로 다르다고 주장한다. 즉, 십자가는 인간의 마음에 투영된 모든 신성 개념을 해체하고, 종교의 이념들을 비판한다. 그는 다음과 같이 진술한다: "십자가에 대한 믿음 때문에 기독교 신앙은 세상의 종교들과 세속적인 이념들, 그리고 유토피아들과 구별된다."[122]

이러한 십자가 신학은 인식론적 전환을 요구한다. 몰트만은 "동일한 것은 동일한 것에 의해서만 인식된다"는 플라톤적 유비 인식론을 비판하며, 십자가 신학은 오직 변증법적 인식 원리에 근거해야 한다고 주장한다.[123] 그는 특히 헤겔의 변증법을 수용하여, 아퀴나스의 영광 신학과 루터의 십자가 신학을 비교하고, 자신의 관점의 정당성을 논증한다. 하나님은 자신과 반대되는 것 안에서 계시되며, 예수는 하나님의 부재와 버림의 상태 속에서 하나님으로 인식된다. 이는 동일성의 원리에서 볼 때 모순과 부정이지만, 하나님은 이를 통해 사랑과 화해의 계시를 이루신다.

몰트만에 따르면, 예수의 고난과 죽음은 성부 하나님과의 관계 속에서 이해되어야 한다. 겟세마네 동산에서의 기도에 대해 성부 하나님은 침묵하셨고, 예수는 철저한 버림을 감내해야 했다. 골고다 언덕에서 예수의 절규, "나의 하나님, 나의 하나님, 어찌하여 나를 버리셨나이까?"는 단순한 감정이 아니라 성자 예수가 성부에게 철저히 버림받은 실재의 고백이다. 몰트만은 이 사건을 통해 하나님의 신성이 예수 안에서 거부되고, 성부 하나님까지도 고통에 참여하는

---

122 Ibid., 38.
123 Ibid., 44-8.

삼위 간의 파토스(pathos)가 발생했다고 본다. 그는 성부가 아들을 버리고, 아들을 지옥의 공포에 넘기며, 그리스도가 하나님의 심판을 받았다고 해석한다.[124] 몰트만은 이 십자가 사건을 세 가지 측면에서 요약한다.

> 예수의 죽음은 첫째로 예수의 지상 사역에서 유대인과의 갈등의 결과로 빚어진 사람에 의해 정치적으로 버림받은 사건이요, 둘째로 십자가에서 예수의 절규에서 나타난 것처럼 하나님에 의해 성자 예수가 버림받은 사건, 그리고 마지막으로 하나님이 하나님 자신을 스스로 버린 사건이다.[125]

몰트만의 이 같은 주장은 상당수의 복음주의 조직신학자들에 의해 우려와 비판을 받고 있다. 몰트만이 십자가 사건을 하나님의 신성이 거부된 사건으로 해석함으로써, 삼위일체의 존재론적 연속성이 일시적으로 중단된다는 신학적 위험성을 내포한다는 것이다. 데니스 조워스(Dennis W. Jowers)는 몰트만이 전통적인 삼위일체 교리를 수호하려는 시도는 이해되지만, 결국 그는 부활과 십자가 사이를 인간의 심리적 고통과 희망의 상호작용으로 환원했을 뿐 신학적 통찰에는 이르지 못했다고 비판한다.[126] 이상원 역시 몰트만이 헤겔의

---

124 Jürgen Moltmann, *Experiences God*, trans. Margaret Kohl(Philadelphia: Fortress, 1980), 45-8.

125 Moltmann, *The Crucified God*, 151-2.

126 Dennis W. Jowers, "The Theology Of The Cross As Theology Of The Trinity: A Critique Of Jürgen Moltmann's Staurocentric Trinitarianism," *Tyndale Bulletin*(2001): 245-66 참조. 몰트만이 주장하는 하나님의 신성 거부와 관련된 신의 고통성이 정말 죄와 죽음에 묶여 있는 죄인들에게 복음인지에 대해선 가톨릭 신학자 칼 라너(Karl Rahner), 폴 모나(Paul Molnar)뿐만 아니라 복음주의 신학자들도 많은 우려를 드러내고 있다.

변증법에 근거한 신학을 전개함으로써, 예수의 죽음을 성부의 죽음과 동일시하는 오류에 빠졌으며, 이는 사변적 기독론의 함정에 빠진 것이라고 지적한다.[127] 이상원은 특히 몰트만의 십자가 해석이 구속론적 의미보다는 사회-정치적 결과로 환원된다고 평가한다.

몰트만은 고난 받는 하나님을 설명하기 위해 유대 종교철학의 파토스 개념을 원용한다. 고대 헬라 철학과 유대교 전통에서는 하나님을 '무감정'(impassible)한 존재로 이해하였으며, 이는 하나님의 불변성과 완전성을 보호하기 위한 신적 속성으로 간주되었다. 이러한 관점에 따르면, 십자가에서 고통 받은 것은 예수의 인성일 뿐 신성은 고통을 받지 않았다는 기독론이 정당화된다.

그러나 몰트만은 파토스의 신학을 통해 하나님의 고통 참여를 신학적으로 주장한다. 그는 유대 신학자 아브라함 요슈아 헤셸(Abraham J. Heschel)의 "하나님은 파토스를 지닌 인격적 존재"라는 주장에 주목하며, 하나님의 전능성과 인격성을 동시에 고려한 해석을 긍정적으로 평가한다.[128] 헤셸은 하나님이 이스라엘 백성의 고통과 죄악에 공감하시며, 때로는 상처받는 존재로 묘사한다. 비록 헤셸이 예수를 메시아로 인정하지 않음에도 불구하고, 몰트만은 그의 파토스 신학을 기독론적으로 수용하며, 십자가에서의 고통이 하나님의 사랑의 절정임을 주장한다.

그러나 몰트만은 파토스 안에서 전능성의 개념을 제거한다. 그는 아우슈비츠 이후의 하나님을 고난 속에 계시는 하나님으로 묘사

---

127 이상원, "J. 몰트만의 십자가 신학에 대한 비판적 탐구", 『신학지남』 75(2)(2008년 6월): 309-10.

128 Abraham J. Heschel, *The Prophets*, 이현주 역, 『예언자들』 (서울: 삼인, 2004), 3-4.

하며, 십자가는 단지 인간 예수의 고난이 아니라 성부와 성자가 함께 고난에 참여한 사랑의 계시로 본다. 몰트만에게 십자가는 고통 받는 자들과의 연대이자, 세상 속에서 고난에 개입하시는 하나님의 파토스의 절정이다.

몰트만의 '고난 받는 하나님' 개념

몰트만은 모순과 부정, 멸시의 상징인 예수 그리스도의 십자가 고난에 대한 신학적 인식을 제2차 세계대전의 참혹한 고통의 현실, 특히 아우슈비츠의 비극 앞에서 새롭게 조명한다. 그는 신정론적 혼란에 빠진 사회 속에서 십자가와 부활 사건 안에서 답을 발견하고, 이를 '희망의 신학'(Theology of Hope)으로 응답하였다. 몰트만의 신학은 과거의 고통에 대한 응답과 미래에 대한 희망이라는 두 축을 따라, 인간과 우주에 대한 하나님과의 화해라는 종말론적 전망을 지닌다.[129]

몰트만에게 종말은 단순한 시간의 종결이 아니라 새로운 시작이며, 하나님의 계시 언약에 따라 미래에 실현될 '희망'의 근거이다. 그는 여타 종교들이 신을 '거룩한 장소'에서 만나고 경험하는 반면, 이스라엘은 '약속의 말씀'을 통해 하나님의 계시를 경험했다고 강조한다.[130] 이로 인해 몰트만은 "하나님에게서 오는 새로운 것의 약속과 미래에 대한 희망"을 기독교 신학의 핵심으로 재정립하며, 자신의 희망신학의 토대를 종말론 위에 세운다.

몰트만은 출애굽 사건을 대표적인 '희망의 역사'로 해석한다. 이

---

129 황덕영, "몰트만 신학에 있어서의 경험의 개념", 『한국조직신학논총』 12(2005): 74.

130 Moltmann, 『희망의 신학』, 115-20.

스라엘 백성은 억압받는 현실에서 벗어나 약속의 땅으로 인도되며, 그 과정에서 '희망의 하나님'을 경험한다. 이처럼 몰트만은 하나님의 임재가 약속의 성취를 통해 드러나며, 이 임재는 역사를 종말론화한다고 주장한다.[131] 하나님은 내재성에 머물러 있지 않으며, 초월성으로도 고정되지 않는다. 그는 약속된 미래를 향해 나아가는 백성과 함께 하시는 '희망의 하나님'이다.

세계의 종말과 새로운 창조는 '죽은 자들의 보편적 부활'에서 시작된다. 예수 그리스도의 부활은 하나님의 보편적 구원의 약속이며, 하나님 나라 회복의 선언이다. 몰트만에 따르면, 부활은 단지 예수 개인의 기적이 아니라, 모든 죽은 자들의 부활을 개시하는 우주적 사건이다. 그는 다음과 같이 진술한다.

> 십자가에 달린 그분이 그의 부활의 빛 속에서 파악되었으며, 그의 부활은 오시고 계신 하나님의 미래와 그의 영광의 빛 속에서 파악되었음을 의미한다. 그러므로 그의 역사적 십자가는 종말론적 심판의 사건으로 파악되었으며, 그의 부활은 죽은 자들이 부활하는 영광의 종말론적 나라가 은밀하게 선취 되는 것으로 파악되었다.[132]

몰트만은 성부와 성자 사이에서 벌어진 십자가 사건을 종말론적 관점에서 이해한다. 성자 예수가 버림받았다는 사실은 하나님 안에서의 내적 소송을 의미하며, 부활은 이 절정에서 드러나는 하나님의 사랑과 화해의 창조 사건이다.[133] 종말은 그 자체로 파멸이 아니라,

---

131　Ibid., 134-5.
132　Moltmann, *The Crucified God*, 176.
133　Ibid., 246.

하나님의 미래가 현재 속으로 돌입하는 희망의 실현이다. 몰트만에게 하나님은 "그리스도 안에 계셨다"(고후 5:19)고 고백되며, 아들의 고난을 통하여 세상의 모순을 짊어지신다.[134]

몰트만은 이 같은 종말론적 전환을 바르트와 비교하여 해석한다. 바르트는 종말론을 "영원성"으로 이해하며, 인간이 하나님과 대면할 때 발생하는 현재적 사건으로 강조하였다. 이에 대해 몰트만은 종말론을 미래적 사건으로 회복시키며, 초대교회의 종말론 기대가 단순히 지연된 것이 아니라 현재를 변혁하는 미래의 도래임을 강조한다.

몰트만의 종말론은 삼위일체적 구조를 따른다. 그는 십자가 사건 안에서 성부와 성자, 그리고 성령 사이의 내적 관계를 종말론적으로 해석한다.[135] 마가복음 15장 34절에서의 예수의 외침은 단순한 절규가 아니라, 삼위 하나님의 신비를 드러내는 계시이다.[136] 성부는 아들을 내어주시고, 성자는 버림받으며 고난당하고, 이 관계의 상호성 속에서 성령은 고난 가운데 있는 이들과 함께하시는 현존으로 나타난다. 몰트만에 따르면, 이 부재와 현존의 긴장은 성령 안에서 치유되며, 십자가는 하나님의 부재 속에서 현존하시는 하나님을 드러내는 장소가 된다.

134　Ibid., 248.
135　김막미, "몰트만의 십자가 신학에 대한 비판적 고찰: 고난 받는 하나님을 통한 희망의 발견", 『한국개혁신학』 37(2013): 244.
136　하나님의 죽음의 개념은 이미 칼 라너(Karl Rahner)와 칼 바르트(Karl Barth)의 신학에서 시사된 바 있다. 라너가 예수의 죽음을 하나님의 죽음으로 인지한 사실은 Karl Rahner, *Theological Investigation* IV(Dayton: Longman and Todd, 1966), 133을 참조하라. 바르트도 하나님 자신이 아들 안에서 버림받는 것을 인정한다. Karl Barth, *Church Dogmatics*, II-2, 166-167 참조.

몰트만은 십자가와 부활을 구원론에만 한정하는 전통적 해석을 넘어서, 삼위일체적이며 종말론적인 통전적 이해를 추구한다. 그는 하나님 자신의 존재 안에서 벌어진 사건으로 십자가를 해석하며, 이를 통해 성령 하나님 안에서 희망의 신학이 완성된다고 본다.[137] 그가 발견한 희망은 단순한 낙관주의나 타협적 현실 수용이 아니라, 억압과 고난에 대항하여 현재를 변혁하는 희망이다. 이러한 희망은 20세기 후반의 민주화 운동, 인권 운동, 독일 통일 및 한국의 군부독재 종식 등 현실 정치에 실제로 영향을 끼친 바 있다.

요약하면, 몰트만의 종말론은 하나님 나라의 완성을 향한 희망이며, 삼위일체 하나님의 내적 고통과 연대를 통해 이루어지는 구속사적 비전이다. 그의 십자가 신학은 단순한 메시아적 모방이 아니라, 세상의 악을 전복하고 그리스도의 제자로 살아가는 공동체적 실천으로 나아간다.

---

137   Moltmann, *The Crucified God*, 257.

제6장 물질주의 문명과 십자가 신학: 존 홀의 비판적 상황화

캐나다의 대표적인 조직신학자 더글라스 존 홀(Douglas John Hall)은 북미의 신학적 맥락 속에서 '십자가의 신학'을 하나의 상황 신학(Contextual Theology)으로 발전시켰다.[138] 그는 상황성(contextuality)이 내포할 수 있는 실제적인 위험 요소들—예컨대 역사적 상대주의나 지역주의적 편협성—을 인식하면서도, 이러한 위험을 극복하기 위한 신학적 전략으로 '상황적 신학'의 가능성을

---

138 홀(Douglas John Hall, 1928)은 맥길 대학교(McGill University)의 신학 교수이며, 캐나다 연합 교회의 목사이다. 그는 본회퍼에게서 많은 감동을 받았다고 자신을 회고하며, 북미의 그리스도인들이 새로운 세계화 문화 시대에 더 겸손하고, 책임 있는 입장을 취하도록 도전을 받아야 한다고 강조하는 신학자이다. 그는 초기에 칼 바르트의 영향을 받았고, 그 후 그는 니버(Reinhold Niebuhr), 틸리히(Paul Tillich) 등 많은 신학자의 영향을 받아 그의 신학을 비판적이고 건설적으로 발전시키는데 헌신했다. 그는 *Thinking the faith: Christian theology in a North American context*, *God and human suffering: An exercise in the theology of the cross*, *Confessing the faith: Christian theology in a North American context*, *Professing the faith: Christian theology in a North American context*, *Lighten our darkness: Toward an indigenous theology of the cross* 등 많은 저서를 출간했다.

적극 모색한다. 홀은 '전통'과의 지속적인 대화를 통해 역사주의의 함정을 경계하고, 동시에 '문화'와의 창조적 소통을 통해 특정 지역 문화에 대한 편향적 접근을 극복하고자 한다. 이러한 맥락에서 그는 '십자가 신학'을 상황에 대한 신학적 응답으로 활용하며, 고통 받는 세계와 연대하시는 하나님의 고난을 중심 주제로 제시한다.

따라서 홀의 십자가 신학은, 고통의 현실 속에서 현존하시는 하나님에 대한 인식을 바탕으로, 인간의 실존적 상황과 사회적 고통에 참여하는 기독교의 책임을 강조한다. 다시 말해, 그의 신학은 어둠과 고난의 문제를 외면하지 않으며, 현재 인류가 처한 다양한 위기적 상황들 가운데에서 역사하시는 예수 그리스도의 사역을 신학적으로 성찰함으로써 '상황 신학적' 성격을 분명히 드러낸다.

이러한 관점에서, 한국 교회가 오랜 시간 미국 교회의 성장 모델을 추종해 왔다는 사실을 고려할 때, 홀의 분석이 제시하는 21세기 북미 문화에 대한 진단과 그의 십자가 신학이 제공하는 대안을 심층적으로 고찰하는 일은, 한국 교회의 신학적 자기성찰과 미래적 방향 정립에 있어 중요한 학문적 과제가 될 것이다.

북미 사회의 신학적 상황 진단

십자가는 기독교의 본질을 상징하는 핵심 요소이며, 바울의 고백대로 그리스도인의 자랑이기도 하다(갈 6:14). 그러므로 십자가 없는 기독교는 존재할 수 없으며, 이는 기독교 신앙의 정체성을 상실하는 것과 다름없다. 그러나 오늘날 미국 교회에서 선포되는 메시지는 더 이상 예수 그리스도 안에서 하나님께서 행하신 복음의 진리라기보다, 인간의 율법적 행위, 개인적 치유, 그리고 현세적 번영에 초점을 맞춘 것으로 나타나고 있다.

이와 관련하여, 미국의 여론조사기관인 라이프웨이 리서치(Lifeway Research)와 복음주의 단체 리고니어 미니스트리(Ligonier Ministries)가 공동으로 실시한 조사에 따르면, 미국인들은 하나님, 구원, 윤리, 성경에 대한 핵심 교리보다 기독교 신앙의 피상적인 측면만을 수용하고 있는 것으로 분석되었다. 예컨대, 대다수의 미국인은 예수의 십자가와 부활을 믿는다고 응답했으나, 성경이 가르치는 죄의 본질, 예배의 의미, 성령의 사역에 대해서는 거부하거나 왜곡된 이해를 지니고 있는 것으로 드러났다.[139] 이러한 신학적 현실에 대해 웨스트민스터 신학교의 개혁주의 신학자 마이클 호튼(Michael S. Horton)은 미국 복음주의가 단순히 자유주의로 기울어졌을 뿐 아니라, 점점 더 심각한 신학적 공백 상태에 빠지고 있다고 비판한다.[140]

조지 바나(George Barna) 또한 미국 복음주의 신자들의 영적 상태를 분석하면서, 그들이 하나님을 철저히 자기중심적 유익을 충족시키는 존재로 이해하고 있으며, 하나님을 개인의 욕구에 반응하고 기쁨을 제공하는 존재로만 인식하고 있다고 지적한다.

> 미국의 영성은 명목상으로만 기독교적이다. …우리는 지식보다는 경험을 갈망한다. 절대적인 것보다는 선택의 가능

---

139 2020년 조사에 따르면 미국인의 69%는 죄에 대한 민감성에 동의하지 않고 있으며, 58%는 예배를 드리기 위해 반드시 교회 출석할 필요가 없다고 답하고, 성령을 하나의 '인격'이라고 믿지 않는다는 의견도 59%에 달해 기독교 정통 신학의 범주에서 이탈했음을 보여주고 있다.

140 Michael S. Horton, 『그리스도 없는 기독교』, 김성웅 역(서울: 부흥과개혁사, 2009), 38.

> 성을 선호한다. 진리보다는 기호에 기울어진다. 성장보다는 안일함을 찾는다. 신앙도 우리의 조건이 맞지 않으면 거부한다. 우리는 정의의 최종적인 결정권자, 경험과 운명의 궁극적인 통치자로 우리 자신을 옥좌에 앉혔다. 우리는 새로운 청년에 등장한 바리새인들이다.[141]

이러한 진단은 오늘날 미국 교회가 '십자가 없는 기독교'로 변질되어 가고 있는 현실을 잘 드러내준다. 많은 미국인은 그리스도의 십자가 사건과는 무관한 신앙을 갖고 있음에도, 자신이 기대하는 바를 충족시켜 줄 존재로서 하나님을 믿는다는 이유로 스스로를 기독교인이라고 규정한다. 그러나 그들의 신앙 고백 속에는 초대교회 사도 바울이 전한 '십자가'의 복음은 사실상 실종된 것으로 보인다.

21세기 미국 교회가 이러한 '십자가 없는 기독교'로 이행하게 된 배경에는, 물질적 번영과 축복을 최고의 가치로 여기는 '번영신학'(prosperity theology)의 영향이 결정적인 역할을 한 것으로 평가된다.[142] 이 신학은 '죄', '속죄', '구속' 등 기독교의 객관적이고 본질

141　George Barna, *The Second Coming of the Church*(Nashville: Word, 1998), 23. Horton, 『그리스도 없는 기독교』, 50에서 재인용.

142　번영신학(prosperity theology)은 제2차 세계대전 이후 미국의 경제적 성장과 자부심이 최고조에 달하던 시기에 형성되기 시작하였다. 특히 이 신학적 흐름은 노만 빈센트 필(Norman Vincent Peale)이 『적극적인 사고방식』(*The Power of Positive Thinking*)(1952)을 출간하면서 시작된 것으로 평가되며, 이후 케네스 E. 해긴(Kenneth E. Hagin)에 의해 미국 전역으로 확산되었다. 전쟁 후 군수 산업의 민간 산업으로의 전환은 미국 사회의 생활양식과 사고구조에 중대한 변화를 야기하였다. 특히 1950년대 중반에 이르러서는 자동차 산업의 비약적인 성장으로 인해 일반 가정에서도 자동차를 소유하는 것이 가능해졌고, 이는 미국인의 실용주의적 가치관과 개인주의 성향을 더욱 강화시켰다. 이러한 사회·경제적 환경 속에서 교회의 설교 역시 점차 변화하였으며, 신자들의 물질적 번영과 성공에 부응하는 방향으로 조정되었다. 다시 말해, 전통적인 '구원의 복음'

적인 주제들을 외면한 채, 인간의 정서적 만족과 자기실현에 초점을 맞춘 '심리요법적' 메시지로 대체하고 있다.

이처럼 실용주의와 자기중심적 심리 위안이 복음의 자리를 대체한 미국 교회의 현실에서는, "예수는 길이요 진리요 생명이다"(요 14:6)라는 선언, 즉 예수 그리스도를 통한 구원의 유일성과 절대성에 대한 증언은 점점 무의미한 주장처럼 여겨진다. 그 결과, 현대 교회 공동체 안에서 그리스도의 성육신과 십자가의 죽음, 부활, 그리고 순교적 증언은 점차 사라지고, 대신 예수께서 개인의 삶을 얼마나 만족스럽게 변화시켰는지를 강조하는 간증이 주를 이루게 되었다.[143]

이러한 번영신학은 신학적 내용보다 낙관적 심리 상태와 도덕주의적 성공을 강조하는 경향을 보이며, 이는 미국 복음주의 내에서 새로운 형태의 신앙으로 부상하고 있다. 대표적으로, 미국 복음주의의 차세대 지도자 중 하나로 부상한 조엘 오스틴(Joel Osteen)의 메시지에서 이러한 성향은 명확히 드러난다.

은 인간의 삶을 실용적으로 향상시키는 수단으로 변질되었고, 복음은 점차 인간의 욕구를 충족시키는 기능적 메시지로 탈바꿈하게 되었다. 예를 들어, 당시 젊은 로버트 슐러(Robert Schuller) 목사는 기존 교회의 예배 형식을 탈피하여, 미국 사회에서 유행하던 '야외 자동차 극장'(drive-in theater)의 방식을 차용한 새로운 예배 모델을 도입하였다. 슐러 목사의 '드라이브인 예배'는 대중의 큰 호응을 얻었으며, 그의 사역은 실용주의적 신앙 형태의 상징으로 자리 잡게 되었다. 그러나 이러한 번영 중심의 메시지는 필연적으로 기독교 신앙의 중심 진리인 '그리스도의 십자가'를 주변화(周邊花)하거나, 심지어 소외시키는 결과를 초래하였다. 본서는 바로 이러한 신학적 전환이 복음의 본질적 의미를 왜곡하고, 기독교 신앙을 인간 중심적 유익의 종교로 전락시키는 데 일조하였다고 평가한다.

143 Horton, 『그리스도 없는 기독교』, 77.

> 최선을 다하라. 목회자들의 가르침을 따르라. 계명에 순종만 하면 하나님이 당신을 유리한 방향으로 만들어 주신다. 당신이 절박한 그 순간에, 당신이 행한 선행 때문에, 하나님은 하늘과 땅을 움직이셔서 당신을 돌보아 주십니다.[144]

오스틴은 그리스도인이 축복을 누리기 위해서는 '율법에 대한 순종'이 필요하다고 강조한다. 특히 번영신학자들은 '씨앗의 믿음'(Seed-Faith)이라는 개념을 통해, 헌금 행위를 하나님의 더 큰 보상을 유도하는 방편으로 제시한다. 이 같은 방식은 헌금과 물질적 축복을 거래적 관계로 환원시키며, 결과적으로 십자가가 본래 지닌 '고난을 통한 영광'이라는 복음의 핵심 메시지를 희석시킨다.

이와 같은 번영 메시지는 기독교 복음을 시대의 문화적 요구에 편의적으로 혼합한 '영광의 신학'(theology of glory)에 불과하다. 이러한 신학은 예수 그리스도의 고난과 치욕을 통해 나타난 복음의 영광과는 본질적으로 단절되어 있으며, 죄와 죽음이라는 인간 존재의 근본 문제를 회피한 채, 현세에서의 성공과 자기 성취를 신앙의 목표로 삼는다. 결과적으로 오스틴이 전하는 번영 복음은 고난을 외면하며, 그리스도와 연합된 자로서 신자가 감당해야 할 고난의 신학은 철저히 배제된다.

반면 바울은, 현재의 고난이 장차 우리에게 나타날 영광과 비교할 수 없다고 말하며(롬 8:18), 눈에 보이는 결과나 현세적 성공이 아닌, 오직 복음의 약속으로 인해 기뻐한다고 증언한다. 그는 또한 "교활한 말과 아첨하는 말로 순진한 자들의 마음을 미혹하는 자

---

144 Joel Osteen, *Your Best Life Now: Seven Steps to Living at your full potential*, 정성묵 역, 『긍정의 힘』 (NY: WarnerBooks, 2004), 41-2, 57, 66, 119, 262.

들"(롬 16:18)을 거짓 교사로 지적하며, 복음의 본질을 왜곡하는 메시지에 대해 강력히 경고한다.

한편, 미국 교회에서 십자가가 사라지는 또 하나의 현상은 종교 다원주의의 확산이다. 종교 다원주의는 다양한 문화적 맥락 속에서 모든 종교를 동등한 구원의 경로로 간주하며, 오직 그리스도를 통한 구원이라는 기독교의 배타적 진리를 해체하려는 시도를 포함한다. 이는 곧 기독교가 오랜 전통 속에서 유지해온 '유일구원론'(exclusive salvation)의 입장을 상대주의적 다원주의로 대체하게 되었음을 의미한다.

종교 다원주의는 본질적으로 "모든 종교는 구원을 제공할 수 있는 동등한 진리를 지니고 있다"는 전제를 전면에 내세우며, 이는 기독교 복음의 절대성과 십자가 사건의 구속사적 유일성을 약화시키는 결과를 낳는다.[145] 그 결과, 미국 교회는 '정체성의 위기'를 겪고 있으며, 그리스도의 십자가는 상대화되고, 기독교의 진리는 단지 지역적이며, 윤리적이고, 상황적이며, 일시적인 하나의 담론으로 전락하게 되었다.

승리주의 문화와 복음의 왜곡

21세기 북미 사회는 고도로 발달한 자본주의의 영향 아래, 물질적 부와 권력만 있으면 무엇이든 가능하다는 지배층의 사고방식과 계몽주의 시대 이후 세속화된 교리와 역사적 진보주의에 기반한 신념이 결합된 '낙관주의적 이데올로기'(ideology of optimism)가 사

145　이문균, 『포스트모더니즘과 기독교신학』 (서울: 대한기독교서회, 2000), 73-90.

회 전반을 지배하고 있다.[146] 이러한 낙관주의는 표면적으로는 진보와 번영을 향한 기대를 조장하지만, 실상은 북미 사회 구성원들로 하여금 그들이 처해 있는 실존적 위기와 역사적 '암흑'의 현실을 직면하지 못하게 만드는 구조적 원인이 되고 있다.

더글라스 존 홀(Douglas John Hall)은 이와 같은 맹목적 낙관주의가 북미의 기독교 신앙에 깊은 악영향을 미치고 있다고 진단한다.[147] 그는 특히 이데올로기적 낙관주의가 현대의 역사 속에서 일어나는 다양한 '어두운 사건들'과 '위기 상황들'을 직시할 수 있는 도덕적 및 신학적 감수성을 약화시키고 있다고 본다. 구체적으로, 홀은 북미 문화가 아우슈비츠(Auschwitz)와 같은 역사적 비극을 충분히 이해하지 못할 뿐 아니라, 오늘날 전 지구적 위기로 부상한 생태학적 파괴, 핵 위협, 난민 문제와 같은 구조적 '어둠의 징후들'을 분별할 능력을 상실했다고 평가한다.

이에 대한 대안으로, 홀은 북미의 기독교인들이 표면적 번영의 담론을 거부하고, 마르틴 루터(Martin Luther)의 '십자가 신학'(Theologia Crucis)으로 회귀할 것을 제안한다.[148] 곧, 고통 가운데 숨어계시는 하나님을 인식하고, 어둠 속에서 임재하시는 그리스도를 만나는 신학적 감각의 회복이 요청된다는 것이다. 이러한 인식은 기독교 신앙의 본질이 인간의 고통에 대한 회피가 아니라, 고통 속에 임하시는 하나님의 연대에 있다는 신학적 통찰로 이어진다.

---

146 Douglas John Hall, *Lighten Our Darkness: Toward an Indigenous Theology of the Cross*(Philadelphia: Westminster, 1976), 46-47.

147 Douglas John Hall, *God and Human Suffering: An Exercise in the Theology of the Cross*(Minneapolis: Augsburg, 1986), 23.

148 Hall, *Lighten our Darkness*, 213.

특히, 홀은 오늘날 북미 교회가 '십자가의 진리'를 설교하고 선포하기보다는, 문화적 안일함을 반영하는 "스테인드글라스 버전"(stained-glass version)의 복음—곧 고통과 어두움을 회피하고 미화하는 메시지—을 전달하는 경향이 강하다고 비판한다.[149] 이러한 상황 속에서 북미 사회는 심각한 영적 좌절과 사회적 절망을 겪고 있음에도 불구하고, 그것을 인지하지 못하는 상태 자체가 더 큰 절망의 징후라고 할 수 있다.[150]

실제로 존 스토트(John Stott, 1921-2011) 역시 현대 사회 문제에 대한 기독교의 응답을 논하는 과정에서, 사회적 영향력을 상실한 대표적 사례로 미국 교회를 언급한 바 있다.[151] 이와 같은 비판은 현재 북미 교회가 처한 위기의 심각성을 방증하며, 오늘의 교회가 직면한 현실에 대한 정확한 인식과 함께, 깊이 있는 자기성찰과 신학적 재정립이 절실히 요청되고 있음을 시사한다.

홀은 21세기 북미 사회를 지배하는 낙관주의적 이데올로기 문화가 기독교 신앙에 심대한 왜곡을 초래하고 있다고 진단한다. 그는 자본주의의 발달과 계몽주의 시대 이후 형성된 진보주의적 세계관

---

149 "스테인드글라스 버전"이란 복음의 본질은 숨겨버리고, 사람들이 듣고 싶어 하는 축복과 번영의 메시지만 포장해서 전하는 것을 비유적으로 설명한 것임.

150 Douglas John Hall, *Thinking the Faith: Christian Theology in a North American Context*(Minneapolis: Augsburg Fortress, 1989), 172; Douglas John Hall, *The Reality of the Gospel and the Unreality of the Churches*(Philadelphia: Westminster, 1975), 176; Cf. the discussion of "Despair, Canadian Style" in Douglas John Hall, *The Canada Crisis: A Christian Perspective*(Toronto: Anglican Book Centre, 1980), 58-67.

151 John Stott, "현대사회 문제와 기독교적 답변", 『기독교문서선교회』 2010년5월 1일자 기고문 참조.

이 결합하여, 마치 물질적 풍요와 문명의 발전이 역사의 필연적인 방향인 것처럼 여겨지는 문화적 '낙관론'(optimism)이 북미 사회의 근간을 형성하고 있음을 지적한다. 이러한 문화적 구조는 교회 역시 동일한 이데올로기의 영향 아래 포섭되도록 만들었으며, 기독교의 본질적인 복음 메시지를 심각하게 훼손하였다.

홀에 따르면, 오늘날 북미의 기독교는 단지 오순절주의 계열의 그리스도인들뿐만 아니라, 바르트의 '신전통주의'(Neo-orthodoxy) 사상을 수용하는 보수적 개혁주의 진영의 일부 신학자들까지도 "희망의 신학"(Theology of Hope)을 중심으로 한 낙관주의적 해석에 매몰되어 있다. 그는 『공식적으로 낙관적인 사회에서의 희망의 신학』(The Theology of Hope in the Officially Optimistic Society)이라는 논문에서 이러한 경향을 신랄하게 비판한다. 그에 따르면, 북미 교회는 몰트만(Jürgen Moltmann)이 독일의 절망적 상황—특히 제2차 세계대전과 홀로코스트—속에서 제기된 신정론적 질문에 대한 응답으로 제시한 '희망의 신학'을, 문화적 낙관주의와 결합시켜 그 의미를 전도(顚倒)시키고 있다는 것이다.

결국 북미 기독교는 십자가의 고난과 자기 부인의 신학을 외면한 채, '희망'이라는 추상적 개념을 성공, 번영, 내적 평안 등과 동일시하며 소비한다. 이러한 상황에서조차 루터파 전통에 뿌리를 둔 교회들조차 더 이상 루터의 '십자가 신학'(Theologia Crucis)에 헌신하지 않는 현실은 북미 기독교의 깊은 위기를 반영한다.

특히 북미 교회의 복음 이해는 철저히 개인주의적으로 축소되고 있다. 예수 그리스도는 인간의 내면적 평안을 위한 도구, 삶의 의미를 발견하게 하는 안내자, 혹은 죽음과 죄책의 문제를 해결해주는 존재로 기능화되고 있으며, 이는 곧 십자가의 복음을 도구주의적 방식으로 전락시킨 결과이다. 이에 따라 교회의 설교 역시 "어떻게 하면 더 나은 삶을 살 수 있는가?", "어떻게 하면 성공과 번영을 누릴 수 있는가?"와 같은 심리적·실용주의적 질문에 집중하게 되었으며, 그리스도의 고난, 자기희생, 낮아지심에 대한 메시지는 배제되기 쉽다.

홀은 이러한 상황을 대표적으로 보여주는 예로 로버트 슐러(Robert Schuller) 목사의 수정교회(Crystal Cathedral)를 언급한다.[152] 슐러는 매주일 예배에서 성공한 기독교인, 기업가, 정치인들을 초청하여 "예수를 믿고 성공했다"는 간증을 공유하게 하며, 설교 또한 성공적이고 번영하는 인생을 사는 방법을 제시하는 데 초점을 맞춘다. 그러나 그는 예수 그리스도께서 철저한 자기 비움과 순종을 통해 십자가의 고난을 감내하셨다는 복음의 본질에 대해서는 침묵하거나 소홀히 한다. 이와 같은 교회의 문화는 궁극적으로 '번영신학'(Prosperity Theology)과 '아메리칸 드림'(American Dream)의 혼합물이며, 성경이 말하는 희망과는 근본적으로 괴리되어 있다.

따라서 홀은 북미 기독교가 진정으로 회복해야 할 신학적 중심이 루터의 '십자가 신학'이며, 낙관주의적 기독교 문화를 극복하는 유일한 길은 고난 받는 그리스도와 연합하는 영성의 회복에 있다고 강조한다. 그는 이러한 신학적 회심(conversion)이야말로, 북미 교회가 처한 영적 침체와 사회적 무기력을 돌파할 수 있는 본질적 대안임을 분명히 한다.

---

152 Richard Quebedeaux, *The Worldly Evangelicals*(San Francisco: Harper & Row, 1978), 56. 이 책은 수정교회의 예배 형식을 분석함으로써, 그 안에 내포된 번영신학과 아메리칸 드림의 결합 양상을 해명하고자 한다.

홀은 북미 교회가 직면한 '어둠'의 본질을 "빛으로 가장한 숨겨진 어둠"(the hidden darkness masquerading as light)이라고 진단한다.[153] 이는 단순한 영적 침체나 도덕적 타락을 의미하는 것이 아니라, 복음의 본질이 왜곡된 채 외형적인 빛과 성공이라는 형식으로 포장된 심층적 위기를 가리킨다.[154] 홀에 따르면, 북미 개혁주의 전통 교회가 직면한 가장 본질적인 물음은 그들이 과연 '복음'을 진정으로 소유하고 있는가 하는 문제이다.

북미 교회를 지배하는 '승리주의'(triumphalism)는 그리스도인의 승리를 물질적 번영으로 환원시키며, 예수 그리스도를 마치 현세적 축복을 배출하는 자동판매기처럼 취급하는 신앙 태도를 정당화한다. 이러한 신학적 왜곡은 지상 교회가 영광 신학(theology of glory)을 전면에 내세우며 그리스도의 고난과 자기비움의 복음을 은폐하는 데서 비롯된 것으로, 홀은 이를 '스칸다론'(skandalon), 곧 복음의 본질을 거스르는 본질적 범죄로 규정한다.[155] 그는 이 같은 현상이 북미 교회의 '신학 실종'(theological deficit)에서 기인한다고 단언한다.[156]

신학이 실종된 상황 속에서 '믿음으로의 부름'은 더 이상 십자가

---

153 Douglas John Hall, *Lighten Our Darkness: Toward an Indigenous Theology of the Cross*(Philadelphia: Westminster Press, 1980), 35.

154 Ibid., 42. 홀은 북미 교회의 가장 큰 질문은 "그들에게 과연 복음이 존재하는가?"라고 직설적으로 묻는다.

155 Douglas John Hall, *The Cross in Our Context: Jesus and the Suffering World*(Minneapolis: Fortress Press, 2003), 99. '스칸다론'은 복음을 거스르는 근본적 반역의 상징으로 언급된다.

156 Ibid., 101. 그는 북미 신학이 더 이상 십자가를 중심으로 구성되지 않는 현실을 "신학 실종"이라 명명한다.

의 신학적 의미에 대한 인식과 연동되지 않으며, 기독교 신앙의 핵심인 고난의 그리스도에 대한 이해는 현대 문화의 감각에 맞추어 재구성되고 만다. 그 결과 신앙은 개인의 심리적 만족이나 정서적 위로로 전락하며, 복음은 십자가 없는 메시지로 전환된다.

홀은 이러한 북미 교회의 현실을 타개하기 위해, 기독교 내부에 만연한 낙관주의를 극복하는 것과, 교회 공동체가 자신이 총체적 어둠 속에 놓여 있음을 인식하고 이를 세상과 공유하는 용기를 회복해야 한다고 주장한다. 교회는 세상의 어두움을 직면하면서 하나님의 "고통과 다시 태어남"(suffering and rebirth)의 신비를 '분별'하고, 그 의미를 세상 사람들과의 대화 속에서 나누는 사명을 위임받았다. 이로써 교회는 억압받는 자들과의 연대와 자연환경에 대한 책임 있는 청지기직을 실천함으로써, 새로운 창조를 준비하는 공동체로 기능하게 된다. 다시 말해, '십자가와 인류의 어두움'을 아는 교회만이 참된 '희망'을 선포할 권리를 지니며, 복음적 사명을 충실히 감당할 수 있다.

물론 오늘날 북미 기독교는 유럽이 경험한 것처럼 교세의 축소와 사회적 영향력의 약화를 겪고 있으나, 홀과 같은 소수 신학자들에 의해 시작된 신학적 각성이 개혁주의 전통 교회들 속에서 감지되고 있다는 점은 주목할 만하다. 이는 북미 교회가 지난 수 세기 동안 유지해 온 합리주의적 문화의 토대를 넘어, 새로운 세계화 시대에 걸맞은 겸손하고 대화적이며 책임 있는 기독교의 정체성을 모색해야 한다는 도전을 수용할 수 있는 계기를 마련한다.

따라서 교회는 세속적 축복을 전면에 내세우는 '신학적 승리주의'를 철회하고, 복음의 본질인 십자가 신학의 전통을 회복함으로써 영적·지적 삶의 독점적 위치에서 물러나, 성경적 교리의 깊이를 새롭게 탐구하는 전환점에 서 있다. 물론 물질적 번영을 강조하는 북미 문화 속에서 십자가 중심의 신학을 교회론에 적용하고 이를 선포하는 일은 대중적 환영을 받기 어렵다. 그러나 그럼에도 불구하고, 복음의 진리를 보존하고 북미 사회가 직면한 위기를 극복하기 위한 교회의 사명은 명백하다.

첫째, 현재 북미에서 유포되고 있는 십자가 이해가 초대교회의 '정통 복음'과 본질적으로 불일치하고 있음을 인식해야 하며, 둘째, 문화적 낙관주의에 지배당한 현실 속에서도 여전히 십자가 복음의 신학적 가능성을 탐구하고 교회 공동체에 적용하기 위한 지속적인 노력이 필요하다. 낙관주의 이데올로기에 함몰되어 물질주의와 승리주의를 추구하는 북미 교회는, 기독교 신앙의 핵심인 '십자가 신학'을 회복하는 것만이 국가와 민족의 영적 치유와 총체적 변혁을 위한 유일한 길임을 자각해야 할 것이다.

현대 사회 속 십자가 신학의 실천적 요청

현대 사회에서 기독교 신앙이 반드시 고수해야 할 본질적 진리는 '십자가 신학'(theology of the cross) 안에서 다시 발견되어야 한다. 이를 위해, 북미 문맥에서 신학이 당면한 주요 과제 중 하나는 북미 역사를 형성해 온 문화적 서사를 이해하고, 그 안에서 드러나는 현실적 현상들 속에 감추어진 종교적 형식주의를 식별해 내는 것이다. 하나님은 인간이 어둠과 죽음의 그늘 속에 있을 때 비로소 자신을 드러내시며, 그런 자리에서 사랑을 베푸신다.

홀은 루터의 로마서 13장 해석에서 '세속 권세에 복종하라'는 강조를 비판하며, 십자가가 이러한 권세의 요구에 대해 역설적인 응답을 제시한다고 주장한다.[157] 그에 따르면 오늘날 북미 교회에 절실히 필요한 것은 십자가의 의미가 문화 속에서 실종되고 있음을 자각하고, 그리스도의 고난에 참여하는 신앙의 실천을 회복하는 일이다.

홀은 북미 사회를 지배하는 낙관주의적 이데올로기를 비판하면서, 이를 극복할 신학적 대안을 십자가 신학 안에서 모색하였다.[158] 그에 따르면, 북미 사회가 진정으로 필요로 하는 것은 '진리'와 '희망'을 동시에 견지하는 기독교 신앙의 태도이며, 이를 위해서는 개혁주의 전통이 강조해 온 루터의 십자가 신학으로의 회귀가 요청된다.[159]

홀에게 있어 십자가는 단순히 부활을 위한 전제조건이 아니라, 기독교 신앙의 중심 메시지이다. 그러나 북미 문화에서는 십자가의

157　Douglas John Hall, *An Excercise in the Theology of the Cross*(Minneapolis: Augsburg Publishing House, 1976) 참조. 롬 13:1-7 해석에 있어서, 마틴 루터는 사람이 세상 권세에 대한 무조건적, 무비판적 복종할 것을 가르친다(WA 11, 246-248). 그러나 이런 해석은 성경의 맥락적 상황을 고려하지 않고 한 구절만 가지고 해석했다는 비판을 받는다. 권연경은 그의 로마서 13장 해석에서 루터가 이 구절을 오해했거나 자의적으로 해석한 것이라고 비판한다(권연경, 『로마서 다시 읽기』(뉴스앤조이, 2017), 102-19.). 이런 잘못된 가르침의 영향으로, 독일의 루터교는 폭력적인 히틀러의 정권에 절대적으로 복종하는 죄악을 범하였다고 보는 견해가 많다.

158　티모티 헤게더스(Timothy Hegedus)는 그의 "더글라스 존 홀의 상황적 십자가 신학"이라는 기사에서 홀은 모든 기독교 신학이 콘텍스트 중심으로 다루어져야 한다는 확고한 견해가 있기 때문에, 그의 '십자가의 신학'(theologia crucis)의 분명한 관점을 이해하기 위해서는 그가 다루고자 하는 콘텍스트(context)를 고려해야 한다고 설명한다. Timothy Hegedus, "Douglas John Hall's Contextual Theology of the Cross," *University of Western Ontario, Consensus*: Vol. 15: Iss. 2, Article 3(1989) 참조.

159　Hall, *Thinking the Faith*, 178.

고난이 '부활주의'(resurrectionism)에 의해 탈맥락화되고 있으며, 이는 부활을 현세적 성공과 물질적 승리의 도구로 오해하는 문화적 왜곡과 맞물려 있다. 이에 대하여 홀은 고린도전서 2장의 바울의 진술을 언급하며, 십자가 없이 말하는 부활은 성경적이지 않다고 경고한다. 케제만(E. Käsemann)의 해석에 따르면, 부활은 십자가 안에서만 그 의미를 갖는다. 따라서 부활을 문제 해결의 핵심으로 삼는 것은, 결국 미국의 '성공 신화'를 기독교에 투사한 것에 불과하다. 부활은 현실 세계에서의 물질적 승리가 아니라, 전적으로 하나님의 은혜에 근거한 궁극적 희망으로 이해되어야 한다.[160]

홀은 북미 사회의 승리주의와 낙관주의가 지배하는 문화 속에서, 소외된 십자가를 회복해야 한다고 역설한다. 그에게 있어 '십자가의 회복'은 곧 사회적 현실 속에서 고통 받는 이들과 함께 고난에 참여하는 것을 의미한다. 고통에의 참여는 단지 감정적 동일시가 아니라, 실패와 절망의 자리에서 하나님의 임재를 경험하고, 어둠 가운데서 빛을, 절망 가운데서 희망을 발견하는 '실존적 만남'이다. 따라서 교회는 인간의 실존적 고통과 좌절, 실패의 경험을 예수 그리스도의 십자가와 연결하여 복음을 선포해야 하며, 무엇보다도 성육신하신 그리스도의 실천적 삶에 근거한 교리가 회복되어야 한다. 십자가 신학은 실제적 삶에서의 희생과 헌신을 통하여 이루어지는 '코이노니아'를 가능하게 하는 신학적 기반이다.

그렇다면, 북미 사회 속에서 그리스도인들이 고통에 참여하기 위해 이해해야 할 십자가 신학은 무엇인가?

첫째, 십자가 신학은 인간의 고통, 공포, 죽음이라는 실존적 차원

160　Hall, *Lighten our Darkness*, 145; Hall, *Reality of the Gospel*, 165; Hall, "Rethinking Christ," 18.

에서 '예수 그리스도의 고난을 통해 계시된 하나님'을 인식하는 것이다. 이는 철저히 '성육신'의 관점에서, 신학적 상황 인식과 윤리적 응답을 가능하게 하는 기반이 된다. 예수 그리스도의 성육신은 고통과 억압, 죽음의 현실에 놓인 인간을 위한 하나님의 자기 헌신이며, 하나님께서 인간의 고통에 스스로 참여하신 사건이다. 그러므로 십자가는 인간의 고통을 신앙의 본질적 주제로 삼아야 할 신학적 근거이다.[161]

둘째, 고난에 참여하기 위해서는 자기부정(self-denial)이 요청된다.[162] 곧 "자기를 부인하고 자기 십자가를 지는 것"(막 8:34)은 삶의 불편이나 고통을 감수하는 수준을 넘어, 자아에 대한 죽음과 실존적 전환을 의미한다. 이는 공동체 안에서의 고난을 자발적으로 수용하고, 그리스도 안에서의 교제와 연합으로 나아가는 과정이다.

셋째, 고통 받는 자들과의 연합은 그들의 고통이 곧 '우리의 고통'임을 인식하는 데서 출발한다.[163] 홀은 홀로코스트의 현실을 통해, 십자가의 고통이 단지 과거의 사건이 아니라 오늘의 현실 속에서도 반복되는 고난의 구조와 맞닿아 있음을 지적한다. 그는 아우슈비츠에서 죽음의 공포를 경험한 인류가 그리스도의 승리를 십자가 안에서 재발견해야 한다고 주장하며, 이러한 신학은 제3세계의 고통에 응답할 수 있는 교회론적 실천으로 연결되어야 한다고 말한다.

넷째, 십자가 신학은 인간의 기대와는 다른, 역설적인 응답을 제공한다.[164] 고린도전서 2장 2절에서 바울이 말한 "예수 그리스도와

161　Ibid., 150.
162　John Stott, 『그리스도의 십자가』, 529.
163　Hall, *Lighten our Darkness*, 152-4.
164　Hall, *God and Human Suffering*, 118.

그가 십자가에 못 박히신 것 외에는 아무것도 알지 않기로 작정하였다"는 선언은, 십자가가 단지 언어적 진술이 아니라 삶 전체를 변화시키는 하나님의 '현존'(presence)이라는 점을 강조한다. 홀은 다음과 같이 말한다.

> 십자가는 언어가 아니라 살아 있는 하나님의 말씀, 즉 존재 자체이다. 그것은 우리가 처한 시대와 지역에서 직면하는 문제를 드러내며, 고통 받는 자들과의 영적 교제를 가능하게 하는 자리이자, 실패와 절망 속에서도 믿음을 포기하지 않는 자들과 함께하는 거룩한 만남의 장소이다.[165]

서구 역사에서 십자가 신학은 때때로 배타적 구원론으로 인해 비판받아 왔으나, 실제로는 절대적 진리가 제공하는 초월성과 더불어, 타자의 고통에 참여하는 내재성을 지닌다. 십자가 신학은 북미의 상황적 특수성과 제3세계의 고난을 신학적으로 연결할 수 있는 유일한 통로이며, 고통 받는 자들과 함께하는 공동체적 복음의 기반이 된다.

---

165 Ibid.

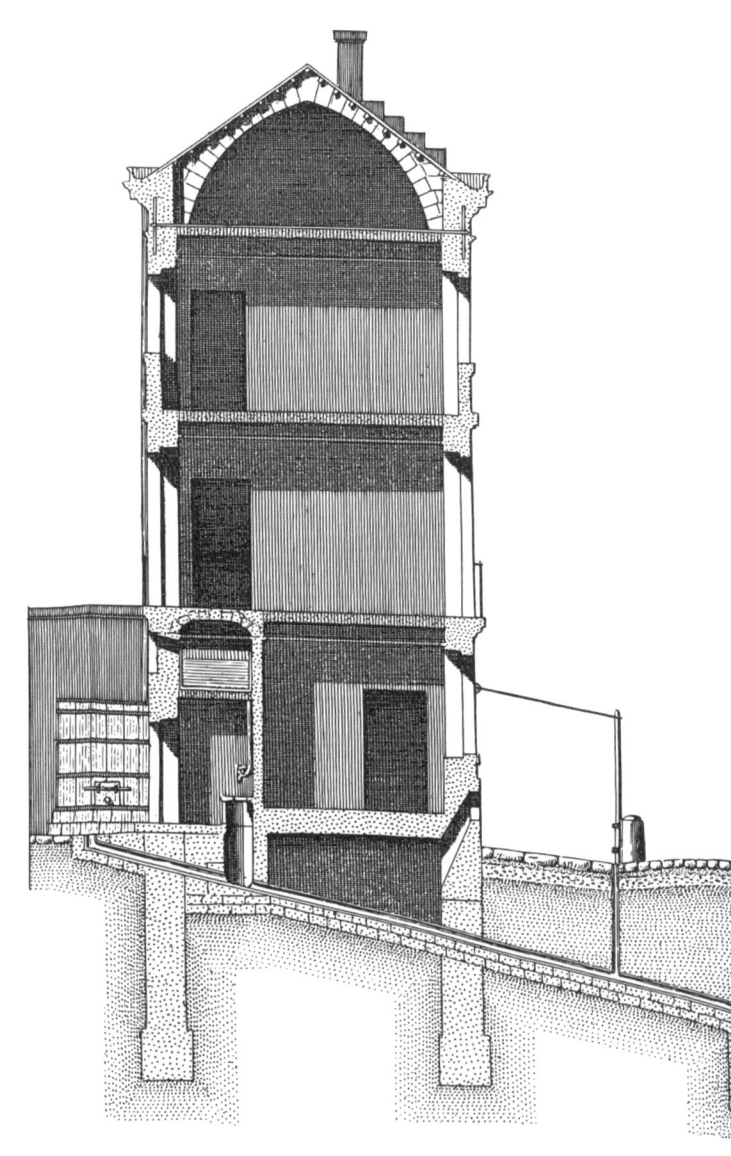

제 2 부

번영신학의 십자가 이해 비평

제7장 성공주의 신앙과 십자가 신학의 위기

　번영신학(Prosperity Theology)은 하나님이 자신의 백성에게 번영을 누릴 권리를 주셨다는 전제하에, 신자가 물질적 축복과 건강, 안정된 삶을 누리는 것이 곧 하나님의 뜻이라는 신학적 주장을 펼친다.[166] 이러한 입장은 축복을 '신자의 권리'로 규정하며, 고난이나

---

[166] 번영신학은 기독교 신자가 하나님으로부터 누릴 수 있는 건강과 물질적 축복을 신앙의 중심 가치로 강조하는 신학적 입장이다. 그러나 이러한 입장을 두고, 번영신학을 하나의 '신학'으로 명명하는 것 자체에 대해 비판적 입장을 취하는 신학자들도 적지 않다. 이들은 번영신학이 전통적인 신학적 반성이나 교의학적 엄밀성을 결여하고 있으며, 성경의 핵심 메시지를 왜곡한다고 판단한다. 그러나 본서는 번영신학을 단순한 기복적 신앙의 현대적 표현으로 축소하기보다는, 현대 신학사 속에서 독자적인 구조와 특징을 지닌 하나의 신학적 사조로 간주한다. 그 이유는, 번영신학이 단지 부와 건강, 성공, 신유 등을 맹목적으로 강조하는 '번영 교리'에만 그치는 것이 아니라, 그 이면에는 기독론, 구원론, 인간론 등에 대한 특정한 해석과 신학적 전제가 체계적으로 결합되어 있기 때문이다. 다시 말해, 번영신학은 하나의 독립된 신학 흐름으로서 고유한 사상적 구조를 지니고 있으며, 이러한 구조는 단순한 실용주의적 강조점을 넘어 기독교 신앙의 핵심 교리에 대해 본질적인 변형을 시도한다. 예컨대, '현대 번영신학의 아버지'로 불리는 케네스 해긴(Kenneth E. Hagin)은 예수 그리스도의 십

질병, 가난은 죄의 결과 혹은 믿음의 부족에 따른 부정적 현상으로 해석하는 경향을 보인다. '건강과 행복의 복음'이라는 이름으로 확산된 이 신학은, 본질적으로 기독교 복음의 핵심인 십자가를 주변화(周邊花)하고, 축복을 중심에 두는 구조로 신학 전체를 재구성한다. 십자가는 더 이상 고난과 자기부인을 통한 구속의 중심이 아니라, 성공과 회복, 물질적 부요를 매개하는 통로로 전락하게 된다.

이러한 신학의 사상적 뿌리는 19세기 미국의 '신사고 운동'(New Thought)에 있으며, 이는 긍정적 사고와 언어의 힘, 정신의 치유력을 강조한 비성경적 사조였다.[167] 번영신학은 이 운동의 영향 아래, 20세기 초 애씩 케년(E. W. Kenyon)과 케네스 해긴(Kenneth E.

자가 사역을 단순한 구속의 완성이나 하나님의 사랑의 계시(롬 5:8)로만 이해하지 않는다. 그는 십자가 사건을 신자의 질병과 가난의 종결을 보장하는 신적 법칙의 실현으로 해석하며, 십자가의 신학적 의미를 기적적 치유와 물질적 승리의 토대로 재구성한다. 이러한 해석은 예수 그리스도의 고난과 죽음을 구속사적 중심 사건이 아니라, 신자 개인의 형통과 승리를 위한 수단으로 전용함으로써, 전통적인 기독론과 구원론의 구조를 근본적으로 변형시킨다. 결과적으로 번영신학은 외형적으로는 '성공신화'를 담고 있는 듯 보이지만, 실제로는 그 내면에 깊이 자리한 왜곡된 기독론과 구원론을 통해 하나의 전체 신학 체계를 형성하고 있으며, 이로 인해 신학적 비판과 분석이 요구되는 현대 신학의 주요 과제로 부상하고 있다.

167 '신사고'(New Thought)라는 용어는 성경 빌 4:8에서 상징적으로 빌려 인간 '사고'의 힘을 분석 연구한 것이다. 그 뜻은 세상을 새롭게 해석하는 '마음'과 '정신'을 의미한다. '신사고 운동'을 한마디로 표현하면 범신론적 종교철학에 근거한 마음 치료(Mind Healing) 운동이라고 할 수 있다. 신사고 운동은 기본적으로 성경을 배경으로 시작했으며, 하나님의 존재와 개인적인 가치를 인정하지만, 세속적인 목적이라는 비판뿐만 아니라 성경을 왜곡하여 편파적으로 해석하고 있다는 비판을 받고 있다. '신사고 운동'은 19세기에 다양한 문화의 이민자들이 북미에 정착하게 되면서, 청교도적 공동체의 경직된 신앙에서 개인의 자유를 추구하는 움직임으로부터 시작되었다.

Hagin)[168], 오랄 로버츠(Oral Roberts) 등으로 이어지며 하나의 신학 체계를 형성하였다. 이들의 신학은 대부분 개인의 극적인 치유 체험이나 기적적 회복 경험에서 출발하였으며, 그러한 체험을 보편화하여 '기도와 믿음'을 통해 하나님의 축복을 현실화할 수 있다는 주장으로 귀결되었다. 그 결과, 하나님은 축복을 보장하시는 분으로만 이해되고, 신자는 '믿음의 법칙'을 작동시켜 축복을 이끌어내는 존재로 규정된다. 기도와 믿음은 하나님과의 인격적 관계라기보다, 일종의 신비적 도구 혹은 법칙적 작용으로 간주되며, 이 과정에서 신인협력주의적 요소가 강화된다.

번영신학의 핵심 오류는 바로 이러한 구조가 십자가 신학의 본질을 왜곡한다는 점에 있다. 번영신학의 십자가 이해는 '변형된 치유론적 속죄 이론'에 기초하며, 예수의 고난을 신자의 고난 대속이 아니라 신자의 고난 회피로 해석한다. 그 결과 십자가는 구속의 도구이기보다는 치유의 도구, 고난의 극복 수단으로만 기능하게 된다. 이처럼 십자가를 통해 이루어진 하나님의 은혜와 의의 계시는 물질적 치유와 성공으로 대체되며, 하나님의 주권과 신자의 제자도는 무

---

168 해긴은 Lillie Viola Drake Hagin과 Jess Hagin의 아들로 텍사스 맥키니(McKinney, Taxas)에서 태어났다. 15세의 나이에 선천성 기형 심장병과 불치의 혈액병에서 기적적으로 치유를 받은 후 기독교로 회심하여 약 70년 동안 하나님 나라 확장을 위해 헌신했다. 해긴은 회심 후에도 여전히 몸이 마비된 상태로 살았지만, 1934년 8월에 막 11:23-24를 읽는 동안 "하나님 말씀의 믿음"의 계시를 받고 죽음 자리에서 다시 일어났다고 회고한다. 해긴은 1937년 목사 안수를 받고 텍사주 롤랜드(Roland, Taxas)에 있는 작은 침례교회의 목사로 사역을 시작했다. 그는 1947년부터 1958년까지 여러 지역을 순회하며 '믿음의 말씀 운동'을 가르치며 복음을 전하였을 뿐만 아니라, Oral Roberts, Gordon Lindsay, T. L. Osborn 등과 함께 미국에서 '치유 회복의 소리'(Voice of Healing Revival)에 동참했다. 해긴은 선천적인 질병으로 16개월 동안 병상에서 경험한 것들을 토대로 "기도의 비밀과 예수 이름의 사용법"을 가르쳤다.

화된다. 더욱이 이러한 십자가 해석은 신론과 인간론, 세계관 전반에 영향을 미치는데, 번영신학의 하나님은 성경이 증언하는 고난 가운데 임재하시는 하나님이 아니라, 오직 축복과 성공만을 보장하는 도구적 존재로 축소되며, 인간은 스스로 축복을 생산할 수 있는 자율적 행위 주체로 이해된다.

이러한 신학적 구조는 '기도와 믿음', '믿음 치유', '물질적 축복관'이라는 세 가지 개념에서 구체적으로 드러난다. 번영신학에서 기도는 하나님의 뜻을 구하는 도구가 아니라, 하나님을 움직이는 수단으로 기능하며, 믿음은 전능하신 하나님의 뜻에 순종하는 행위가 아니라, 축복을 실현하기 위한 내적 능력으로 전락한다. 치유에 대한 이해 역시, 성경이 말하는 영적 회복이나 성숙과는 거리가 멀고, 곧바로 병의 치료나 고통의 제거로 연결되며, 이러한 주장은 고난의 의미와 그리스도의 십자가적 삶과 충돌하게 된다. 나아가 축복은 하나님과의 인격적 관계의 열매라기보다, 외적 형통의 표징으로 간주되어, 가난과 고통 가운데 살아가는 성도의 삶은 오히려 실패나 불순종의 결과로 간주되는 왜곡된 신학적 판단이 형성된다.

이와 같은 신학은 교회론적으로도 심각한 결과를 초래한다. 성공과 성장을 중심으로 한 교회 운영 방식은 곧 개교회주의와 개인주의를 조장하게 되었고, 목회자와 공동체는 영적 돌봄과 제자 훈련보다 외적 확장과 수적 성장에 몰입하게 되었다. 한국 교회 안에서 번영신학이 일으킨 가장 심각한 문제 중 하나는 바로 교회의 신뢰 상실이며, 이는 신학의 왜곡에서 비롯된 것이다. 교회는 세상의 고난 속에서 십자가의 길을 걷는 공동체이지만, 번영신학은 교회를 성공의 플랫폼으로 만들어버림으로써 복음의 본질을 훼손하였다. 십자가는 성도의 자기부인과 고난의 동참을 요청하지만, 성공주의 신앙은 이를 회피와 제거의 대상으로 바꾸어놓는다.

    십자가 신학의 회복은 단지 한 가지 교리를 수정하는 문제가 아니라, 복음의 전체 구조를 다시 세우는 일과 직결된다. 십자가는 고난과 수치의 상징이지만 동시에 하나님의 사랑과 의, 승리의 비밀이 드러나는 구속의 장소이다. 그러므로 십자가는 단순히 질병과 가난에서의 회복을 약속하는 치유의 상징이 아니라, 죄의 심판과 은혜의 구속을 동시에 드러내는 신학적 중심이어야 한다. 이러한 맥락에서 성공주의 신앙은 십자가 신학의 핵심을 위협하는 현대적 이단적 구조로 이해될 수 있으며, 이에 대한 비판과 신학적 재정립은 오늘날 교회가 직면한 신학적 책임이라 할 수 있다.

제8장 번영신학의 신학적 기초와 사상적 배경

번영신학은 1950년대 미국에서 일어난 '치유 부흥'(healing revival) 집회를 통해 대중에게 처음으로 알려지기 시작하였으며, 1980년대에는 라디오와 텔레비전 등을 매개로 하는 전도 방식에 힘입어 미국 전역으로 급속히 확산되었다. 이후 1990년대에 이르러서는 미국 오순절 운동 내의 영향력 있는 지도자들에 의해 채택됨으로써, 전 세계적으로 그 영향력을 확대하게 되었다. 이에 따라 번영신학의 사상적 기초와 그 확장 과정, 나아가 한국교회에 유입된 역사적·사회적 배경을 고찰하는 일은, 번영신학이 내포한 신학적 오류를 비판적으로 분석하는 데 있어 중요한 통찰을 제공할 수 있을 것이다.

신사고 운동과 성공주의 영성의 형성

번영신학의 사상적 기초는 19세기 미국에서 시작된 '신사고'(New Thought) 운동에 근거하고 있다. 신사고 운동은 인간이 소망하는 바를 '생각'하고, 비전을 품고 이를 '선포'할 때 건강, 부, 성공이라는 물질적 축복을 현실화할 수 있다고 주장하는 실천적 철학 체계이다. 이 운동은 인간의 사고가 곧 현실을 창조한다는 전제를 바탕으로, 긍정적 사고와 언어의 힘을 통해 삶의 전반을 변화시킬 수 있다고 강조하였다.

이러한 사상은 노만 빈센트 필(Norman Vincent Peale, 1898-1993)[169]이 그의 저서 『적극적 사고의 힘』(The Power of Positive Thinking)

---

169 긍정적 사고의 대표적인 창시자로 알려진 노만 빈센트 필(Norman Vincent Peale)은 신사고(New Thought) 운동의 영향 아래에서 사상적 정립을 이루었다. 그는 특히 '종교 과학'(Religious Science, 1927)을 창시한 영성 운동가 어니스트 홈즈(Ernest Holmes, 1887-1960)의 사상으로부터 깊은 영향을 받았으며, 이를 바탕으로 신사고의 개념과 원리를 '긍정적 사고방식'이라는 실천적 언어로 대중화하는 데 기여하였다. 이러한 그의 활동은 19세기 말에 등장한 초기 번영신학과 20세기 중반 이후 대중화된 번영신학을 연결하는 교량 역할을 수행한 것으로 평가된다. 필은 저술과 설교, 대중 강연 등을 통해 '긍정적 사고운동'을 전 세계에 확산시켰으며, 이로 인해 흔히 '만인의 성직자'(minister to the masses)로 불렸다. 그는 오하이오 웨슬리언 대학교(Ohio Wesleyan University)에서 수학하고, 보스턴 대학교(Boston University)에서 신학을 전공한 후, 뉴욕 마블 협동교회(Marble Collegiate Church in New York)에서 52년간 시무하였으며, 총 60년간 목회 사역에 헌신하였다. 그의 사역은 특히 절망과 좌절 속에 있는 대중들에게 '긍정의 힘'을 통해 삶의 변화를 가능케 한다는 메시지를 전달하는 데 초점을 맞추었다. 뿐만 아니라, 필은 '종교치유 클리닉'(Institutes for Religion and Health)을 설립하여 종교적 신념과 정신건강 치료를 결합하는 실험적 시도를 진행하였으며, 그가 창간한 대중 종교 잡지 『가이드포스트』(Guideposts)는 한때 발행 부수가 1,600만 부에 이를 정도로 대중적 인기를 얻었다. 그는 생애 동안 총 45권에 달하는 저서를 집필하였으며, 대표작으로는 『믿는 만큼 이루어진다』(You Can If You Think You Can), 『적극적 사고방식』(The Power of Positive Thinking), 『삶을 긍정하라』(Stay Alive All Your Life), 『자신감 있게 사는 법』(A Guide to Confident Living), 『열정이 차이를 만든다』(Enthusiasm Makes the Difference) 등이 있다. 이러한 저작들은 모두 인간의 내면 변화와 긍정적 태도의 중요성을 강조하며, 후일 번영신학이 발전하는 데 중요한 사상적 자원이 되었다.

을 통해 미국 사회에 널리 소개함으로써 대중화되었고, 신사고 운동의 핵심 개념과 기법은 미국 사회 전반에 깊이 스며들게 되었다. 초기에는 주로 정신적·육체적 번영에 초점을 맞추었으나, 찰스 필모어(Charles Fillmore)와 같은 신사고 지도자들에 의해 점차 물질적 번영을 강조하는 운동으로 확장되었다.[170]

20세기에 들어서면서 신사고의 개념은 미국의 개인주의 문화, 자기 의존성, 실용주의, 그리고 개척자 정신과 결합되어, 본성적으로 성공과 건강, 재정적 안정을 추구하는 인간의 보편적 심성에 부합하는 이념으로 자리 잡게 되었다.[171] 이로 인해 신사고 운동은 미국 대중문화 전반에 광범위하게 확산되었으며, 그 영향은 이후 번영신학의 형성에도 결정적인 기여를 하였다.

신사고 운동은 전통적인 청교도적 신권(神權) 중심의 신학 패러다임에서 벗어나, 인간 중심의 사유로 전환하려는 시도였다. 이 운동은 인간의 모든 문제는 '부정적인 사고'에서 비롯된다고 진단하고, 이를 교정하기 위하여 예수 그리스도께서 이 세상에 오셨다고 주장하였다.[172] 곧 인간은 자신이 처한 현실을 어떻게 '인식'하느냐에

---

170 Kate Bowler, *Blessed: A History of the American Prosperity Gospel*(Oxford University Press, 2013), 32.

171 Ibid., 35-6.

172 Ibid., 30. 신사고 운동의 창시자로 알려진 피니아스 파크허스트 큄비(Phineas Parkhurst Quimby, 1802-1866)는 자신의 결핵 치료를 위해 신선한 공기를 마시기 위해 말을 타고 달리는 도중 치유를 경험했다. 그 후 그는 "모든 문제는 마음에 있고, 몸은 마음이 거하는 집에 불과하다"라고 주장하며, 1838년 최면술 연구를 시작하여 "정신적 치유"(mental healing) 개념을 발전시킨 최면술사로 알려졌다. '신사고 운동'은 고대 신비 종교(Mystery Religion) 카발라(Kabbalah, 유대의 신비주의), 노스티시즘(Gnosticism), 로시쿠루시안니즘(Rosicrucianism, the rose & cross), 스웨덴보르기아니즘(Swedenbor-

따라 삶의 결과가 달라질 수 있으며, 따라서 인식과 사고의 방식을 바꾸는 훈련을 통해 '내재된 신성'(divine potentiality)과 '새로운 현실'을 실현할 수 있다고 본다.

이러한 관점에서 신사고 운동은 인간이 자신의 능력을 신뢰하고, 항상 긍정적인 생각을 유지하며, 이를 언어로 표현하는 데서 시작하여, 자신의 잠재력을 강화할 수 있는 '자기 확신'(self-confidence)을 통해 성공에 이를 수 있다고 주장한다. 이와 같은 인간 중심적 번영 모델은 이후 번영신학의 핵심 사상으로 흡수되어, 종교적 언어로 재해석되고 신학화되는 과정을 거치게 되었다.

노만 빈센트 필(Norman Vincent Peale)은 인간이 '자신의 능력'을 신뢰해야 할 성경적 근거로 빌립보서 4장 13절, 곧 "내게 능력 주시는 자 안에서 내가 모든 것을 할 수 있느니라"는 말씀을 제시한다(빌 4:13). 필에 따르면 인간의 자신감은 외부 조건보다 내면의 사고방식, 즉 마음속에 지속적으로 자리 잡은 사고의 습관에 의해 결정된다. 다시 말해, 실패에 대한 두려움으로 사고를 점령당한 사람은 실패의 불안을 떨치지 못하는 반면, 긍정적 사고를 지속적으로 훈련한 사람은 어떤 위기 상황에서도 이를 극복할 수 있다는 자신감을 얻게 된다. 이와 같이, 현실의 결과는 객관적 사실 자체보다 오히려 그 사실을 어떻게 '대면하느냐'에 따라 전혀 다른 방향으로 전개될 수 있다는 것이다.

필은 이러한 주장을 강화하기 위해 배질 킹(Basil King)과 랄프

---

gianism), 디오소피(Theosophy), 허매틱 마술(Hermatic magic) 등의 혼합 형태로 나타났으며, 그 지류는 연합교회(Uniting Church), 크리스천 사이언스(Christian Science), 신성과학(Divine Science), 마음의 과학(Science of Mind), 믿음의 말씀(Word of Faith) 등으로 연결된다.

왈도 에머슨(Ralph Waldo Emerson)의 진술을 인용하면서, '자신감'이 인간의 내재된 능력을 배가시키는 실천적 자원임을 강조한다.[173] 신사고(New Thought) 운동의 관점에서도 인간은 누구나 어려운 현실에 직면할 수 있으나, 그 사실을 바라보는 태도가 긍정적일 경우, 상황을 극복할 수 있는 심리적·정신적 힘이 동원된다고 본다. 이는 인간이 문제를 처리하기도 전에 나타나는 '심리적 압도 현상'을 설명하면서, 그 극복의 핵심을 '태도의 전환'에 둔다.

신사고 운동은 이러한 태도 전환을 위해 '믿음'과 '자기 확신'을 강조하며, 이를 가능하게 하는 훈련을 제시한다. 첫째, 인간은 자신의 마음속에 자리한 부정적인 사고를 비우고 긍정적인 사고로 채우는 훈련을 통해 내면의 상태를 변화시켜야 한다. 특히, 성경의 말씀으로 마음을 채우고 이를 반복적 묵상과 실천으로 내면화하는 것이 중요하다고 본다. 필은 이것을 성경적 진리를 핵심 기술로 습득하고, 이를 날마다 마음에 새기는 실천적 훈련으로 이해하였다.[174]

둘째, '기도'는 인간이 영적 에너지의 원천에 접근하는 통로이며, 이를 통해 창조적 사고의 영역에 진입할 수 있다고 보았다. "하나님 나라가 너희 안에 있느니라"(눅 17:21)는 말씀에 근거하여, 모든 창조적 아이디어가 인간 내면에 존재함을 자각하고 이를 시각화하는 상상력이 중요하다고 강조한다. 필은 과학이 원자력을 끌어내기 위

---

173 Norman Vincent Peale, 『긍정적 사고방식』, 이갑만 역(서울: 세종서적, 2014), 34. 여기서 배질 킹은 "담대하라, 그러면 위대한 힘이 당신을 도와줄 것이다"라는 것이 진리임을 입증하고, 에머슨은 "이길 수 있다고 믿는 사람이 이긴다"라고 말하며 자신감과 믿음의 중요성을 강조했다.

174 Ibid., 181. '신사고'는 성경 말씀을 반복적으로 선포하는 것을 강조한다. 본서는 오늘날 교회에서 기도 전에 '주여 삼창'을 선포하게 한다든지, '말씀'을 함께 선포하도록 유도하는 모든 행위도 신사고 운동의 영향으로 본다.

해 체계적 기술을 필요로 하듯이, 기도를 통해 영적 에너지를 동원하는 데에도 '과학적인 절차'와 훈련이 필요하다고 보았다.[175] 그는 기도가 인간의 노화를 지연시키거나 기능의 감퇴를 극복하는 데 있어 새로운 능력을 이끌어내는 원천이 될 수 있다고 주장하였다.

셋째, '믿음'의 훈련이 필수적이다. 기도의 내용이 실현될 것이라는 확신이 동반될 때 비로소 기도는 실제적 능력을 발휘할 수 있다는 것이다. 여기서의 믿음은 인간이 자신의 삶을 전적으로 하나님의 손에 맡기는 신뢰의 태도로 정의되며, "나는 할 수 있다"(I can do it)는 자기 확신에서 비롯된 '믿음의 훈련'이 그 중심에 있다. 이는 곧, 성경이 가르치는 영적 능력이 인간 존재 안에 잠재되어 있으며, 이를 긍정적 사고와 믿음을 통해 현실화할 수 있다는 신사고의 전제와 밀접하게 연결된다.[176]

이와 같은 사고는 인간이 기대하는 바를 믿게 만들고, 그 믿음

---

175   Ibid. 84. 필이 설명하는 기도의 과학적 절차는 성경이 가르치는 대로 따르는 것을 의미한다. 성경이 가르치는 기도의 원리는 "두세 사람이 내 이름으로 모이는 곳에 나도 그들 중에 있느니라"(마 18:20)와 "진실로 다시 너희에게 이르노니 너희 중에 두 사람이 땅에서 합심하여 무엇이든지 구하면 하늘에 계신 내 아버지께서 그들을 위하여 이루게 하시리라"(마 19:19)고 말씀에서 발견된다. 그렇게 행할 때, "너희의 믿음대로 되리라"(마 9:29)와 "무엇이든지 기도하고 구하는 것은 받는 줄로 믿으라 그리하면 너희에게 그대로 되리라"(막 11:24)의 성경 말씀이 실제가 되는 것을 보게 될 것이다. 다시 말하면, 기도는 문제 해결을 위한 가장 강력한 힘이 되기 때문에 인간은 문제 해결을 위하여 성경이 제시하는 방법대로 기도를 해야 하며, 그리고 기도의 내용이 반드시 실현되리라는 믿음이 동반될 때 현실로 된다는 것이다.

176   필은 성경이 가르치는 핵심 기술은 "믿는 자에게는 능히 하지 못할 일이 없느니라"(막 9:23), "너희에게 믿음이 겨자씨 한 알만큼만 있어도 …너희가 못할 것이 없느니라"(마 17:20), "너의 믿음대로 되리라"(마 9:29)고 주장한다. 그리고 필이 말하는 믿음의 의미는 하나님에 대한 믿음, 자기 자신에 대한 믿음, 그리고 다른 사람에 대한 믿음을 총칭해서 표현한 것이다

이 마음속에서 '자석'처럼 작용하여 결국 기대한 결과를 끌어당기게 된다는 이른바 '끌어당김의 법칙'(law of attraction)과도 궤를 같이한다.[177] 이러한 신사고 운동의 영향은 이미 전 세계로 확산되었으며, 기독교뿐 아니라 힌두교, 불교 등의 다양한 종교와 철학에 기반한 '마음 치유 운동'(mind-cure movement)으로 발전하였다. 예컨대 호주의 방송 작가이자 프로듀서인 론다 번(Rhonda Byrne)은 『시크릿』(The Secret)을 통해 끌어당김의 법칙을 대중화하였으며, 이는 전 세계적으로 큰 반향을 일으켰다.[178] 그러나 그의 사상은 단순한 자기계발 이론을 넘어, 19세기 신사고 운동의 재현이자 20세기 신앙 세계의 혼란을 야기한 새로운 형태의 영성 사조로 간주되기도 한다.

　신사고 운동은 인간과 신의 협력을 통한 심리적 치유를 강조함으로써, 신자들을 '영적 무감각' 상태로 이끌 수 있다는 비판에 직면하고 있다. 분명 신사고는 부정적 현실에 매몰된 개인에게 새로운 희망과 생의 의지를 제공하였으며, 절망을 극복하도록 돕는 긍정적 기여를 했다는 점에서 일정한 평가를 받을 수 있다. 그러나 그 철학은 인간의 잠재력을 신격화하거나, 인간 내면의 능력을 절대화하는 '범신론적 종교철학'에 근거하고 있으며, 이는 기독교의 핵심 교리와 본질적으로 충돌한다.

　이에 대해 이병길은 신사고 운동이 주장하는 믿음은 '자신을 주체로 삼는 주관적 신념'에 불과하며, 성경이 말하는 믿음과는 전혀

177　Ibid., 160.

178　Rhonda Byrne, *The Secret*(New York: Atria Books/Beyond Words, 2006), 15. 번은 '끌어당김의 법칙'을 설명할 때, 신약성서에서 차용된 말씀으로 창조 과정을 설명한다. 그것은 "구하라, 믿어라, 그리고 받아라"의 3단계로 원하는 것은 무엇이든 창조할 수 있다고 지침을 준다. 사람들은 그녀의 책을 '성공을 여는 마스터 키'라고 열광하였다.

다른 차원의 것이라고 비판한다.[179] 신사고 운동은 기도와 묵상을 통해 인간의 가능성을 최대화하려 하나, 궁극적으로는 '기도를 통해 하나님의 뜻을 바꾸는 것'이 가능하다고 암묵적으로 전제하며, 이는 '하나님의 말씀으로 인간을 변화시키는' 성경적 원리를 근본적으로 왜곡하는 결과를 낳는다는 점에서 신학적 문제를 내포하고 있다.

번영신학의 주요 인물: 케년, 해긴, 로버츠의 신학적 영향력

번영신학의 형성과 전개 과정을 올바르게 이해하기 위해서는 이 신학이 어떠한 역사적 맥락 속에서 등장하였으며, 어떠한 사상적 기반 위에 구축되었는지, 그리고 이를 이론화하고 대중화하는 데 핵심적인 역할을 한 인물들이 누구였는지를 종합적으로 고찰할 필요가 있다. 아울러 이러한 신학이 특정 문화적·사회적 조건 속에서 어떻게 수용되고 확산되었는지를 분석함으로써, 번영신학이 단순한 신학 이론을 넘어 하나의 종교적·사회문화적 현상으로 자리잡게 된 배경을 입체적으로 이해할 수 있다. 이러한 문제의식을 바탕으로, 다음에서는 번영신학이 등장하게 된 역사적 배경과 사상적 기초, 그리고 그 확산 과정에서 중요한 역할을 수행한 대표적 인물들과 문화적 요인을 중심으로 그 형성과 발전 양상을 단계적으로 고찰하고자 한다.

첫째, 번영신학은 1950년대 미국에서 형성되었으며, 물질적 축복에 대한 인간의 욕망과 신자본주의 경제 구조가 맞물리며 발전하였다. 이 신학은 '물질적 축복'을 그리스도의 속죄와 결부시켜 교회의 양적 성장 도구로 활용되었으며, 그 결과 건강과 재정적 축복을 추

---

179 이병길, "신사고에 점령당한 한국교회(3)", 『코람데오 닷컴』 2017년 1월 17일 승인.

구하는 다수의 대중을 교회로 끌어들이는 데 성공하였다. 이러한 흐름의 배후에는 제2차 세계대전 이후 급성장한 미국 경제와 소비 중심의 대중문화가 자리하고 있었다. 급격한 산업화와 소득 증대는 물질에 대한 기대와 욕망을 증대시켰고, 이러한 사회 분위기 속에서 교회의 설교 역시 점차 실용주의적이고 욕구 지향적으로 변모하게 되었다.

둘째, 번영신학의 사상적 토대를 마련한 인물은 에섹 윌리엄 케년(Essek William Kenyon, 1867-1948)이다.[180] 그는 19세기 말 미

---

180 케년은 1867년 4월 25일 뉴욕 해들리(hadley)의 가난한 가정에서 태어나, 거의 교육을 받지 못하고 자라났다. 그는 암스테르담(Amsterdam) 아카데미와 보스턴 에머슨 웅변대학을 비롯해 여러 학교에 다녔다. 케년은 17세에 감리교(Methodist Church)에서 개최하는 기도 모임에서 처음 예수를 경험하여, 20대 초반에 뉴욕의 암스테르담 감리교에서 집사로 섬기는 중에 첫 설교를 했을 정도로 비전과 열정을 가진 전도자의 삶을 살았다. 그러나 케년은 신앙 교육이 부족한 자신의 한계를 느끼고 또한 자신이 아직 성령의 능력 안에 있지 못함을 깨닫고 방황하여, 결국은 신앙의 위기를 견디지 못해 1893 년에 다시 신앙으로 돌아오기 전까지 2년 반 동안 신앙을 떠나 있었다. 신앙을 떠나 방황하는 동안 케년은 1893년에 애바 스펄링(Evva Spurling)을 만나 처음 결혼을 하고, 아내와 함께 스톤의 A. J. 고든(Adoniram Judson Gordon) 목사가 시무하는 Clarendon Street 침례교회 예배에 참석하게 되는데, 그 예배를 통해 케년은 성령의 강력한 임재를 체험하고, 그의 아내와 함께 그들의 삶을 하나님께 재헌신했다. 그 후에 케년은 침례 교단(Free Will Baptist Church)에서 목사 안수를 받고 침례교단 소속 목사로 뉴욕 엘마라(Elmira, New York)의 작은 교회에서 목회를 시작한다. 케년은 조지 뮬러(George Muller)에게 영향을 받아 모든 사역은 전적으로 하나님께 맡기는 데서부터 시작해야 한다고 주장했다. 케년은 당시 침례교단에서 헌금을 모으는 방법이 성경적이지 않다고 지적하고 하나님이 주신 감동으로 전적으로 하나님께만 의존할 것을 제안한다. 그러나 교단에서 받아들여지지 않자 그에 불만을 품고 교단을 떠나 독립적인 사역을 시작했다. 1898년에 케년은 메사추세츠(Massachusetts) 주에 베델 성경학교를 열어 1923년까지 많은 젊은이에게 "믿음의 말씀"을 훈련해 선교사로 또는 복음 전도자로 파견했다. 후에 케년은 훌륭한 성서 교사들이 자신들이 누리

국에서 확산된 '신사고' 운동의 개념을 자신의 신학 방법론에 도입하여, 예수 그리스도의 속죄가 단지 죄 사함에 그치는 것이 아니라, 신자에게 육체의 치유와 물질적 번영을 포함한 전인적 구원을 보장한다고 주장하였다. 케년은 긍정적 언어 고백과 예수의 이름 사용을 믿음의 실천 방식으로 제시하였고, 이를 통해 신적 능력이 현실 속에서 발휘된다고 보았다.[181] 그는 라디오 방송 사역, 성경학교 운영, 활발한 출판 활동을 통해 자신의 신학을 전파하였으며, 그의 신

고 있는 좋은 자리를 포기하고 베델 성경학교에 합류했던 것, 또한 베델 성경학교를 통해 많은 젊은이가 하나님의 말씀을 배우고 믿음의 삶을 살기로 헌신했던 것을 회고하며, 모든 것이 기도로 이루어졌다고 주장한다(Geir Lie, E. W. Kenyon, *Cult Founder or Evangelical Minister?*[Oslo: Refleks Publishing, 2003], 30 참조). 케년이 '신유'사역을 본격적으로 시작한 것은 그의 아내의 경험 때문이다. 그의 아내 애바(Evva)는 기도 중에 "아픈 사람들에게 손을 얹으면 병이 나을 것이다"(막 16:18)라는 말씀을 받고, 바로 병자에게 손을 얹고 기도해서 즉시 병이 치료되는 기적을 경험했다고 주장한다. 케년은 애바의 경험을 통해 자신의 신학 방법론에 대해 확신을 하고, 1923년 캘리포니아로 이주하여 치유 사역을 본격적으로 시작했다. 케년의 신학은 에머슨 대학교(Emerson college of Oratory)에서 수학하던 때에 '신사고' 운동의 영향을 받아 '긍정적 고백'의 가르침으로 발전시켰다고 주장하는 견해가 지배적이다. 케년은 에머슨 대학에서 재학 때 미국 철학자 랠프 월도 트라인(Ralph Waldo Trine)과 많은 형이상학 교사들(Metaphysical Teachers)과 많은 토론에 참여했고, 그 토론을 통해 '신사고'의 영향을 받았을 것으로 짐작된다(Dale H. Simmons, *E. W. Kenyon and the Postbellum Pursuit of Peace, Power, and Plenty*[London: Scarecrow Press, 1997], 90 참조). 다만, 케년의 전기 작가인 조 메킨타이어(Joe McIntyre)에 의하면, 케년이 에머슨 학교에서 영향을 받았다는 견해는 논쟁의 여지가 있다고 주장한다(Joe McIntyre, *E. W. Kenyon and His Message of Faith: The True Story*[Lake Mary, FL: Creation House, 1997], 62 참조).

181   D. R. McConnell, *A different Gospel*(Peabody, MA: Hendrickson Publishers, 1988), 35-43; E. W. Kenyon, *The Wonderful Name of Jesus*, 24th ed. (Lynnwood: Kenyon's Gospel publishing Society, 1964), 4-5.

학은 '긍정 고백'이라는 교리로 정형화되었다.[182] 특히 케년은 칭의와 성화를 분리하지 않고 '동시적 사건'으로 이해하였다. 즉, 그리스도의 십자가는 신자에게 법적인 의의 전가뿐 아니라 실제적 성화를 즉시 부여한다고 보았다. 이는 개혁주의적인 '의인이면서 죄인'(simul iustus et peccator)이라는 개념과는 명백히 구별된다. 역사신학자 그랜트 와커(Grant Wacker)는 이러한 성화 이해가 20세기 오순절 운동에 결정적 영향을 미쳤다고 평가한다.[183]

셋째, 케년의 신학을 계승하고 체계화한 인물은 케네스 해긴(Kenneth E. Hagin)이다. 해긴은 케년의 저서 『예수의 놀라운 이름』에 영향을 받아 '예수의 이름 안에 있는 권세' 개념을 강조하였고, 이를 중심으로 '믿음의 말씀'(Word of Faith) 운동을 확장시켰다.[184] 그는 요한복음 16장 23-24절을 근거로 기도 시 예수의 이름을 반복적으로 사용할 것을 강조하며, 이것이 실제적 능력의 통로가 된다고 주장하였다.[185] 해긴은 '레마 성경훈련학교'(RHEMA Bible Training College)를 설립하고, 라디오 프로그램 "Faith Seminar of the Air"를 통해 전 세계 150개국 이상에 번영신학을 전파하며 미국 복음주의권에서 막대한 영향력을 행사하였다.

---

182 E. W. Kenyon, *The Two Kinds of Faith: Faith's Secret Revealed*(Lynnwood, WA: Kenyon's Gospel Publishing Society, 1998), 22.

183 Grant Wacker, *Heaven Below: Early Pentecostals and American Culture*(Cambridge, MA: Harvard University Press, 2001), 1-2.

184 E. W. Kenyon, *The Wonderful Name of Jesus*, 4. 케년은 예수께서 우리에게 그의 이름을 무제한 사용할 권리를 주셨기 때문에 예수 그리스도의 이름 안에 있는 능력은 다 우리의 것이다라고 주장한다.

185 Kenneth E. Hagin, 『케네스 해긴의 예수의 놀라운 이름』, 12쇄, 오태용 역(서울: 베다니출판사, 2018), 24.

넷째, 번영신학의 세계적 확산에는 오랄 로버츠(Oral Roberts, 1918-2009)의 공헌이 크다.[186] 그는 1950년대 텐트 부흥회를 통해 '믿음 치유' 사역으로 대중적 명성을 얻었고, 이후 오랄 로버츠 대학교(Oral Roberts University)를 설립하여 신유와 전인구원에 관한 교육과 연구를 전개하였다.[187] 로버츠의 사상은 '믿음의 씨앗'(Seed-

---

[186] 로버츠는 미국 오클라오마의 폰토톡(Pontotoc)의 멜빈(Ells Melvin)과 어윈(Claudia Priscilla Irwin) 사이서 다섯 번째이자 막내아들로 태어났다. 로버츠의 어머니 크라우디아는 병든 자에게는 때와 장소를 가리지 않고 찾아가 기도하고 위로하는 헌신된 사람이었다. 이처럼 로버츠는 헌신된 부모 밑에서 신앙 훈련을 잘 받으며 자라났다. 그러나 그는 어릴 때부터 말을 더듬는 장애를 가지고 있어서 학교에서도 많은 놀림을 받았다고 한다. 더군다나 그는 17세 때 무서운 결핵을 앓고 있었다. 당시 그는 가난한 목사의 생활에 환멸을 느껴 현실을 탈출하고자 학교의 농구 코치를 따라 가정을 떠나지만, 결핵으로 피를 흘리고 쓰러져 다시 가정으로 돌아와 부모와 형제들의 도움 없이는 아무것도 할 수 없는 신세가 된다. 로버츠의 어머니 크라우디아는 이미 두 아들을 결핵으로 잃었기 때문에 로버츠를 잃지 않기 위하여, 그의 침대를 떠나지 않고 더욱 간절히 하나님께 아들의 구원과 치료를 위해 기도했다. 로버츠의 부모님은 늘 그를 격려하며 기도했다. "오랄, 아버지는 네가 하나님께 마음을 열고 구원을 받을 때까지 쉬지 않고 네 침대 옆에서 무릎을 꿇고 기도할 것이다." 이처럼 부모님의 간절한 기도로, 5개월 이상 침대에 누워 있던 로버츠는 예수님을 마음 깊이 자신의 구세주로 영접하게 된다. 로버츠가 예수를 구세주로 영접했을 때, 조지 몬시(George Moncey) 목사님의 신유 집회에 참석하게 되어, 그의 안수를 받고 성령께서 치명적인 결핵뿐만 아니라 혀의 어눌증도 깨끗이 치료받는 체험을 하게 된다. 이런 체험을 계기로 로버츠는 하나님의 치유 역사를 당대에 전하겠다고 하나님께 소원하고 목회자 길을 가게 되었다. 그는 신유 사역에 비전을 가지고, 당시 미국 내의 가장 강력한 신흥 부흥사인 윌리암 브랜햄(William Branham)을 찾아가서 그의 사역을 관찰하고 대화하는 가운데 그의 좋은 점을 배우기도 하는 등, 신유 집회 개발을 위해 많은 노력을 하였다. Oral Roberts, *Expect A Miracle*, 『기적을 기대하라, 오랄 로버츠 목사의 나의 삶. 나의 목회』, 전형철 역(서울: 서울 말씀사, 1998), 59-69.

[187] 초기에 로버츠는 교육관 등을 빌려서 치유 집회를 열었는데, 집회에서 수많은 사람이 자신의 죄악된 삶을 청산하고 예수님을 구주로 영접할 뿐만 아니라, 감기에서부터 불치병까지 치유 받는 것을 경험했다. 급기야 더 많은 사람

Faith) 개념으로 집약된다. 이는 하나님께 헌금하는 행위가 축복을 끌어오는 씨앗이 되며, 일곱 배의 물질적 축복으로 보상받는다는 교리이다.[188] 그는 이 개념을 바탕으로 대규모 후원자들을 모집하였고, 이를 통해 세계적 수준의 연구 센터를 설립하였다. 로버츠는 신유의 능력을 영적 기도와 의학적 치료가 병행될 때 실현된다고 보았으며, 이러한 융합적 접근은 미국 복음주의 내에서도 큰 반향을 일으켰다. 그는 영적 치유와 의학적 치료의 병행을 주장하였고, 텔레비전 방송을 통해 수많은 신유 간증 사례를 전파함으로써 기존 교단에까지 영향력을 미쳤다. 이로 인해 기존에 번영신학에 비판적이던 교단들조차 영향을 받았으며, 일부 복음주의 교회들은 오순절 신유사역을 적극 도입하게 되었다.

다섯째, 번영신학이 미국 사회에서 급속히 확산된 데에는 신학적 미성숙과 낙관주의가 결합된 문화적 배경이 있었다. 제2차 세계대전 이후의 경제적 번영과 감정 중심의 대각성 운동은 북미 교회를 실용주의적이고 체험 중심적인 신앙으로 몰아갔으며, 이에 따라 복음의 본질은 점차 물질적 축복과 심리적 치유 중심의 메시지로 대체

이 치유 집회에 모여들자 더 이상 수용할 건물을 찾지 못하게 되어 거대한 천막을 사서 그곳에서 집회를 시작한다. 천막집회에 모이는 수가 갈수록 증가하여, 1953년에는 1만2천 명 이상 수용하는 천막을 제작하여 미국 전역을 휩쓸며 한 곳에서 2~3개월씩 머물면서 매일 집회를 하였다. David Edwin, Jr. Harrell, *Oral Roberts: An American Life*(Bloomington, Indiana: Indiana University Press, 1985), 84 참조.

188 로버츠의 번영신학은 미국의 메가처치(Mega Church)인 수정교회를 개척한 로버트 슐러(Robert H. Schuller) 목사, 한국 여의도 순복음교회를 개척한 조용기 목사, 레이크우드교회의 담임인 조엘 오스틴(Joel Osteen) 목사 등 많은 사람에게 영향을 주어 번영신학이 전 세계에 전파되는 효시 역할을 감당했다.

되었다. 이로 인해 번영신학은 '구원이 곧 번영을 의미한다'는 왜곡된 메시지를 통해 대중의 욕망에 부응하는 종교로 기능하게 되었다. 이병길은 신사고적 번영신학이 '믿음을 통한 하나님 변화'라는 신학적 오류에 빠졌으며, 인간 중심적 사고가 하나님의 주권을 침해한다고 비판한다.[189] 그럼에도 불구하고, 번영신학은 여전히 세계 복음주의권에서 상당한 영향력을 유지하고 있으며, 많은 목회자들이 '하나님의 말씀을 믿음으로 적용하게 하는 도구'로 이 신학을 활용하고 있는 것도 부정할 수 없는 현실이다.

한국교회 내 번영신학 수용의 사회문화적 맥락

번영신학은 조용기 목사에 의해 한국에 유입되었으며, 그의 '축복 복음'은 '삼박자 구원론'과 '오중 복음'이라는 명칭 아래 한국 교회의 신학 담론 속에서 재구성되었다. 조용기의 '축복 복음'은 번영신학의 핵심 사상가인 오랄 로버츠(Oral Roberts)의 영향을 받은 것으로 평가된다.[190] 그는 1977년에 출간한 『삼박자 구원』에서 "삼중축복"이라는 개념을 통해 선하시고 복 주시기를 원하시는 하나님에 대한 신앙을 구체화하였고, 1983년에는 『오중 복음과 삼박자 축복』을 통해 이를 보다 체계적인 신학 체계로 정립하였다.[191]

조용기는 번영신학이 한국 교회에 유입되는 데 중요한 기여를 하였으며, 실제로 긍정적 사고와 물질적 축복을 강조하는 면에서는 번영신학과 공통점을 지닌다. 그러나 조용기를 단순히 번영신학자

189　이병길, "신사고에 점령당한 한국교회(3)."
190　류장현, 『한국의 성령운동과 영성』 (서울: 프리칭아카데미, 2004), 223.
191　이영훈, "영산 조용기 목사의 '좋으신 하나님 신앙'이 한국교회에 미친 영향", 『영산신학저널』 통권 제7호(2004): 90.

로 분류하는 것은 무리가 있다는 평가도 존재한다. 이는 그가 기본적으로 전통적 십자가 신학의 관점을 따르고 있으며, 하나님의 축복을 지나치게 물질적 차원으로 환원시키는 번영신학의 경향에 대해 비판적 입장을 견지했기 때문이다. 실제로 그는 번영신학이 고난의 의미를 외면하고 하나님의 공급만을 강조하는 점을 샤머니즘적이라고 평가하며 다음과 같이 지적하였다.

> 나는 성도들에게서 '헌금을 많이 냈더니 새로운 직장을 구했다'거나 '더 많은 돈이 생겼다'라는 간증을 들을 때 가슴이 아프다. 이것은 하나님의 은혜를 값싸게 만들며, 도박과 같이 만들어버리는 것이다. 번영은 하나님의 나라를 세우기 위한 목적이 있어야 한다.[192]

그는 미국에서 번영신학이 오용되어 신자들이 고급 차량, 대저택, 사치스러운 삶을 번영의 상징으로 오해하게 되었으며, 짐 바커(Jim Bakker)와 같은 인물은 그러한 오용의 전형적 사례로 언급하였다. 조용기는 번영이 자신만을 위한 수단이 될 때, 그것은 하나님의 축복이 아니라 "끔찍한 저주"가 될 수 있다고 경고하였다.

흥미로운 사실은, 번영신학이 본격적으로 유입되기 이전부터 조용기는 요한삼서 1장 2절을 근거로 '삼박자 축복'을 선포해 왔다는 점이다.[193] 그가 말한 삼박자 축복이란 곧 영혼의 축복, 생활의 축복,

---

192 YongGi Cho, "Cho's problem with prosperity," *Charisma & Christian Life*(March 1988): 69-70.

193 삼박자축복의 내용은 첫째, "사랑하는 자여 네 영혼이 잘됨 같이"의 말씀에서 죄를 용서와 구원을 통해 얻는 '영혼의 축복'을 이야기한다. 둘째, "범사에 잘되고"에서 성도가 복되게 사는 '삶의 축복'을 이야기한다. 그리고 마지막으로, "건강하기를 원하노라"에서 육체적으로 건강을 누리는 '건강의 축복'이다.

건강의 축복을 의미하며, 이를 '삼중축복', '삼중구원', '삼박자 구원' 등의 개념으로 명명하였다.[194] 조용기는 이러한 세 가지 축복이 유기적으로 연결되어 하나의 구원 체계를 이루며, 연쇄적으로 실현된다고 보았다. 그는 구원의 결과로 건강이 회복되고, 물질적으로 부유해지는 것을 강조하였으며, 성경 전체에서 구원의 궁극적 목적이 곧 인간의 전인적 회복이라고 해석하였다.

번영신학은 미국의 주요 저술가들의 저서, 라디오 설교, 위성방송 등을 통해 한국 교회에 손쉽게 유입되었으며, 그 배경에는 한국 사회의 시대적 상황이 있었다.[195] 1950년대 이후부터 1970년대 말까지 한국 사회의 가장 시급한 화두는 "어떻게 하면 가난에서 벗어날 수 있는가"였다. 이러한 맥락에서 볼 때, 기독교 신학이 '축복의 원리'에 대한 메시지를 통해 사회적 요구에 응답한 것은 일면 긍정적인 역할로 평가될 수 있다. 조용기의 축복 복음은 서구에서 전개된 번영신학이라는 명칭 아래 한국 교회에 스며들어, 이후 한국교회가 성장주의 중심의 정책을 수립하는 데 신학적 이론 기반을 제공하였다. 그의 메시지는 "신앙으로 가난을 극복할 수 있다"는 확신을 불러일으켰고, 이는 대중적 호소력을 지닌 복음의 형태로 작용하였다.

한편, 한국적 정서와 세계관 안에서 번영신학이 뿌리내릴 수 있

---

194   조용기, 『오중복음과 삼중축복』(서울: 서울말씀사, 1997), 266-70.
195   2000년도에 미국에서 출간되어 3개월 만에 410만 부 이상이 팔려 "USA 투데이", "뉴욕타임즈"가 베스트셀러 1위로 뽑은 애틀랜타의 브루스 윌킨슨(Bruce Wilkinson)의 저서 『야베스의 기도: 축복받은 삶으로 나아가기』(*The Prayer of Jabez: Breaking Through to the Blessed Life*)는 한국교회에 번영신학이 정착하는데 결정적인 역할을 하였다. 그 후 한국교회에 조엘 오스틴(Joel Osteen)의 메시지는 많은 사람의 이목을 끌었다. 그는 미국의 가장 대중적 교회인 레이크우드교회의 담임목사이다. 오스틴의 『긍정의 힘』, 『잘되는 나』 등은 한국에서 베스트셀러가 되기도 했다.

었던 결정적 요인 중 하나는, 최초의 인간인 아담과 하와의 범죄 결과를 '삼중 타락'(영적 사망, 육체적 사망, 자연의 타락과 저주)으로 보는 해석이었다. 창세기 2장 16-17절, 3장 17-19절에 따르면, 타락은 인간 존재 전체에 영향을 끼쳤고, 이에 따라 예수 그리스도의 구원도 전인적이어야 한다는 주장이 전개되었다.[196] 즉, 영혼의 구원뿐 아니라 육체와 자연의 회복을 포함하는 '전인적 구원'(holistic salvation)을 강조한 것이다. 이로써 성경 전체는 복 주시는 선하신 하나님의 메시지로 읽히며, 요한삼서 1장 2절은 물론, 성경 전체가 삼중축복이라는 구도로 재해석된다.[197]

한국인 대중의 마음을 사로잡은 번영신학의 핵심은, 물질적 축복과 건강의 축복을 '구원'의 축복과 동등하게 강조한 점이다. 이는 곧 하나님께서 인간을 창조하시고 그를 풍요로운 에덴동산에 거하게 하신 창조 목적과 연결된다. 인간의 범죄 이후, 노동과 고통, 질병, 죽음이 세상에 들어왔으나, 예수 그리스도의 십자가 대속을 통해 이 축복이 다시 회복될 수 있다는 신앙이 강조되었다. 이러한 신학은 고린도후서 8장 9절, 즉 "우리 주 예수 그리스도의 은혜를 너희가 알거니와 부요하신 이로서 너희를 위하여 가난하게 되심은 그의 가난함으로 말미암아 너희를 부요하게 하려 하심이라"는 말씀을 주요한 신학적 근거로 삼았다. 번영신학은 이 말씀을 예수의 십자가 죽음이 단순히 죄의 대속만이 아니라, 가난의 대속도 포함한다고 해석하였다.[198]

---

196 조용기, 『삼박자구원』 (서울: 서울서적, 1977), 253-9.

197 Ibid., 98-102.

198 조용기, 『오중복음과 삼중축복』, 187-9. 이 말씀은 전후 문맥을 고려할 때, 바울이 고린도 교회를 향해 그리스도의 속죄의 은혜가 크기 때문에, 우리도

다음으로, 번영신학이 한국 교회에 빠르게 정착한 요인을 구체적으로 네 가지로 정리할 수 있다.

첫째, 1950년대 이후 전쟁의 폐허 속에서 극심한 가난과 궁핍을 경험한 한국 사회는 "믿음은 곧 축복"이라는 메시지에 즉각적으로 반응하였다. 당시 하나님을 두렵고 무서운 존재로 이해하던 신자들에게 조용기의 설교는 축복을 약속하는 복음으로 다가왔으며, 신앙을 통해 현실의 고통에서 벗어날 수 있다는 희망을 제공하였다. 박명수는 조용기의 축복 복음이 절망 가운데 있던 한국인들에게 새로운 꿈과 용기를 불어넣었다고 평가한다.[199]

둘째, 물질적 번영을 구원의 증표로 간주하는 번영신학의 메시지는 한국의 전통적 샤머니즘 문화와 쉽게 결합될 수 있었다. 한국인들은 오랜 시간 조상신이나 영적 존재에게 복을 기원해왔으며, 이러한 사고방식은 하나님을 복의 원천으로 대체하는 방식으로 번역되었다. 그 결과, 번영신학은 기존 샤머니즘의 구조를 신학적 언어로 재구성한 형태로 받아들여졌으며, 교회 안에서도 무비판적으로 수용되었다.

셋째, 1970년대 새마을운동과 경제개발 5개년 계획 등의 국가 주도 성장 담론은 "잘살아 보자"는 사회적 분위기를 형성하였으며, 이

육체적으로 귀중하게 여기는 것들, 곧 물질적 부유함까지도 버릴 수 있어야 한다고 가르치는 장면이다. 그러나 번영신학은 이 말씀을 피상적으로 해석하여, 마치 바울이 물질적 부유 자체를 권장한 것처럼 인용한다. 이에 대해 바울은 고린도 교인들에게 "이제 너희의 넉넉한 것으로 그들의 부족한 것을 보충함은"(고후 8:14)이라는 말씀을 통해, 자신이 가진 풍요로움으로 가난한 이웃을 돕도록 촉구하고 있다.

199 박명수, "한국 교회사의 전통에서 본 조용기 목사의 오중복음", 『영산의 목회와 신학 III』 (경기도: 한세대학교 말씀사, 2009), 293.

는 교회 성장주의와 결합되어 물질적 성공과 양적 부흥을 중시하는 교회 현실과 맞물렸다. 이 시기 번영신학은 단순한 설교 메시지를 넘어 목회 전략과 교회 성장의 이론적 근거로 기능하였다. 류장현은 이러한 흐름을 "물질적 풍요에 대한 인간의 본능적 욕망이 복합적으로 작용한 결과"라고 분석한다.[200]

넷째, 번영신학의 '믿음 치유' 사역은 많은 신자들에게 강한 설득력을 가졌다. 이 사역은 모든 질병의 원인을 사탄과 인간의 죄에서 찾았으며, 육체적 회복을 위한 조건으로 '믿음'을 강조하였다. 조용기는 아담의 범죄로 인한 하나님의 저주가 질병의 근원이며, 잘못된 식습관과 육체적 욕구 또한 질병을 야기한다고 보았다.[201] 따라서 예수 그리스도의 십자가 사건은 죄로부터의 구속뿐 아니라, 질병으로부터의 해방과 건강의 축복을 포함하는 것으로 해석되었다. 그는 믿음과 함께 긍정적 언어 사용―'창조적 언어'를 통해 건강을 선포하는 신앙 행위―을 강조하였다.[202] 이는 병의 치유를 바라는 많은 이들에게 심리적, 신앙적 지지를 제공하였다.

결론적으로, 번영신학이 한국교회에 정착할 수 있었던 핵심 배경에는, 무엇보다도 "가난으로부터 벗어나고자 하는 열망"이 있었으며, '믿음을 통해 번영을 확보할 수 있다'는 메시지는 시대적 갈망에 부응하는 강력한 복음으로 인식되었다. 이는 한국적 상황에 맞게 번안된 번영신학, 곧 '한국적 번영신학'의 형성과 확산을 가능케 한

---

200 류장현, "번영신학에 대한 신학적 비판", 11-12.

201 David Yonggi Cho, *How Can I be Healed?*(Seoul, Korea: Seoul Logos, 1999), 31; 34-5.

202 David Yonggi Cho, *Salvation, Health and Prosperity, Our Threefold Blessings in Christ*(Altamonte Springs, FL: Creation House Strang Communications, 1987), 154.

중요한 동인이 되었다.

번영신학은 일부 한국교회가 대형교회로 성장하는 데 중요한 동기를 제공하였으나, 그와 동시에 성공과 성장 중심의 신학적 패러다임을 심화시켜 한국교회의 본질적 위기를 초래하였다는 비판을 받고 있다. 김의환은 한국교회가 미국의 대형교회 모델을 비판 없이 수용함으로써 단기간 내에 외형적 성장을 이루었으나, 이는 결과적으로 영적 성숙을 저해하고 침체의 원인을 제공했다고 주장한다.[203] 오늘날 많은 한국교회와 신자들이 자각하지 못한 채 번영신학의 영향 아래 있다고 보아도 과언이 아니다. 실제로 번영신학의 논리는 한국교회의 일상적 신앙 실천에 광범위하게 스며들어 있다.

번영신학의 가장 두드러진 영향 중 하나는 '보상의 법칙'에 근거한 헌금생활의 강조이다. 헌금은 '믿음의 씨앗'으로 간주되어, 이를 하나님께 드릴 경우 수백 배의 보상이 따를 것이라는 믿음이 강조된다. 이러한 사상은 전통적으로 조상신에게 제물을 바쳐 복을 기원하는 샤머니즘적 종교문화에 익숙한 한국인들에게 쉽게 수용되었으며, 결과적으로 일부 교회는 막대한 부를 축적할 수 있었다. 그러나 이는 미국 수정교회에서 나타난 문제들과 유사한 부작용을 한국교회 내에서도 야기하였다.[204]

203　김의환, 『복음주의 신학과 한국교회』 (서울: 총신대학 출판부, 2000), 293 이하.

204　미국 번영신학의 대표적인 교회인 수정교회(Crystal Church)는 창립자 로버트 슐러 목사가 2006년 아들에게 교회를 세습한 후, 가족 간에 돈 문제로 많은 갈등을 겪다가 2010년에 파산 신고를 하게 되었다는 소식이 미국 주요 일간지를 장식했다. 번영신학의 대가요, '긍정의 힘' 원조인 로버트 슐러 목사가 세운 미국의 대표적인 대형 교회의 부도 소식은 한국교회에도 적잖은 충격을 주었던 사건이었다. 사실, 수정교회는 한국 대형 교회들의 한결같은 롤 모델이었다. 슐러 목사의 "교회 성장론"은 지난 수십 년 동안 한국교회를 지배해왔고, 산

번영신학이 한국교회에 미친 긍정적 영향도 부정할 수는 없다. 무엇보다도 번영신학은 교회의 양적 성장에 기여하였고, 예배의 열정을 불러일으키는 동력을 제공하였다. 물질적 축복과 건강, 장수를 바라는 신자들의 욕구는 찬양예배, 열린예배, 철야기도회, 새벽기도회 등의 예배 갱신으로 이어졌다. 또한 고난 속에서도 희망과 치유, 축복을 선포하는 메시지는 신자들에게 정서적 위안을 제공하였고, 성경에 기초한 긍정적이고 적극적인 신앙 태도를 조성하는 데 일정 부분 기여하였다. 그러나 이와 같은 긍정적 태도 역시 성령의 내적인 조명과 능력 안에서 이해되어야 하며, 신자의 자기 암시적 사고에 머물러서는 안 된다.

번영신학이 한국교회에 끼친 영향을 요약하면 다음과 같다.

첫째, 번영신학은 물량주의와 성장지상주의를 정당화함으로써 한국교회의 부패와 영적 침체를 초래한 중요한 요인으로 지적된다. 설교는 죄의 심각성이나 사회 정의, 회개와 죄책감을 다루기보다는 긍정적 사고, 성공담, 축복의 간증으로 대체되었고, 신자들은 이를 은혜로운 설교로 오인하게 되었다. 이로 인해 목회자들은 교회를 사유화하려는 유혹에 빠지게 되었으며, 목회 세습과 같은 문제가 교회의 내적 갈등과 외적 신뢰 상실을 초래하였다. 이러한 현상은 교회의 주인이 하나님이심을 고백하면서도 실제로는 인간의 명예와 권력을 유지하려는 심리에서 비롯된 것으로 볼 수 있다.

둘째, 번영신학은 성령의 능력과 은사를 수단화하여 신비적 기

업화 시대의 경제성장 논리와 맞물려 한국교회에 양적 성장을 이루는 멘토 역할을 해왔다. 그런데 교회 출석하고 많은 헌금을 드렸지만 신자들의 경제적 사정은 달라진 것이 없었고, 교회는 파산신고 하였지만 정작 슐러 목사는 많은 부를 축적하는 결과를 초래했다는 소식에 실망한 신자들은 기독교를 떠나게 되었다.

적을 과도하게 추구하도록 만들었고, 이로 인해 십자가 신학의 본질이 왜곡되었다. 질병을 죄의 결과로 해석하고, 신자가 누구나 치유 능력을 지닌다고 주장하는 이 신학은 성령 세례와 방언, 신유와 예언 등의 초자연적 체험을 강조하며 신비 체험 중심의 신앙을 부추긴다. 그 결과, 기독교 신앙은 범신론적 왜곡에 노출되었고, 진정한 복음의 중심인 그리스도의 고난과 십자가는 변두리로 밀려났다.

셋째, 번영신학은 신학의 중심을 하나님이 아닌 인간에 두면서, 개인주의와 이기주의, 편의주의를 조장하였다. '나' 혹은 '내 가족'의 복을 중심으로 한 신앙은 교회의 공동체성과 책임감을 약화시켰으며, 권면과 심방은 사생활 침해로 여겨지게 되었다. 결과적으로 한국교회는 사회적 책임과 정의에 대한 관심을 상실하고, 사익 추구에 치중하는 경향을 보이며 대중으로부터 이기적 집단이라는 비판을 받게 되었다.

넷째, 번영신학은 신비적 기적을 '믿음의 결과'로 이해하는 신자들을 양산하였다. '믿음신학'이라는 별칭에서 드러나듯, 번영신학은 믿음을 통해 기적을 경험해야 한다는 강박을 심어주었고, 이로 인해 믿음과 윤리적 삶, 사회적 책임이 분리되는 현상이 심화되었다. 이는 결국 '값싼 은혜', '값싼 구원'으로 이어졌고, 교회의 사회적 신뢰를 크게 훼손하는 결과를 낳았다.

다섯째, 번영신학은 신앙을 하나님과의 인격적 관계나 영적 성숙이 아닌 세속적 성공을 위한 도구로 전락시켰다. "예수를 믿으면 복 받고 성공한다"는 메시지는 신자들로 하여금 신앙을 자녀의 학업 성취, 사회적 지위 획득, 물질적 부의 축적을 위한 수단으로 이해하게 만들었고, 교회의 직분조차 금전적 헌신의 대가로 간주되는 왜곡된 신앙 문화를 형성하였다. 이로 인해 헌금은 하나님께 드리는 예배의 행위라기보다 축복을 얻기 위한 거래의 수단으로 오용되었으며, 결과적으로 신앙의 목적은 하나님께 영광을 돌리는 것이 아니라 인간의 욕망을 충족시키는 것으로 변질되었다. 이러한 현상은 교회 공동체의 영적 본질을 훼손하고, 교회를 세속화의 길로 이끄는 심각한 신학적 문제를 야기하였다.

이러한 비판은 이미 1970년대 후반부터 한국 보수교회를 중심으로 제기되었고, 민중신학 역시 번영신학을 비판의 대상으로 삼아 왔다. 그러나 번영신학은 유교적 현실주의와 결합하며 더욱 강화되었고, 일부 대형교회에서는 탐욕적 기독교 문화를 제도화하는 데 일조하였다.[205] 오늘날 세계적으로 빈곤과 사회적 불평등 문제는 심각한 도전 과제이며, 경건을 물질적 번영과 동일시하는 비성경적 신학은 기독교의 본질에 대한 심각한 왜곡이다.

본서는 이러한 신학이 신자에게 일시적인 위안을 제공할 수는 있으나, 궁극적으로 교회를 세상의 빛과 소금으로서의 사명에서 멀어지게 하며, 도리어 사회의 부패를 조장하는 결과를 초래한다고 본다. 다음 장에서는 번영신학이 그리스도의 십자가 죽음을 물질적 축복과 인과적으로 연결지으면서 십자가 신학을 어떻게 왜곡하고 있는지를 심층적으로 고찰하고자 한다.

---

205 한국 전통 유교는 죽음이나 내세의 관심보다는 현세적 삶을 중시하는 사상이다. '유교적 현실주의'란 인(仁)을 도덕의 최고 가치로 삼고 현재 삶에서 도덕성을 중시하는 유교 사상이 현세적 복을 중시하는 번영신학과 '현실주의'라는 관점에서 어느 정도 일치를 보임으로 비판의 정도가 약화 되었다는 의미다.

제9장 번영신학의 십자가 신학에 대한 구조적 왜곡

번영신학의 신학적 오류의 핵심에는 십자가 신학의 본질에 대한 심각한 왜곡이 자리하고 있다. 번영신학은 예수의 십자가 죽음을 단순한 육체적 고난이 아니라 영적 죽음과 사탄의 본성을 취한 지옥에서의 고통을 통해 구속을 완성한 사건으로 해석하며, 이를 통해 신자도 예수와 동일한 재창조의 본성과 권세를 소유하게 되었다고 주장한다.[206] 이러한 관점은 전통적 속죄론의 하나인 사탄 배상설의 이원론적 세계관을 극단적으로 확장한 것으로, 사탄을 하나님의 대등한 존재로 간주하고, 하나님의 주권을 실질적으로 약화시키는 신학적 오류를 내포한다.[207] 나아가 번영신학은 이러한 왜곡된 십자가 이

---

206 Kenneth E. Hagin, *The Name of Jesus*(Tulsa: Kenneth Hagin Ministries, 1979), 31. 해긴은 예수가 영적 죽음의 상태에 있었다는 것은 하나님과 분리되었다는 것을 의미할 뿐만 아니라, 사탄의 본성을 취한 것을 의미한다고 주장한다.

207 케네스 코플렌드(Kenneth Copeland)는 그의 설교(Image of God in You III)에서 욥기에서 하나님과 사탄의 대화 내용을 소개하며 하나님이 사탄에게 소유권을 기꺼이 넘기는 실패자라고 주장하곤 했다.

해를 '믿음 치유' 사역의 정당화 근거로 삼으며, 신자의 건강과 번영이 십자가 구속의 직접적인 결과임을 주장함으로써 십자가의 고난과 자기부인을 중심으로 하는 성경적 복음 이해와는 본질적으로 괴리된다.

'사탄 배상설'의 재해석과 구속의 왜곡

번영신학의 속죄 이해는 골로새서 2장 15절을 근거로 예수 그리스도께서 십자가에서 모든 정사와 권세를 이기셨다는 사실을 강조하며, 이에 따라 신자에게도 예수의 이름으로 '이기는 권세'가 부여되었다고 주장한다.[208] 이러한 해석은 예수의 십자가 죽음을 통해, 그분의 지상 사역 가운데 나타났던 치유의 권세가 신자에게 전가되었다는 신학적 근거를 마련하려는 시도로 볼 수 있다.

케네스 해긴(Kenneth Hagin)에 따르면, 예수 그리스도의 죽음은 단순한 육체적 죽음에 그치지 않으며, 인류 전체를 위한 '영적 죽음'을 포함한다. 이 영적 죽음은 죄와 허물로 인한 분리 상태를 의미하며, 해긴은 예수께서 죄인을 대신하여 영적으로 죽으셨고, 그의 영혼이 지옥에 내려가 사탄에게 고통을 받았다고 주장한다.[209] 이는 곧 하나님께서 사탄에게 '속전'(ransom)을 지불하셨다는 해석으로 이어진다. 해긴은 이러한 주장의 근거로 마태복음 27장 46절의 절규—"나의 하나님, 나의 하나님, 어찌하여 나를 버리셨나이까?"—를 인용하며, 예수께서 하나님의 버림을 받아 지옥에서 인간을 대신한

---

208 Kenneth E. Hagin, 『마이더스 터치』, 김지호 역(서울: 믿음의말씀사, 2014), 42.

209 Hagin, 『해긴의 예수의 놀라운 이름』, 44. 해긴은 그의 주장에 근거로 히 2:9을 제시한다.

고난을 겪으셨다고 본다. 또한 마태복음 12장 40절에서 "요나가 큰 물고기 뱃속에 사흘 밤낮 있었던 것 같이"라는 구절을 예수의 지옥 체류의 성경적 근거로 제시한다.

번영신학에 따르면, 예수의 십자가 죽음은 구속 사역의 시작일 뿐이며, 하나님의 능력으로 예수가 지옥의 권세에서 부활함으로써 구속이 완성되었다. 이들은 에베소서 2장 1절과 히브리서 1장 4-5절("너는 내 아들이라 오늘 내가 너를 낳았다") 등을 인용하여, 예수가 지옥에서 다시 '태어남'으로써 신자에게도 동일한 권세와 능력이 주어졌다고 주장한다. 이로부터 신자는 질병의 치유, 물질적 축복, 장수의 축복을 누릴 수 있다고 본다.

그러나 이와 같은 주장에 대하여 월터 마틴의 후계자이며 대표적인 기독교 변증가인 행크 해네그래프(Hank Hanegraaff)는, 예수께서 사탄의 본성을 취하거나 지옥에서 고통을 받아 구속을 완성했다는 견해는 전혀 성경적 근거가 없으며, 사실상 이단적이라고 강하게 비판한다.[210] 미국 기독교 변증가 맷 슬릭(Matt Slick) 역시 해긴의 주장은 예수 그리스도의 십자가 속죄가 불완전하다는 전제를 내포하며, 결국 그리스도의 신성을 부정하는 심각한 오류라고 지적한다.[211] 그는 예수께서 십자가 위에서 속죄 사역을 완전히 이루셨으며, 신성을 단 한 순간도 포기하지 않으셨고, 지옥에서 고통을 당하신 적도 없다고 주장한다.

개혁신학 전통에 따르면, 예수가 '지옥에 내려가셨다'는 표현은 실제 공간적 강하(descent)를 의미하기보다, 예수께서 십자가에서

---

210 Hanegraaff, 『바벨탑에 갇힌 복음』, 322.
211 Matt Slick, "Did Jesus die spiritually?," CARM June 2013.

당하신 영적 고통, 즉 하나님의 진노를 온전히 짊어지신 구속적 고통을 가리킨다. 칼뱅은 이것이 '하강강령'(Descensus ad inferna)의 진정한 의미라고 설명한다.[212]

한편, 예수의 죽음이 사탄에게 속전으로 지불되었다는 이른바 '사탄 배상설'(ransom-to-Satan theory)은 초대교회 신학자 이레네우스(Irenaeus)에 의해 제안되었으며, 후에 오리겐(Origen)이 이를 체계화하였다. 오리겐은 마태복음 20장 28절의 "많은 사람을 위한 대속물"이라는 표현을 '몸값'의 개념으로 해석하며, 다음과 같이 주장한다.

> 누가 몸값을 받았을까? 분명히 하나님은 아니다. 그럼 마귀가 아닐까? 우리를 지배했던 마귀에게 예수의 생명이라는 몸값이 주어졌다. 마귀는 그분의 영혼도 가질 수 있는 것이라 착각했던 것이다.[213]

이러한 사상을 수용한 케년(Essek W. Kenyon)은 사탄 배상설을 번영신학의 기초로 삼았으며, 그의 영향을 받은 해긴 역시 이를 중심으로 축복과 치유의 신학을 전개하였다. 이들에 따르면, 아담의 타락으로 인해 인류가 받게 된 가난, 질병, 영적 죽음은 모두 예수의 십자가 죽음을 통해 완전히 속량되었으며, 그 결과 신자는 예수의 이름으로 법적 권세를 부여받고 '새로운 피조물'로서 치유와 축복을

---

212 Calvin, 『기독교 강요』, 2.16.10.

213 Origen, *In Matthaeum* 16.8, trans. Henry Bettenson, *The Early Christian Fathers*(Oxford: Oxford University Press, 1956), 224. 그린, 『십자가와 구원의 문화적 이해』, 183에서 재인용.

누릴 수 있게 되었다.[214]

이러한 이해는 '믿음 치유'(Faith Healing)라는 실천적 사역으로 연결되며, 번영신학은 이사야 53장 4-6절과 베드로전서 2장 24절을 근거로 속죄와 육체 질병의 치유를 직결시키려 한다.[215] 그러나 이러한 해석은 신학적, 성경적 근거에 있어 심각한 문제점을 안고 있다. 대표적으로 존 오스왈트(John N. Oswalt)는 이사야서에서 말하는 "질고"가 단순히 육체 질병이 아니라, 인간의 죄와 타락을 은유적으로 표현한 것이라고 지적한다.[216] 그는 이사야서의 맥락이 '죄로 인해 깨어진 국가의 회복'을 지향하고 있음을 강조하며, 속죄와 질병 치유의 직접적 연결은 성경 전체 맥락과 부합하지 않는다고 비판한다.

더글라스 무(Douglas D. Moo) 역시 마태복음이나 복음서 전체에서 예수의 대속이 육체적 질병 치유를 현재적 삶에서 보장한다고 암시하는 본문은 존재하지 않으며, 신자는 부활의 때가 올 때까지 여전히 질병과 죽음의 현실 속에 놓여 있다고 설명한다.[217] 이러한 견해는 '이미-아직'의 종말론적 틀 안에서, 하나님께서 신자의 고난과 질병을 성숙과 하나님과의 친밀함을 위한 수단으로 사용하신다는 신학적 해석을 가능케 한다.

---

214 Kenneth E. Hagin, 『속량』, 김진호 역(서울: 믿음의말씀사, 2008), 9.

215 마태는 예수께서 귀신들을 쫓아내고 병든 자들을 고치는 사역을 설명하면서, 선지자 이사야의 예언 "우리의 연약한 것을 친히 담당하시고 병을 짊어지셨도다"를 이룬 것이라고 묘사한다(마 8:14-17).

216 John Oswalt, *Isaiah: The Niv Application Commentary: From Biblical Text- to Contemporary Life*, The Niv Application Commentary Series(Grand Rapids, MI: Zondervan, 2003), 585; John Goldingay, *Isaiah*, New International Biblical Commentary(Peabody, MA: Hendrickson, 2001), 304-5.

217 Douglas J. Moo, "Divine Healing in the Health and Wealth Gospel," *Trinity Journal* 9, no. 2(1988): 204.

끝으로 브루스 라이헨바흐(Bruce R. Reichenbach)는 신명기 32장 39절을 근거로 하나님께서 질병과 치유 모두의 주권자이심을 강조하면서, 질병이 반드시 죄의 결과만은 아님을 지적한다.[218] 이는 요한복음 9장 2-3절에서 예수께서 맹인의 고통을 하나님의 뜻과 영광의 계시로 해석하신 것과 맥락을 같이 한다.

요컨대, 번영신학의 치유 이해는 초기 교부들의 속죄 이론을 자의적으로 재해석하고, 성경의 본래 의도와 신학적 균형을 훼손함으로써, 신자의 현실적 고난과 하나님의 구속 사역을 단순화시키는 위험을 내포하고 있다. 이로 인해 치유와 축복의 개념은 오히려 복음의 본질인 십자가 신학을 약화시키는 결과를 초래한다.

이원론적 혼합주의 세계관: 번영신학의 신관과 세계관 비판

번영신학은 우주와 현실을 이원론적 관점에서 이해하며, 치유 중심의 속죄론과 결합하여 '믿음 치유 사역'을 이론적으로 정당화한다.[219] 이 신학은 인간이 본래 하나님의 본성을 지닌 존재로 창조되었

---

218 Bruce R. Reichenbach, "치유론", James K. Beilby, Paul R. Eddy 편, 김광남 역, 『속죄의 본질 논쟁』(서울: 새물결플러스, 2018), 87. 라이헨바흐는 자신의 주장의 근거로 신 28:15와 레 26:14-16에서의 하나님 말씀을 제시한다. 구약성경 전반에서는 지속적으로 하나님께서 질병으로 벌하시는 것을 볼 수 있다. 예를 들면, 언약궤를 탈취한 블레셋 사람들에게 악성 종기(삼상 5:6-12), 이스라엘 백성에게 역병(삼하 24:13), 모세에게 불만을 터뜨린 미리암에게 피부병(왕하 5:27) 등 하나님이 질병으로 벌하신 사례는 구약성경에서 자주 등장한다. 라이헨바흐는 이런 말씀을 근거로 모든 질병이 죄에 대한 하나님의 징벌적 성격이 있다고 주장한다.

219 번영신학의 주장은 고대 십자가 신학의 '사탄 배상설'이 주장하는 이원론에 근거한 것이며, 이에 대해 C. S. 루이스(Lewis)는 "만물의 배후에 동등한 독립적인 두 세력이 하나는 선하고 다른 하나는 악하다는 믿음, 그리고 이 우주는 두 세력이 영원한 전쟁을 벌이고 있는 전장이라는 믿음"이라고 설명했다. C. S.

으나, 타락 이후 사탄의 본성을 취하게 되었다고 주장한다. 이에 대한 조이스 마이어(Joyce Meyer)의 진술은 이를 단적으로 보여준다.

> 아담은 하나님의 말씀이 아니라 사탄의 말을 들음으로써 하나님이 처음에 사람에게 주신 땅의 통치권을 사탄에게 넘겨주었습니다. …그래서 고린도후서 4장 4절에서 사탄을 '이 세상의 신', 또는 '이 세상 체제의 신'이라고 부르는 것입니다.[220]

이러한 주장은 아담의 범죄로 인해 세상의 주권이 하나님에게서 사탄에게로 이양되었다는 견해를 담고 있다. 그 결과, 세상은 하나님과 사탄이 각각 동일한 권능을 행사하는 이원적 통치 체제 아래 놓이게 되며, 인간의 말과 믿음이 이 양대 세력을 작동시키는 열쇠가 된다고 주장된다.[221] 즉, 인간의 '두려움에 찬 말'은 사탄을 움직이며, '긍정적인 믿음'은 하나님을 움직이게 한다는 것이다.[222]

그러나 이러한 관점은 하나님의 주권을 부정하고, 오히려 사탄을 우주의 공동 주권자로 격상시키는 신론적 왜곡을 초래한다. 더 나아가, 번영신학은 그리스도인조차 사탄의 영향을 받을 수 있다고

Lewis, *More Christianity*, 22nd pr. (New York: Macmillan, 1976), 48 참조. 이런 고대의 십자가 신학 이론을 '번영 교리'를 설명하기 위하여 사용하고 있다고 볼 수 있다.

220 Joyce Meyer, *The Word, The Name, The Blood*(Tulsa: Harrison House, 1995), 99-104.

221 Capps, *Authority in Three Works*, 49-53. 캡스는 하나님의 권위를 가지고 탄생한 아담이 사탄에게 굴복함으로써 하나님의 권위가 사탄에게 넘어가고, 사탄은 우주를 지배하는 신이 됐다고 주장한다.

222 Kenneth Copeland, *The Force of Face*(Fort Worth, TXT: KCP Publications, 1989), 11.

주장하며, 성령이 내주하는 신자를 '축사의 대상'으로 간주한다. 이는 성령의 전인 동시에 마귀의 거처가 될 수 있다는 모순된 입장을 정당화하며, 결과적으로 범신론적 혼합주의로 경도된다. 이러한 세계관은 인간의 연약함에서 비롯된 모든 죄책을 외적 악에 귀속시킴으로써 인간 책임의 회피를 정당화한다.

성경은 사탄이 하나님의 피조물에 불과하며, 창조주 하나님의 주권 아래 존재하는 유한한 존재임을 분명히 밝히고 있다(골 1:16; 시 148:1-5). 또한, 사탄이 그리스도의 기적을 흉내 내며 '모든 능력과 표적과 거짓 기적'을 행할 수 있을지라도(살후 2:9), 그에게는 죽음과 부활을 이기는 권세가 없다는 사실도 강조된다.

행크 해네그래프(Hank Hanegraaff)는 이와 같은 번영신학의 세계관이 초래할 신학적 위기를 다음과 같이 경고한다.

> 이러한 세계관이 초래할 위험은 실로 심각하다. 이는 성경이 계시하는 하나님을 전면적으로 파괴하는 개념이다. 곧, 전지전능하시며 자존하시고 초월적이며 영원하시며, 인간의 이성으로 온전히 파악할 수 없고, 보이지 않으며 비교할 수 없으며, 무한히 지혜로우시고 거룩하시며, 자신의 뜻에 따라 만물을 주관하시는 분(엡 1:11)으로서의 하나님에 대한 인식을 철저히 왜곡하는 것이다.[223]

물론, 성경은 하나님의 백성이 세상과 구별된 존재임을 강조하기 위하여 이원적 구조를 부분적으로 사용한다. 구약에서는 선택받은 이스라엘 공동체와 이방 세력을 대조함으로써 '구별된 거룩'의 개념을 강조하고, 신약에서도 유대 율법주의, 헬라적 이원론, 로마

---

223 Hanegraaff, 『바벨탑에 갇힌 복음』, 261.

의 정치 질서 등 다양한 배경 속에서 이원론적 표현이 나타난다. 그러나 성경은 어디서도 사탄을 하나님과 동등한 존재로 제시하지 않으며, 이원론을 형이상학적 대결 구도로 정립하지 않는다.

오히려 이원론이 범신론적 혼합주의로 전락할 수 있다는 점에서, 이러한 사상은 기독교 정통 신학의 본질적 위협이 된다. 번영신학은 하나님과 신자를 동일한 능력을 지닌 존재로 격상시키며, 신자 역시 예수처럼 기적을 행하고 치유할 수 있다는 신인동격적 세계관을 지지한다. 이는 하나님과 피조물 간의 근본적 차이를 무시한 채, 신적 능력을 인간의 손에 위임하려는 신성 도착적 신학이라 할 수 있다.

권수경은 이러한 경향을 '범신론적 심리주의'의 교회 침투로 분석한다. 그는 번영신학이 인간의 탐욕을 정당화하고, 우주의 신을 인간의 욕망을 충족시키는 수단으로 전락시킨다고 비판한다.[224] 번영신학이 제시하는 하나님은 성경이 계시하는 창조주이자 구속자의 하나님이 아니라, 인간의 긍정적 감정과 선언에 반응하는 도구적 존재로 재구성된다.

세상을 사탄의 세계와 하나님의 세계로 이원화하는 세계관은 그리스도의 만유 통치와 종말론적 승리를 부정하는 결과로 이어진다. 현대 사회에서 기독교는 문화적 상관성과 신앙의 독자성 사이에서 균형을 모색해야 한다. 교회가 세상과의 대화를 위해 복음의 본질을 양보할 경우, 정체성 상실이라는 위험에 직면하게 된다. 반대로, 복음의 독자성을 고수할 경우 세상과의 단절이라는 비판을 받을 수 있다.

---

224 권수경, 『번영복음의 속임수』, 155.

그러나 이 양극단 사이에서 기독교는 하나님의 주권적 통치와 사탄의 피조물됨을 전제로 한 균형 있는 세계관을 정립해야 한다. 하나님은 지금도 온 우주를 주권적으로 통치하시며(시 103:19), 사탄의 활동 역시 하나님의 허용적 뜻 안에서만 가능하다는 사실은 종말론적 소망의 근거이다. 번영신학의 이원론적 혼합주의는 결국 신관, 인간관, 구속관, 교회론에 이르기까지 기독교 신학의 전 영역을 왜곡시키는 사상적 기반으로 작동한다.

신자의 권세: 작은 신(God-man)의 신학적 위험

번영신학이 제시하는 인간론은 인간의 지위와 능력을 지나치게 고양시키는 특징을 갖고 있다. 이들은 인간이 하나님의 형상으로 창조되었다는 성경의 진술을 '복제' 혹은 '재생산'이라는 개념으로 해석하며, 인간을 본질적으로 신적 존재와 동등한 존재로 간주한다. 케네스 해긴(Kenneth Hagin)은 다음과 같이 주장한다.

> 인간은 하나님과 동등하게 창조되었으며, 하나님 앞에 어떠한 열등의식도 없이 설 수 있다. 하나님은 우리를 가능한 한 그분과 유사하게 창조하셨고, 하나님이 하나님이신 것처럼 우리를 그와 동급으로 지으셨다. 인간은 신의 영역에 속하며, 신자들은 그리스도라 불린다. 그것이 곧 우리다. 우리가 그리스도다.[225]

이러한 주장과 유사하게, 케네스 코플랜드(Kenneth Copeland)는 하나님께서 아담을 창조하신 목적이 '자신을 재생산하기 위함'이

---

225 Kenneth E. Hagin, *Zoe: The God-Kind of Life*(Tulsa: Kenneth Hagin Ministries, 1989), 35-6, 41.

었다고 주장하면서, 아담을 "작은 신"으로 규정한다.[226] 이들은 창세기 1장 26절의 "우리의 형상을 따라 우리의 모양대로"라는 구절에서 '모양'을 문자적으로 해석하여, 인간은 하나님의 정확한 '복제품'이라고 주장한다.[227] 이는 인간이 하나님의 축소된 반영이 아니라 동일한 능력을 지닌 복제물이라는 관점을 강조하려는 시도로 보인다.[228]

번영신학자들은 인간이 하나님과 동등한 존재라는 주장을 빌립보서 2장 6절의 "하나님의 본체"라는 표현에 근거를 둔다. 크레플로 달러(Creflo Dollar)는 이 구절을 인용하며, 신자들에게 반복적으로 "우리는 하나님과 동등하다"고 선포할 것을 요구한다. 그는 인간이 자신을 하나님과 동등한 존재로 인식하지 않는 한, 하나님의 뜻에 따라 영광스럽게 살 수 없다고 주장한다.[229] 조이스 마이어(Joyce

---

226 Kenneth Copeland, *Following the Faith of Abraham I*(Fort Worth, TX: Kenneth Coperland Ministries, 1989) 참조.

227 Charles Capps, *Authority in Three Words*(Tulsa: Harrison House, 1982), 15-16. 번영신학에서는 '모양'에 해당하는 히브리어 단어(데무트, likeness)가 문자적으로 '그 종의 정확한 복제'라고 해석하지만, 이런 주장은 창조주와 피조물의 차이를 파괴한다. '형상'(첼렘)이란 단어는 '새기다'(to carve)의 뜻을 지닌 어근에서 유래되었다. 따라서 이 단어는 주로 동물이나 인간의 조각 모양을 묘사할 때 사용한다. 또한 '모양'(데무트)은 '비슷하다'(to be like)의 뜻을 가진 어근에서 파생되었기 때문에, 창세기 1장의 '모양'이란 말은 '형상'이 닮았다는 것을 표현한 것으로 볼 수 있다. '첼렘'이란 단어가 강조하는 것은 하나님은 "원형", 그리고 인간은 그 "모형"이라는 것이다. '데무트'란 단어는 '형상'(첼렘)의 특징을 설명하는 단어로 닮았다는 의미로 사용된다. 성경은 이 같은 표현 양식을 통해 완전한 하나님의 형상으로 창조된 인간을 드러내고 있다. 이상원, "하나님의 형상과 그리스도인의 성품," 『신학지남』 82(4)(2015): 88-92 참조.

228 R. Laird Harris, Gleason L. Archer Jr., Bruce K. Waltke, 편집자들, *Theological Wordbook of the Old Testament*, 2권(Chicago: Moody Press, 1981), 1:192.

229 Creflo Dollar, "World Changers", 인터넷 방송, 2002년 5월 23일.

Meyer) 역시 동물이 새끼를 낳으면 같은 종의 동물로 불리듯, 하나님의 형상으로 창조된 인간은 '작은 신'들이라고 주장한다.[230]

이에 대하여 기독교 이단연구기관인 '기독교연구소'(CRI)의 설립자 행크 해네그래프(Hank Hanegraaff)는 이러한 주장이 빌립보서 2장 6절에 대한 심각한 오해이자 왜곡이라고 지적한다.[231] 인간은 하나님의 형상대로 창조되었으나, 하나님의 '본체'는 아니며 따라서 전지전능하거나 영원한 존재가 될 수 없다(욥 7장 참조). 번영신학이 신자를 하나님의 '작은 신'으로 격상시키는 것은 신자에게 자신의 욕망을 이루는 '절대적 능력'을 부여받았다는 왜곡된 성경 해석의 결과이다.[232]

예컨대, 번영신학자들은 요한복음 10장 31-39절을 문자적으로 해석하여 예수께서 "너희가 신이라 불리웠다"(요 10:34)는 발언을 근거로 신자들이 실제로 '작은 신들'이라고 주장한다.[233] 그러나 본문의 문맥은 예수께서 유대인들의 신성모독 고발에 반박하기 위해 시편 82편 6절을 인용한 것으로, 반어적 표현이자 예수 자신의 메시아성을 변호하기 위한 수사적 장치이다. 시편 82편은 '엘로힘'(אֱלֹהִים)이라는 히브리어 단어를 사용하여 권력자 혹은 재판관을 신이라 부

---

230 Joyce Meyer, "Joyce Meyer-Little Gods," Kerrigan Skelly 방송

231 Hank Hanegraaff, *Christianity in Crisis: 21ˢᵗ Century*, 김성웅 역, 『바벨탑에 갇힌 복음』 (서울: 새물결플러스, 2010), 231.

232 F. F. Bruce, *The Gospel of John*, 서문강 역, 『요한복음』 (서울: 도서출판 로고스, 1996), 411.

233 인간을 '신들'이라는 단어로 지칭하여 사용하는 것은 드물지만, 구약 성경에서 이러한 사례가 발견된다. 예를 들면, 하나님이 모세를 바로에게 설명할 때, "볼지어다 내가 너를 바로에게 신 같이 되게 하였은 즉"(출 7:1)이라고 말씀하셨다. 이는 모세를 하나님의 대표자로 바로 왕에게 소개하는 장면이다. 또한 '엘로힘'은 출 21:6과 22:8, 9, 28에서 '재판장'으로 번역되었다.

르지만, 이들이 결국 인간처럼 죽고 하나님의 심판을 받게 될 것임을 경고한다(시 82:6-7).

창세기 3장 5절의 "하나님과 같이 되리라"는 뱀의 유혹 역시 이러한 '신격화된 인간' 개념의 기원을 보여준다. 인간은 하나님처럼 되려는 시도를 통해 자유와 은혜를 상실했으며, 하나님처럼 되지도 못했다. 성경은 인간이 하나님의 형상대로 지음 받았음을 말하지만, 그것은 창조주와 피조물의 관계를 전제로 하는 표현이다.

번영신학은 또한 하나님과 인간의 관계를 성경적 계시와 달리 왜곡한다. 노먼 빈센트 필의 제자인 로버트 슐러(Robert Schuller)는 하나님을 범신론적 존재로 설명하고, 하나님과 아담의 관계를 부부관계로 이해하여 인간의 지위를 자녀에서 배우자로 격상시킨다. 그는 아담의 후손은 여전히 자녀의 권리를 소유한다고 주장하며, '자녀의 영광은 곧 부모의 영광'이라는 논리를 전개한다. 이러한 슐러의 인간론은 인간의 자존감을 강조하며, 하나님의 형상에 기초한 인간의 존엄성을 '정서적 생득권'으로 환원시킨다.[234]

그러나 성경은 하나님의 자녀됨을 창조가 아니라 '재창조'와 '구속'의 결과로 본다(약 1:18; 요일 5:1). 권수경은 슐러의 관점이 죄에 의해 상실된 인간의 존엄성과 구원의 필요성을 간과하고 있으며, 단순히 '하나님의 형상'이라는 이유만으로 모든 인류를 하나님의 자녀로 간주하는 것은 심각한 신학적 오류라고 비판한다.[235]

234　Robert Schuller, *Self Esteem*(Waco, Texas: Word Books, 1982), 14-20.
235　권수경, 『번영복음의 속임수』 (서울: SFC, 2019), 227-9. 성경은 구원을 받아 하나님의 백성이 된 사람만을 하나님과 부자 관계로 묘사하고 있다. 예를 들면, 구약성서 사 63:16; 말 2:10 등이다. 신약성서에도 요 1:12과 요일 5:1에서 보는 것처럼, 그리스도를 믿는 사람이 하나님의 자녀가 된다고 가르친다.

나아가 번영신학은 그리스도의 신성과 양성론을 심각하게 훼손한다. 베니 힌(Benny Hinn)은 예수께서 스스로를 '인자'라 부르신 점을 들어 예수는 유한한 인간일 뿐이며, 성령의 도움이 없었다면 죄를 지을 수도 있었다고 주장한다.[236] 이러한 입장은 예수의 모든 사역과 부활이 성령의 능력 때문이라는 주장을 통해, 인간 역시 동일한 방식으로 성령과 연합하여 신적인 삶을 누릴 수 있다고 가르친다.

이러한 주장은 종교개혁 시기의 이단적 입장과도 유사하다. 루터의 동역자였던 안드레아스 오시안더(Andreas Osiander)는 칭의를 '본질적 의' 개념으로 이해하며, 그리스도의 신성이 신자 안에 내주한다고 주장하였다.[237] 칼뱅은 이를 강하게 반박하면서, 신자와 그리스도와의 연합은 성령의 중재를 통한 간접적 연합이지, 신적 본질의 내주가 아니라고 강조하였다.

결론적으로, 번영신학은 인간을 신격화함으로써 성경의 창조관, 구원론, 기독론을 왜곡하고, 인간의 자율성과 능력을 과도하게 부각시킨다. 그 결과, 예수 그리스도의 유일성과 신성을 희석시키고, 인

---

236 Benny Hinn, *Good Morning, Holy Spirit*(Nashville: Thomas Nelson, 1990), 134-137.

237 John Calvin, *Institutes of the Christian Religion*, 문병호 역, 『기독교 강요』 (서울: 생명의말씀사, 2020), 3.11.5. 인문주의자요 종교개혁자 오시안더(Andreas Osiander)는 헬라어, 라틴어, 아람어, 히브리어에 정통할 뿐만 아니라 유대교 신비성에 깊은 지식의 소유자다. 오시안더는 원래 인골슈타트대학교에서 루터와 상반된 신학적 견해를 갖은 요한 에크(J. Eck)의 제자였지만, 루터가 1517년 95조를 발표한 후 루터에게 호감을 가졌다. 그러나 그는 루터의 이신칭의에 대한 다른 신학적 견해를 주장하여 종교개혁 당시 신학적 긴장을 가져왔다. 오시안더는 믿음을 통해 신자에게 '그리스도의 의'가 내주하기 때문에 '본질적 의'를 구성한다고 주장한다.

간 중심의 신학으로 전락한다. 이러한 인간론은 복음의 본질을 훼손하며, 기독교 신앙의 근본을 위협하는 심각한 신학적 문제를 내포하고 있다.

제10장 번영신학의 핵심 개념 분석

　번영신학의 왜곡된 십자가 신학은 특정한 신학적 특징으로 귀결된다. 그 핵심은 "하나님을 섬기면 반드시 부유하고 건강하게 된다"는 주장으로 요약된다. 번영신학은 '번영'만이 하나님의 뜻이라고 보며, 물질적 축복은 하나님의 영광을 드러내는 확증으로서 신자의 삶에 나타나야 한다고 주장한다. 이와 같은 관점에서 번영신학은 질병과 가난을 단순한 고난이나 시련이 아니라 죄악의 결과이자 사탄에게 패배한 삶의 표지로 간주한다.

　물론 성경에서도 하나님께서 자기 백성에게 부와 건강을 허락하신다는 기록이 반복적으로 등장한다. 그러나 이러한 축복은 궁극적으로 신자가 하나님과 더욱 깊은 교제를 이루도록 이끄는 수단에 불과하며, 번영신학이 주장하듯 구원의 필연적 결과로 해석되기 어렵다. 번영신학의 물질관은 하나님 중심의 신학이라기보다는 인간의 욕망과 유익을 중심에 둔 인간중심적 신학이라는 비판에서 자유롭지 않다.

특히 번영신학이 주장하는 부와 건강은 근본적으로 인간의 이기심과 자기실현의 욕구에 부합하는 내용을 담고 있으며, 이는 성경적 가르침과의 불일치를 야기한다. 그럼에도 불구하고 이러한 주장이 여전히 많은 이들에게 매력적으로 수용되는 이유는 무엇인가? 본서는 그 원인을 번영신학이 '기도', '믿음', '축복'에 대해 내리는 신학적 해석이 하나님의 주권이나 구속의 목적보다는 인간의 욕구 충족에 집중된 결과임을 지적한다. 결국 번영신학의 신학적 구조는 십자가의 본질을 왜곡함으로써 기독교 신앙의 중심을 인간 중심적 기대와 경험으로 전도시키는 심각한 문제를 드러낸다.

기도와 믿음: 선언적 신앙과 성취 담론

번영신학은 예수 그리스도의 십자가 죽음과 부활을 믿는 자들이 죄와 질병으로부터 완전히 속죄 받은 사건으로 해석한다. 이들은 속죄를 단지 영적 구원의 차원에 국한하지 않고, 육체적 질병의 지배로부터의 해방, 즉 신자의 전인적 치유와 직결된 사건으로 본다. 따라서 신자는 속죄의 결과로서 예수 그리스도 안에서 '새로운 피조물'로 재창조되었고, 예수의 이름을 사용할 수 있는 '법적 권리'를 부여받았다고 주장한다. 이러한 권리를 현실화하는 도구로서 번영신학은 '기도'와 '믿음'을 강조한다.

그러나 이 두 개념은 개혁신학적 전통에서의 이해와 본질적으로 차이를 보인다. 개혁신학은 믿음을 그리스도의 말씀에 대한 신뢰로 보고, 이는 하나님의 약속에 대한 전인격적 응답이며, 칭의의 도구이다.[238] 또한 기도는 하나님의 뜻에 복종하며 간구하는 경건의 수

---

238 Alister E. McGrath, *Luther's Theology of the Cross*, 김선영 역, 『루터의 십자가 신학』 (서울: 컨콜디아사, 2015), 283.

단으로 이해된다. 반면 번영신학은 기도와 믿음을 신자의 욕망을 실현하는 수단으로 이해함으로써, 이들을 하나님을 '움직이는' 행위로 변질시킨다.

번영신학에서 '기도'는 하나님을 인간의 뜻에 따라 반응하게 하는 수단이며, '믿음'은 하나님의 능력을 발동시키는 인간의 영적 힘으로 이해된다. 이처럼 기도와 믿음이 강조되는 구조 속에서 인간의 행위성이 부각되며, 이는 신앙을 하나의 '영적 기술'로 환원시키는 위험을 내포한다.[239] 이러한 왜곡은 단지 잘못된 속죄 이해에 국한되지 않고, 본문을 문맥과 분리하여 자의적으로 해석하는 극단적 문자주의(literalism)에도 기인한다.[240]

한 예로, 번영신학은 빌립보서 4장 13절("내게 능력 주시는 자 안에서 내가 모든 것을 할 수 있느니라")을 신자가 원하는 모든 것을 이루는 능력으로 해석한다. 그러나 이 구절은 바울이 감옥에서 궁핍한 현실 속에서도 자족할 수 있었던 이유를 밝히며, 고난의 한복판에서도 하나님의 은혜에 만족할 수 있다는 신앙 고백이다. 따라서 본문의 "모든 것"은 '욕망의 실현'이 아니라 '모든 형편에서의 자족'을 의미한다. 번영신학은 이 구절을 문맥에서 분리하고, 바울의 자기희생적 고백을 신자의 욕망 실현에 대한 선언으로 변형시킨다.

또한 로마서 4장 17절("없는 것을 있는 것 같이 부르시는 이") 역시 하나님이 아닌 인간의 믿음이 현실을 창조한다는 논거로 오용된다. 그러나 이 구절은 하나님의 전능하심을 찬양하는 맥락이며, 생명을

---

239 Hanegraaff, 『바벨탑에 갇힌 복음』, 379-80.
240 여기서 문자주의란 성경에 기록된 글자 그대로를 본문의 성격과 전후 문맥, 장르와 문학 장치를 파괴하면서까지 있는 그대로 받아들이려는 주장을 고집하는 경우를 말한다.

주시는 하나님의 주권적 행위에 대한 고백으로 읽혀야 한다.

이러한 경향은 케년(E. W. Kenyon)과 해긴(Kenneth Hagin)에게서 명확히 드러난다. 이들은 하나님의 말씀은 해석 없이 문자 그대로 받아들이고 반복적으로 고백할 때, 실제적인 능력이 발현된다고 주장한다.[241] 해긴은 말씀을 선포하는 '말' 자체가 믿음의 실체를 현실로 창조한다고 보며, 부정적 언어는 은혜를 소멸시킨다고 경고한다(벧전 3:10; 눅 6:45; 엡 4:29-31; 약 3:6; 시 141:3 참조).[242]

기도의 개념에서도, 번영신학은 신자와 하나님 사이의 '협력'을 강조한다. 케년은 창세기 18장에서 아브라함이 하나님과 대면하여 중재한 사건을 언약적 기도의 모델로 해석하며, 요한복음 15장 16절을 인용하여 "예수의 이름으로 구하면 반드시 이루어진다"는 주장을 정당화한다.[243] 기도는 단순한 간구가 아니라 이미 법적으로 확보된 권리를 '청구'하는 행위로 간주되며, 이는 기도가 하나님의 뜻에 순응하는 행위라기보다 하나님의 권능을 작동시키는 명령적 도구로 이해됨을 뜻한다.

믿음 또한 감각적에 의존하는 도마적 믿음과, 하나님의 약속에 근거한 아브라함적 믿음으로 구분된다. 후자의 경우, 하나님의 약속은 단지 영적 축복에 그치지 않고 건강, 치유, 물질적 부요 등 현

---

241 Kenyon, *The Two Kinds of Faith*, 20-65.
242 해긴은 그의 주장에 대한 근거로 로마서의 말씀 "사람이 마음으로 믿어 의에 이르고 입으로 시인하여 구원에 이른다"(롬 10:10)를 인용하여 설명한다.
243 Kenyon, *The Two Kinds of Faith*, 135. 케년은 기도를 '신선한 주문'이라고 주장한다. 그는 요 15:16인 "너희가 나를 택한 것이 아니요 내가 너희를 택하여 세웠나니 이는 너희로 가서 과실을 맺게 하고 또 너희 과실이 항상 있게 하여 내 이름으로 아버지께 무엇을 구하든지 다 받게 하려 함이니라"를 암기하고 반복해서 선포할 것을 주문한다.

세적 번영을 포함한다고 여긴다. 이러한 이해는 성경적 믿음을 하나님 중심의 신뢰에서 인간 중심의 성취 수단으로 환원시킨다. 케년(E. W. Kenyon)은 믿음을 두 가지 유형으로 분류하였다.[244] 첫째는 '감각적 지식'(Sense Knowledge)에 근거한 믿음으로, 이는 오감(五感)을 통해 인식한 물질적 현실에 의존하는 믿음, 곧 보고 듣고 만진 것을 전제로 하여야만 신뢰가 가능한 믿음이다. 이러한 믿음은 궁극적으로 육체적 경험에 기반한 것으로, 성경이 말하는 구속적 신앙과는 본질적으로 구별된다. 둘째는 '계시의 지식'(Revelation Knowledge)에 근거한 믿음으로, 이는 성령을 통해 계시된 하나님의 말씀에 대한 전적인 신뢰를 의미하며, 사도행전에 나타난 사도적 믿음의 형태로 설명된다. 케년에 따르면, 이 두 믿음은 질적으로 구분되며, 진정한 그리스도인의 삶은 감각적 지식이 아니라 계시의 지식에 기반한 믿음 위에 세워져야 한다.

번영신학이 기도와 믿음을 하나님의 말씀을 물질화하는 도구로 사용하는 데에는 실용주의와 물질주의가 깊이 자리하고 있다. 물론 신학이 현실의 필요를 무시할 수는 없으나, 교회가 물질적 축복과 성공이라는 당면 목표에 집중하게 되면, 신자들은 복음의 본질인 자기 부인과 자기희생의 길을 외면하고, 오히려 자신의 욕망 충족 수단으로 신앙을 활용하게 된다. 그 결과, 설교자들은 신자의 흥미를 유발하고 위로를 주는 메시지에 집중하게 되며, 교회의 중심 메시지는 영적 성숙이나 거룩함이 아니라 현실 문제 해결과 성취로 변질될 위험에 놓인다.

이러한 현상은 기도의 내용에서도 드러난다. 한국교회는 기도의

---

244 Kenyon, *The Two Kinds of Faith*, 30-48.

열정이 강점으로 평가되지만, 동시에 기도 내용이 샤머니즘적이며 인본주의적으로 기울고 있다는 비판을 피할 수 없다. 복음 초기에는 샤머니즘과 긴장 관계 속에서 복음의 순수성이 유지되었으나, 점차 기복주의와 타협하며 성공과 성장을 우선하는 경향이 강화되었다.

칼뱅은 구약 언약에서 물질적 축복의 약속을 인정하면서도, 그것을 무비판적으로 수용하는 태도를 경계하였다.[245] 그는 "자족 없는 탐욕"을 '치명적 질병'(pestis capitalis)이라 규정하였으며, 주기도문의 "일용할 양식" 구절을 통해 물질의 저장이 아닌 자족의 가치를 강조하였다. 이는 오늘날 번영신학이 요구하는 무제한적 축복 요청과는 본질적으로 상반되는 신앙 태도라 할 수 있다.

믿음 치유: 십자가 사건의 적용 범위에 대한 재해석

번영신학은 질병과 치유에 대한 독특한 해석을 제시하며, 이를 통해 신자의 전인적 구원을 주장한다. 이들은 예수 그리스도의 속죄 사역에 질병으로부터의 해방이 포함되어 있다고 보며, 신자가 '믿음의 기도'를 통해 하나님께서 보장하신 치유를 실제로 경험할 수 있다고 주장한다.[246] 특히 케네스 해긴(Kenneth Hagin)을 중심으로 한 번영신학자들은 신명기 28장과 갈라디아서 3장 13절을 연결하여, 질병을 '율법의 저주'로 간주하고 예수께서 그 저주로부터 신자를 '속량'하셨기에 이제 신자는 반드시 치유받아야 한다고 강조한다.[247]

---

245 Calvin, 『기독교 강요』, 3.20.44.

246 Heather Curtis, *Faith in the Great Physician: Suffering and Divine Healing in American Culture, 1860-1900*(Baltimore: The Johns Hopkins University Press, 2007), 10; Edith Blumhofer, "Life on Faith Lines: Faith Homes and Early Pentecostal Values," *Assemblies of God Heritage* 10(1990): 11-2, 22.

247 Kenneth E. Hagin, 『병을 고치는 하나님의 말씀』, 김진호 역(경기: 믿

이러한 주장은 마태복음 8장 17절과 베드로전서 2장 24절의 본문을 통해 지지되며, 치유는 단지 하나님의 뜻이 아니라 '신자의 권리'라는 신학적 구조로 연결된다.

이러한 해석은 이사야 53장 4-5절을 중심 본문으로 삼아, 그리스도의 고난과 질병의 연관성을 문자적으로 해석한다. 해긴은 이 구절을 통해 예수께서 신자의 질병을 '대속적으로' 짊어지셨다고 주장하고, 코플랜드(Kenneth Copeland) 역시 치유는 구원과 성령, 천국만큼이나 그리스도의 구속 사역에 포함된다고 주장한다. 그러나 이러한 주장은 성경 본문 해석의 문맥을 무시한 문자주의적 접근이며, 그 해석의 기반이 되는 본문의 신학적 흐름을 왜곡하는 결과를 낳는다.

고든 D. 피(Gordon D. Fee)는 갈라디아서 3장 13절에 나타난 '속량'(ἐξηγόρασεν)을 단지 질병의 치유와 연결시키는 것은 본문을 신명기의 저주 목록과 기계적으로 연결한 결과라고 지적한다.[248] 그는 바울의 논지는 인간이 어떻게 하나님 앞에 의롭게 설 수 있는가에 대한 구속사적 논쟁이며, 신명기 28장의 질병 저주를 염두에 둔 구절이 아니라고 주장한다. 마찬가지로 베드로전서 2장 24절의 '너희가 나음을 얻었나니'는 죄 사함의 은유적 표현으로 해석되어야 하며, 육체적 질병의 치유로 환원될 수 없다. 행크 해네그래프(Hank Hanegraaff) 또한 이사야 53장에 등장하는 '치유'는 본질적으로 영적 회복을 의미하며, 바울이 말한 종말론적 부활과 만물의 회복 안

음의말씀사, 2007), 27-33.

248 Gordon D. Fee, "부와 건강의 복음이라는 질병", 『탐욕의 복음을 버려라』, 김형원 역(서울: 새물결플러스, 2011), 30.

에서 이해되어야 한다고 지적한다.[249]

이러한 비판은 사도 바울의 삶과 신학에서도 확인된다. 바울은 고린도후서 12장 7-9절에서 '육체의 가시'를 언급하며, 자신의 고통이 하나님의 능력을 더욱 드러내는 도구가 되었음을 고백한다. 이 '가시'를 단지 외적 핍박으로 보는 시각도 있으나, 문맥상 이는 육체적 질병이나 신체적 고통과 연관된 것으로 보는 것이 자연스럽다. 바울이 이를 '사탄의 사자'라고 부르면서도 동시에 하나님의 허락하신 도구로 받아들이는 이중적 묘사는, 고통조차 하나님의 섭리 안에서 해석되어야 함을 보여준다. 더글라스 무(D. Moo)는 이 본문이 헬라 문학의 병행 서술 구조와 일치하며, 바울이 '약함'이라는 표현을 통해 신체적 연약함을 가리킨다고 해석한다.[250] 이는 신자의 고통이 반드시 제거되어야 할 '비정상'이 아니라, 때로는 하나님께서 신자의 겸손과 의존을 이끌어내기 위해 사용하시는 정당한 수단일 수 있음을 보여준다.

번영신학은 고난이나 질병을 신자의 '불신' 혹은 '부정적 언어'의 결과로 보며, 믿음은 곧 능력이며 말은 현실을 창조한다고 주장한다. 코플랜드는 "당신의 언어를 통제함으로써 사탄을 통제할 수 있다"고 주장하며, 해긴은 병든 자가 자신의 질병을 긍정함으로써 스스로 치유의 능력을 상실한다고 말한다.[251] 이러한 주장에 따르면, 질병 가운데 있는 신자는 신앙이 부족하거나 사탄에게 문을 열어준 존재가 되며, 이는 질병으로 고통 받는 신자에게 이중적인 고통과 정

---

249 Hanegraaff, 『바벨탑에 갇힌 복음』, 419.

250 Moo, "부와 건강의 복음이 말하는 신유", 121.

251 Kenneth Copeland, *The power of the Tongue*(Fort Worth, TX: Kenneth Copeland Ministries, 1980), 30.

죄감을 안겨준다. 그러나 성경은 경건한 신자들조차 질병을 경험했음을 분명히 한다. 바울은 복음 전파 중에도 육체의 약함 가운데 있었고(갈 4:13), 디모데에게는 포도주를 조금 쓰라고 조언했으며(딤전 5:23), 에바브로디도는 병들어 죽을 뻔했다고 기록된다(빌 2:27). 성경의 관점에서 볼 때, 경건한 삶과 질병은 모순되지 않는다.

이러한 비판적 관점은 구속의 '이미-아직'이라는 긴장 속에서 정당화된다. 신자는 이미 예수 그리스도 안에서 구속을 받았지만, 여전히 부패한 육체 가운데 거하고 있으며, 그 완전한 회복은 미래의 부활에 속한다. 현재의 질병과 고통은 구속이 완성되지 않은 상태를 보여주는 증거이지, 구속에서 제외된 상태를 의미하지 않는다. 고린도전서 15장과 로마서 8장은 신자의 몸이 궁극적으로 '속량'될 것을 약속하며, 이는 현재 고통 가운데 있는 신자들에게 위로와 희망의 근거가 된다. 따라서 모든 질병을 곧바로 사탄의 역사로 환원하거나, 신자의 책임으로 돌리는 번영신학의 구조는 성경적 조망에 위배된다.

예수 그리스도께서는 공생애 동안 수많은 병자들을 고치셨으며, 지금도 동일하신 능력을 지니고 계신다(히 13:8). 그러나 복음서 기록을 보면, 예수께서 모든 병자를 치유하신 것은 아니며, 치유의 목적은 단순한 신체 회복이 아니라 하나님의 나라의 표징이었다. 베데스다 연못가에는 많은 병자가 있었지만, 예수께서는 단 한 사람만을 고치셨다(요 5:1-9). 이러한 기록은 치유가 하나님의 주권과 목적 아래 이루어지는 선택적 은혜임을 시사한다.

믿음은 분명히 치유의 조건이 될 수 있지만, 치유의 보증은 아니다. 치유가 일어나지 않는다고 해서 신자의 믿음을 의심하거나 정죄할 수는 없다. 오히려 성경은 고난 가운데서도 하나님을 신뢰하는 믿음, 치유되지 않아도 그분을 따르는 믿음을 칭찬한다. 번영신학은 믿음을 능력화하고, 질병을 저주화함으로써 십자가의 의미를 왜곡할 위험이 있다. 참된 믿음은 육체의 형통보다, 하나님의 뜻에 대한 전적인 신뢰에 기초하며, 고통 중에도 하나님의 선하심을 고백하는 것이다. 신자는 병이 치유될 수도 있고, 치유되지 않을 수도 있으나, 그 모든 상황 가운데서도 하나님께 속해 있으며, 결국에는 부활의 영광 가운데 온전한 회복을 누리게 될 것이다(롬 8:18-25; 고전 15장).

물질적 축복: 아브라함 언약의 축소 해석

번영신학이 가장 강하게 주장하는 핵심 교리 중 하나는 신자의 물질적 번영이 하나님의 축복이며, 이는 신자의 믿음과 비례하여 주어진다는 개념이다. 이 신학은 아브라함과 맺은 하나님의 언약, 특히 '번영 언약'이라는 틀 속에서 부유와 건강, 형통의 약속이 그리스도인에게도 동일하게 적용된다고 본다.[252] 번영신학자들은 요한삼서 1장 2절—"사랑하는 자여 네 영혼이 잘됨같이 네가 범사에 잘되고 강건하기를 내가 간구하노라"—을 대표 본문으로 삼아, 영적 번영과 물질적 번영이 모두 하나님의 뜻이라고 해석한다.

케네스 해긴(Kenneth Hagin)은 출애굽기 23장 25-26절을 근거로, 하나님이 이스라엘을 애굽에서 구출하신 목적은 '치유, 건강, 물

---

252 Hagin, 『병을 고치는 하나님의 말씀』, 12-48. 해긴의 주장에 따르면, 하나님이 인간에게 내린 가난과 질병, 죽음의 저주는 예수 그리스도의 십자가 사건을 통해 '이미' 속량되었기 때문에, 인간은 하나님께서 아브라함에게 약속하신 복, 곧 부유함과 건강, 영생의 복을 받게 되었으며, 더 나아가 재물과 건강, 장수를 누릴 권리를 가지게 되었다는 것이다.

질적 풍요'의 복을 주기 위함이라고 주장한다.[253] 그러나 이러한 해석은 출애굽기의 신학적 중심을 왜곡한 것이다. 출애굽기의 초점은 하나님께서 자신의 백성을 고통스러운 종살이로부터 구원하여, 약속의 땅에서 하나님을 알고 그분께 예배드리는 제사장적 공동체로 삼으시는 데에 있다(출 3:7, 9, 12). 하나님의 목적은 단순한 물질적 해방이나 경제적 풍요가 아니라, 언약 백성으로서 하나님의 영광을 반영하는 삶을 살아가게 하려는 데 있었다.

이러한 성경의 신학적 흐름에도 불구하고, 번영신학은 '은혜와 영광의 하나님'만을 강조하며, 심판하시고 징계하시는 하나님의 면모를 거의 언급하지 않는다.[254] 류장현은 이러한 신학적 편향에 대해 "번영신학은 출애굽 사건의 목적을 물질적 축복으로 환원시켜 하나님을 물신(物神)으로 전락시켰으며, 축복의 본질을 성공과 동일시했다"[255]고 지적한다. 번영신학의 전형적인 해석 방식은 성경 본문의 전후 문맥을 무시한 채, 구절을 문자주의적으로 적용하여 물질적 성공이라는 틀에 억지로 끼워 넣는 방식이다.[256]

번영신학의 물질관은 이와 같은 해석에 기초하여 독특한 신론(神論)을 형성한다. 첫째, 하나님은 '풍성하신 하나님', 곧 신자에게 부유함을 아낌없이 주시는 분으로 이해된다. 해긴은 요한삼서 1장 2

---

253 Kenneth E. Hagin, 『더 좋은 언약』, 김진호 역(용인: 믿음의말씀사, 2008), 9-11.

254 Donald E. Gowan, 『출애굽 신학』, 박호용 역(서울: 성자출판사, 2009), 269 이하.

255 류장현, "번영신학에 대한 신학적 비판", 7-30.

256 Marcus J. Borg, 『기독교의 심장』, 김준우 역(서울: 한국 기독교 연구소, 2009), 73 이하. 보그는 이러한 성서 무오설과 축자 연감설에 근거한 성서 문자주의는 성서의 역사성과 은유적 표현을 무시한 해석이라고 지적한다.

절을 영적 축복뿐 아니라 육체적 건강과 물질적 번영이 포함된 하나님의 뜻으로 해석하며, 이는 하나님이 모든 신자에게 주시는 정상적인 삶의 모습이라고 주장한다.[257] T. D. 제이크스(T. D. Jakes) 역시 하나님을 '최고의 부자'로 묘사하며, 그분은 가시적이든 불가시적이든 모든 물질의 창조자이자 소유자이므로, 신자들이 하나님의 모든 재산을 상속받을 특권이 있다고 단언한다.[258] 신자가 거듭나 하나님의 자녀가 되면, 하나님의 가족으로서 그분의 풍요를 누리는 것은 당연하다는 것이다.

둘째, 하나님은 '엘 샤다이'(El Shaddai), 즉 "충분하고도 넘치는 분"(The God who is more than enough)으로 묘사된다. 해긴은 요한복음 14장 13절—"무엇이든지 내 이름으로 구하면 내가 시행하리니"—을 인용하며, 하나님은 신자의 필요에 따라 무에서라도 창

---

257 Kenneth E. Hagin, 『마이더스터치: 성경의 부요함에 관한 균형 잡힌 가르침』, 김진호 역(용인: 믿음의말씀사, 2009), 19. 해긴에 의하면, '번영하다, 형통하다, 잘되다(Prosper)'라는 의미의 헬라어 '유오도오'는 '길'을 뜻하는 '호도스'와 '좋은'을 뜻하는 '유'의 합성어로, '좋은 길' 또는 '형통한 여정'을 의미한다. 즉, 이 단어는 본래 '재정적 축복'을 직접적으로 의미하지 않는다. 그러나 해긴은 '번영'으로 번역된 '유오도오'가 고전 16:2에서 바울이 "매주 첫날에 너희 각 사람이 수입에 따라 모아 두라"고 말할 때 사용된 '수입'이라는 단어로 등장한다고 주장하며, 이를 물질적 번영의 근거로 삼는다. 또한 그는 요삼 1:2이 일반적으로 건강과 평안을 비는 인사말로 이해되지만, 그 강조점이 건강을 뜻하는 '휴기아이노'보다는 '번영'을 뜻하는 '유오도오다이'에 놓여 있다고 주장하며, 이 구절 역시 물질적 축복을 의미한다고 해석한다. Byung Hoon Kang, *Shema Dictionary Vol 5*(Seoul; Biblical Research, 1990), 410 참조.

258 T. D. Jakes, 『부자 하나님의 부자 자녀들』, 김유태 역(서울: 순전한나드, 2005), 12-15. 그 근거로 그는 엡 1:3에 "신령한 복을 주시는 하나님"을 들어 바울이 에베소 교회에 하나님을 "이 우주에서 최고로 부자이신 하나님"으로 소개했다고 주장한다. 인간은 예수 그리스도를 통해 최고 부자이신 하나님을 만날 수 있다고 주장한다.

조하여 채워주시는 분으로 해석한다.[259] 그는 구약에서 하나님이 이스라엘과 맺은 언약에 신실하셨던 것처럼, 지금도 예수의 이름으로 구하는 자에게 동일하게 역사하신다고 강조한다. 그러나 이러한 신론은 하나님의 전능성과 인격적 주권을 간과한 채, 하나님을 인간의 필요를 자동으로 응답하는 기계적 존재로 전락시키는 위험을 안고 있다.

특히 번영신학은 물질적 번영을 얻기 위한 실천으로 십일조와 헌금을 강조한다. 오랄 로버츠(Oral Roberts)는 '번영 언약' 개념에 '씨앗 믿음'(Seed-Faith)을 결합하여, 신자가 하나님께 헌금하면 반드시 더 큰 물질적 보상을 받는다는 '성공 법칙'을 주장한다.[260] 이 같은 주장은 하나님을 보상 중심의 존재로 해석하며, 인간의 신앙 행위에 대한 물질적 대가를 기대하는 보상 신학(reward theology)의 구조를 갖는다. 십일조와 헌금을 드리는 자는 물질적 축복뿐 아니라, 영적 성장, 육체적 건강, 정서적 평안까지 약속받는다고 선전된다.

문제는 이러한 구조가 하나님을 '자판기 신'(The Vending Machine God)으로 묘사하게 된다는 점이다. 신자는 동전을 넣고 원하는 것을 선택하듯, 헌금을 드리면 그 대가로 복을 받는다고 생각하게 된다. 하나님은 더 이상 주권적 인격이 아니라, 인간의 열심이나 믿음에 의해 움직이는 대상이 되어버린다. 이러한 신론은 하나

---

259 Kenneth E. Hagin, 『충만하고도 넘치는 하나님』, 김진호 역(용인: 믿음의말씀사, 2008), 20.
260 로버츠의 '성공 법칙'은 막 10:29-30에 있는 백배나 갚아 주시겠다는 약속에 근거하고 있다. T. D. Jakes, 『세상에서 가장 위대한 투자』, 조용만 역(서울: 상상북스, 2002), 99-103.

님을 우상처럼 소비하게 만들며, 결과적으로 신자의 신앙을 외형적 행위주의로 변질시킨다. 그러나 성경은 하나님이 인간의 믿음, 노력, 공로에 따라 자동적으로 보상하시는 분이 아님을 분명히 한다. 축복은 신자의 믿음이 아니라 하나님의 주권과 은혜에 근거한다.[261]

이신열은 이러한 번영신학의 물질 이해에 대해, "부, 건강, 행복 등에 대한 인간의 욕망을 기독교적 언어로 여과시켜 성경적으로 정당화하려는 시도"라고 비판하며, 이는 결과적으로 "예수 그리스도의 복음을 변질시키는 가르침"이라고 경고한다.[262] 하나님은 가난한 자도 높이시며, 부유한 자도 낮추시는 분이다. 인간은 풍요 속에서도 교만할 수 있고, 가난 속에서도 경건할 수 있으며, 모든 것은 하나님의 섭리 안에 있다.[263] 물질적 풍요는 은혜의 선물일 수 있지만, 그것이 신자의 신앙 상태를 평가하는 기준이 될 수는 없다.

따라서 물질적 축복은 하나님께서 어떤 이들에게는 필요에 따라 주시는 선물이지만, 그것은 어디까지나 하나님의 목적을 위한 수단이며, 결코 목적 그 자체가 아니다. 신자는 그것을 통해 하나님을 더욱 깊이 신뢰하고, 하나님의 나라와 영광을 위해 사용해야 하며, 자신의 축복을 타인의 유익을 위해 나누는 선교적 삶으로 살아야 한다. 칼뱅은 번영을 하나님이 신자를 성화시키는 도구로 사용하신다고 하였으며, 그 자체가 인간의 구속 목적이 될 수 없다고 보았다. 누가복음 12장 15절은 "사람의 생명이 그 소유의 넉넉함에 있지 않다"고 말하며, 마태복음 6장 33절은 "너희는 먼저 그의 나라와 그의

---

261 류장현, "번영신학에 대한 신학적 비판", 13.
262 이신열, "부에 대한 칼빈의 이해", 『행복한 부자연구』 3(2)(2014): 47-70.
263 Calvin, 『기독교 강요』, 1.16.5.

의를 구하라"는 말씀을 통해 그리스도인의 삶의 우선순위가 물질이 아니라 하나님의 뜻임을 분명히 한다.

번영신학은 인간의 욕망을 신학화하고, 축복을 거래화하며, 하나님을 도구화하는 위험한 교리다. 물질은 은혜의 방편이 될 수 있지만, 복음의 본질은 아니다. 진정한 복음은 십자가를 통해 하나님의 주권과 은혜가 드러나며, 그 은혜 속에서 신자는 가난하든 부유하든 오직 하나님의 뜻을 좇아 살아가는 삶으로 부름 받는다.

제11장 십자가와 번영의 신학적 관계

　신약성경의 핵심 메시지는 예수 그리스도의 십자가 고난과 죽음, 그리고 부활을 통하여 인류에게 주어진 '참된 축복'에 관한 계시이다. 이 축복은 단지 현세적 풍요나 외적 안녕에 머무는 것이 아니라, 죄에서의 해방, 하나님과의 화해, 그리고 종말론적 생명에 이르는 구속의 은혜를 포함하는 총체적 복을 의미한다. 신약의 복음서에 나타나는 예수의 지상 사역에서도 이와 같은 복음의 실재가 다양한 방식으로 드러난다. 예수께서는 가난한 자, 병든 자, 소외된 자들을 향해 긍휼을 베푸셨고, 이적과 기사를 통하여 하나님 나라의 도래를 증언하셨으며, 이는 하나님의 자비와 통치를 시현하는 상징적 행위로 이해되어야 한다.

　그러나 현대 한국교회 안에는 이러한 '복'의 신학적 깊이를 간과한 채, 복을 곧 현세적 성공이나 물질적 풍요로 등치시키는 경향이 만연하다. 김의환이 지적한 바와 같이, 복음을 물질적 번영과 동일시하는 해석은 복음의 본질을 왜곡하고 신자의 전인적 성숙을 방해하는 결과를 초래한다.[264] 이러한 현상은 단지 신학적 오해의 결과가 아니라, 한국 기독교가 오랜 시간 뿌리 깊게 형성되어 온 샤머니즘적 문화적 구조에서 벗어나지 못한 데에 그 원인이 있다. 샤머니즘은 초월적 존재를 인간의 욕구 충족의 수단으로 이해하며, 종교적 행위를 대가적 성취와 연결짓는 특징을 지닌다. 이러한 문화적 틀 안에서 한국의 많은 신자들은 성령의 사역조차도 자신들의 필요를 채우는 도구로 오해하고, 기독교 신앙을 은혜에 대한 응답이 아니라 필요 해결의 수단으로 전락시키는 위험에 노출된다.

이와 같은 배경 속에서 기적과 축복에 관한 주제는 한국교회 내에서 여전히 중요한 논쟁거리로 남아 있다. 한편으로는 전통적 보수주의 진영에서 기적과 이적을 제한하거나 부인하는 경향이 존재하며, 다른 한편으로는 번영신학이 하나님의 능력을 이적과 기사에 의한 물질적 축복에 지나치게 집중함으로써 신비주의적 신앙 체험을 절대화하는 오류에 빠지기도 한다. 극단적 금욕주의와 번영주의 모두는 성경이 가르치는 복음의 균형을 왜곡하는 양 극단이다.

따라서 오늘날의 신자들은 이러한 양극단을 경계하면서, 성경이 말하는 '복'의 본질이 무엇인지에 대한 신중한 신학적 성찰이 요구된다. 아울러 물질적 '부'가 지닌 이중성, 곧 하나님의 선물로서의 측면과 인간의 탐욕을 자극하는 위험성을 함께 고찰할 필요가 있다. 특히 '십자가와 번영'이라는 긴장 구조를 신학적으로 재해석하고, 복음의 본질이 고난과 자기부인, 그리고 하나님의 주권적 은혜 안에서 드러난다는 사실을 회복하는 일은 오늘날 교회가 감당해야 할 시급한 과제라 할 수 있다. 이러한 작업은 단지 신학적 차원에 그치지

---

264 김의환, 『성경적 축복관』, 50-5.

않고, 목회적 현실과 성도의 삶을 성경적으로 재조명하는 데 유의미한 통찰을 제공할 것이다.

성경의 '복'과 십자가

성경에서 '복'에 대한 개념은 전 인격적이며 구속사적인 의미를 내포한다. 구약성경에서 '복'은 주로 히브리어 '바라크'(ברך)로 표현되며, 이는 본래 "무릎을 꿇다"라는 의미에서 파생된 단어로, 낮은 자가 높은 자를 향해 경배하며 송축하는 자세를 함축한다.[265] 이처럼 구약의 '복'은 인간의 공로나 자격이 아닌, 하나님의 절대적인 주권 아래에서 주어지는 은혜의 표현이며, 하나님과의 언약 관계에 기초한 삶의 결과로 이해되어야 한다.

신약에서는 헬라어 '율로게오'(εὐλογέω)가 이에 대응하며, 이는 '좋다'는 의미의 '유'(εὐ)와 '말씀' 혹은 '말하다'는 의미의 '로고스'(λόγος)가 결합된 말로서, 곧 '좋은 말씀' 또는 '축복된 선언'을 의미한다.[266] 신약성경에서 이 단어는 단순히 물질적 축복을 뜻하지 않고, 오히려 예수 그리스도의 십자가와 부활을 통하여 이루어진 구속 사건에 내재한 구원의 축복을 지시하는 신학적 용어로 사용된다(엡 1:3; 갈 3:9; 행 3:25-26). 곧, '율로게오'는 구약에서 약속된 하나님의 '복'이 신약의 예수 그리스도 안에서 실현되었음을 보여주는 용어이며, 그리스도인의 '구원'은 곧 십자가를 통해 주어진 특별한 축복이라는 복음의 본질을 요약한다.

구약에서 '복'을 나타내는 또 다른 용어는 '에쉐르'(אשר)로, 이는

265　나채운, 『주기도, 사도 신경, 축도』 (서울: 장로회신학출판부, 1995), 32.
266　기독교대백과 편찬위원회편, 『기독교대백과사전 2:교회-기들리스』 (서울: 기독교문사, 1996), 829.

하나님의 임재 가운데 살아가는 자가 누리는 복된 상태를 지시한다. 이는 신약에서 '마카리오스'(μακάριος)로 이어지며, 예수께서 산상수훈에서 말씀하신 '복이 있나니'라는 선언에 반복적으로 사용된다.[267] '마카리오스'는 단순히 외적 조건이나 인간의 공로에 기초한 복이 아니라, 하나님의 일방적인 은혜와 임재 안에서 주어지는 존재적 상태를 뜻하며, 영적 복과 구원의 확신, 하나님과의 관계 속에 거하는 자가 누리는 복을 중심으로 한다.

성경은 하나님께서 인간을 창조하신 직후 "생육하고 번성하라"(창 1:28)는 축복으로 인간의 삶을 시작하셨고, 성경의 마지막까지 하나님은 당신의 백성에게 '복 주시는 분'으로 묘사된다. 이러한 맥락에서, 성경적 '복'은 단순히 삶의 결과로 주어지는 유익이 아니라, 하나님의 자기 계시와 인격적 관계 속에서 발생하는 '언약적 축복'(covenantal blessing)이다. 창세기 12장 1-3절에서 아브라함에게 주어진 복의 약속은 곧 '씨'에 대한 언약이며, 이는 구약의 메시아 중심 사상의 핵심 근거로 작용하고, 결국 예수 그리스도의 십자가를 통해 완성되는 복의 서사를 구성한다.

이처럼 성경이 말하는 '복'은 영적 구원뿐 아니라, 물질적 필요의 공급, 건강, 번성, 공동체적 안정 등 포괄적인 개념을 담고 있으나, 그 중심은 언제나 하나님과의 올바른 관계 안에서 해석되어야 한다.[268] 물질적 부나 장수와 같은 복은 하나님과의 언약 관계 속에서

---

267 R. Laird Harris, Gleason L. Archer, and Bruce K. Waltke, *Theological Wordbook of the Old Testament*, vol 1(Chicago: Moody Press, 1981), 162.

268 김필균, "성경적 복(福) 이해와 실천—선교적 적용", 『한국실천신학회』 68(2020): 733-58. 서구의 희랍 사상은 축복을 '영적인 축복'과 '육신적인 축복'으로 이원화하여 이해하였다. 이러한 이원적 축복관은 하나님 나라와 세상, 그리고 현실 세계와 내세를 분리하며, 현실보다는 내세의 축복에 더 큰 가치를 부

누리는 결과이지, 그것이 곧 신앙의 본질이나 구원의 증표로 간주되어서는 안 된다.

참된 축복은 실천적 의미에서도 분명하게 드러난다. 복은 개인의 누림에 그치지 않고, '나눔'과 '섬김'이라는 공동체적 행위로 나타나야 하며, 복을 얻는 방법뿐 아니라 사용하는 방식 또한 거룩해야 한다.[269] 구약의 십일조, 안식일, 희년 등의 제도는 하나님께서 재물의 주인이심을 상기시키며, 신자가 하나님께 받은 복을 어떻게 사용해야 하는지를 교육하는 신정 정치적 장치였다.

클라우스 베스터만(Claus Westermann)은 성경에 나타난 축복을 두 가지로 구분한다.[270] 첫째는 하나님의 일방적인 은혜로 주어지는 축복, 곧 예수 그리스도의 십자가 안에서 이루어진 구속적 축복이다(민 6:27). 둘째는 인간의 행위나 삶의 결과로 주어지는 실천적 축복으로, 질병의 치유, 재물의 복, 공동체적 안정을 포함한다. 하지만 그는 이러한 축복의 이중성 속에서 신자가 추구해야 할 바른 태도를 제시한다. 곧 자신의 유익이나 문제 해결만을 위한 복을 구하는 태도는 자기중심적 왜곡이며, 참된 신앙은 그리스도의 십자가를 따라 고난에 동참하려는 신앙 고백으로 나타나야 한다(행 14:21; 마 10:38).

성경은 물질적 부유를 자동적으로 죄악시하지 않지만, 그것이

여하였다. 이와 같은 이원론적 가치체계는 이후 다양한 신학적 왜곡과 부작용을 초래하는 원인이 되었다. 그러나 성경은 영적 축복과 육신적 축복을 분리하기보다는, 이를 통합적으로 조망하는 관점을 제시하고 있다고 보는 것이 타당하다.

269 이상규, "부(富), 하나님의 축복인가 우상인가?: 성경에 나타난 부요의 양면성", 『통합연구』 11(1991): 110.

270 Westermann, 『성서와 축복』, 45-67.

경건의 표지나 신앙의 지표가 될 수 없음을 분명히 한다. 오히려 부유함은 하나님이 주신 은혜이자 청지기적 사명을 감당할 기회로 해석되어야 한다. 신명기 28장은 순종의 결과로 주어지는 물질적 축복을 명시하지만, 이것은 신약에 와서 영적 축복의 예표로서 그 의미가 확장된다. 에베소서 1장 3절은 하나님께서 창세전에 우리에게 "하늘에 속한 모든 신령한 복"을 주셨다고 말하며, 고린도후서 4장 8-10절은 현실의 고난 속에서도 그 복을 소유하고 있다는 사실을 강조한다.[271]

오늘날 자본주의 체제 안에서 물질은 삶의 실질적인 조건이자 문화적 우상이 되었다. 물질은 인간의 삶을 유익하게 하는 도구이지만 동시에 사람을 지배하고 우상화될 수 있는 위험을 내포한다. 따라서 교회와 성도는 물질적 부에 대한 분별력 있는 신학적 이해를 바탕으로, 맘몬의 위력에 저항하고 성경적 물질관을 회복해야 한다. 이러한 물질관은 금욕주의나 물신주의라는 양극단을 모두 지양하며, '하나님을 섬기듯 재물을 섬길 수 없다'(마 6:24)는 예수의 가르침에 근거하여, 재물을 하나님의 뜻에 따라 청지기적으로 관리하는 삶으로 나아가야 한다.

역사적으로 물질에 대한 인식은 크게 두 극단으로 나타났다. 첫째는 물질적 부유 자체를 죄악시하는 금욕주의이다.[272] 이는 세계를

---

271 김의환, "축복의 은혜와 고난의 은혜", 『기독교사상』 21(10)(1977): 12-3.
272 금욕주의자들은 물질적 부유에 대한 부정적 견해를 정당화하기 위해 주로 예수께서 하신 다음의 말씀을 인용한다. 곧 "여우도 굴이 있고 공중의 새도 거처가 있으되 인자는 머리 둘 곳이 없다"(마 8:20; 눅 9:58)라는 말씀과, "너희 중에 누구든지 자기 소유를 다 버리지 아니하면 능히 내 제자가 되지 못하리라"(눅 14:33)는 제자도에 대한 요구의 말씀이다. 이 구절들은 예수께서 제자들

이원론적으로 나누어, 영적 세계는 선하고 물질 세계는 악하다는 관점을 전제하며, 그리스도인의 경건을 물질의 포기와 연결짓는다. 이러한 경향은 중세 수도원 운동이나 빈곤 신학 안에서 자주 드러나며, 리처드 니버(Richard Niebuhr)가 말한 '문화와의 대립 유형'으로 분류된다. 그러나 이러한 태도는 물질세계도 하나님의 창조 세계이며, 하나님께서 선하다고 보신 질서의 일부임을 간과하는 결과를 낳는다. 목회자나 신자는 가난해야 한다는 고정관념은 때로 경건의 미덕처럼 보이지만, 실제로는 하나님이 주신 물질의 선한 가능성을 부정하는 금욕주의적 오류일 수 있다.

둘째는 물질적 부유를 신앙의 지표로 간주하는 물신주의이다. 이는 물질을 하나님의 축복의 증표로 간주하고, 재산의 많고 적음으로 하나님의 은혜를 측정하려는 태도이다. 이는 누가복음 12장의 어리석은 부자의 예에서처럼, 존재의 가치보다 소유의 가치를 우선하는 신앙적 왜곡을 초래한다. 특히 번영신학이 전형적으로 드러내는 이러한 물신주의는 긍정적 사고와 믿음의 선언을 통해 물질적 부를 끌어오는 것을 신앙의 정점으로 삼는다. 그러나 이는 결국 하나님보다 물질을 더 사랑하게 하고, 신앙을 자기확장의 수단으로 전락시키

에게 물질에 대한 집착을 버리고 하나님 나라를 우선하는 삶을 살 것을 요청하신 것으로, 자발적 헌신과 제자의 길에 따르는 희생을 강조하는 맥락에서 이해되어야 한다. 그러나 이러한 말씀은 결코 물질 그 자체를 부정하거나, 가난을 신앙의 본질로 삼으려는 의도를 담고 있지 않다. 오히려 이는 물질이 하나님의 사랑보다 더 큰 가치를 지닐 수 없다는 사실, 곧 "한 사람이 두 주인을 섬기지 못할 것이니…너희가 하나님과 재물을 겸하여 섬기지 못하느니라"(마 6:24)는 예수의 핵심 가르침을 뒷받침하는 언명으로 보아야 한다. 예수께서 제시하신 제자도의 기준은 하나님과의 관계에 있어서 절대적인 우선권을 요구하는 것이며, 이는 단순히 물질의 포기를 명령한 것이 아니라, 물질이 하나님보다 더 큰 가치를 갖게 되는 우상화의 위험을 경계한 말씀으로 이해되어야 한다.

는 우상 숭배로 귀결될 수 있다.

예수께서 말씀하신 "하나님과 재물을 겸하여 섬기지 못한다"(마 6:24)는 선언은 신자의 삶에서 물질이 차지하는 위치를 분명히 규정한다. 그리스도인은 재물을 누리되, 그것을 섬기지 않고, 오히려 재물을 통해 섬기는 삶을 살아야 한다. 재물은 나눔과 공동체적 책임의 통로가 되어야 하며, 사도행전의 초대교회처럼 가난한 자와 소외된 자를 위한 적극적인 재분배의 실천으로 이어져야 한다(고후 8:15). 삭개오의 회심과 재물 나눔(눅 19장)은 신자가 재물과의 관계를 청지기적 관점에서 새롭게 정립했음을 보여주는 대표적 본문이다.

결론적으로, 성경이 말하는 '복'은 단순한 현세적 번영이나 물질적 안정을 의미하지 않는다. 그것은 전인적 구원, 곧 하나님과의 언약적 관계 속에서 주어지는 은혜이며, 궁극적으로 이 땅에서의 번영을 넘어서 하나님의 나라와 의를 향한 소명 안에서 실현되어야 한다. 이와 같은 복의 개념은 '공동체 중심적' 십자가 신학 안에서 드러나며, 디아스포라적 정체성을 지닌 그리스도인의 삶 속에서 실천될 때 더욱 선명해진다.

물질적 번영의 신학적 양면성

성경은 물질적 번영을 상징하는 '부'(πλοῦτος, ploutos)에 대하여 긍정적인 유익과 부정적인 위험을 동시에 제시한다. 예수께서는 "재물이 있는 자는 하나님 나라에 들어가기가 심히 어렵다"(막 10:24)고 경고하시지만, 동시에 "사람으로는 할 수 없으되 하나님으로는 그렇지 아니하니 하나님으로는 다 하실 수 있느니라"(막

10:27)는 말씀을 통해 재물 역시 하나님의 은혜를 경험하는 통로가 될 수 있음을 밝히신다.[273] 곧, 재물은 인간의 탐욕을 드러내는 도구가 될 수도 있으나, 하나님의 주권 아래에서는 축복의 통로로 기능할 수도 있는 '양면성'을 지닌다.

인간의 역사 속에서 탐욕은 타락을 초래하고, 희생은 구속을 가져온다는 대칭적 원리가 증명하듯, 물질적 번영은 신자에게 이중적인 의미를 갖는다. 오늘날 한국교회 안에 자리한 '맘몬 신앙'과 성장지상주의적 사고는 교회의 타락과 사회적 신뢰 상실의 원인이 되었음은 부인할 수 없다. 그럼에도 불구하고, 성경은 다양한 형태의 축복을 증언하고 있으며, 인간이 축복을 바라고 추구하는 심리를 본질적으로 죄로 간주하거나 단선적으로 비판하는 것은 성경의 균형을 잃은 해석이라 할 수 있다.

"하나님과 재물을 겸하여 섬길 수 없다"는 주님의 말씀은 재물이 단지 외적 소유의 문제가 아니라, 인간을 지배하려는 우상적 힘을 내포하고 있음을 지적하는 선언이다. 이는 곧 재물을 철저히 배격하라는 뜻이 아니라, 하나님을 온전히 섬기는 데에 방해가 되는 우상적 기능에 대하여 경계하라는 경고이다. 대부분의 사람들은 재물을 의식적으로 숭배하지 않지만, 재물은 인간의 편리를 충족시키며 마음속 깊은 곳에 '신의 자리'를 차지하려는 성향을 띠며, 신자를 '하나

---

273 누가복음 18장에서는 유대교의 부자 청년이 영생을 원하였지만 부자인고로 재물을 포기하지 못하여 예수의 제자가 되는 것을 포기한 기사를 기록하고 있다. 예수의 재물 포기 요구는 그것이 자신의 제자가 되는 필수 요건이라기보다는 재물에서 비롯된 영적 위험성을 지적한 것이다. 재물의 과도한 욕심과 그 재물을 제대로 사용하지 못하는 부자 청년은 결국 망설이다 최고의 영적 축복을 포기하고 만다. 그레코-로만 문화를 잘 알고 있는 누가는 이 부자의 문제를 자신의 특별자료로 다루어 '성경적 물질관'을 설명하고 있다.

님과 재물을 동시에 섬길 수 있다'는 환상에 빠지게 만든다.[274]

김의환은 이러한 맥락에서 물질의 부정적 측면을 다음과 같이 지적한다. 곧, 재물을 자기중심적으로 사고하는 교만(잠 30:9), 하나님보다 돈을 더 사랑함으로써 발생하는 우상 숭배(롬 1:25; 딤전 6:10), 그리고 부와 권력을 통해 약자를 착취하는 구조적 죄악(약 5:1-4; 말 3:5) 등을 경계해야 한다고 강조한다.[275]

물질적 부유에 대한 기독교적 이해는 역사적으로 '청부'와 '청빈'의 논쟁을 야기해 왔다. 청부론자는 구약의 '순종-축복' 원리를 신약에서 '믿음-축복'의 원리로 대체하며 물질적 부유를 신앙의 열매로 이해하는 반면, 청빈론자는 부유함이 야기할 수 있는 맘몬주의적 위험성과 영적 타락 가능성에 주목한다.[276] 특히, 부유를 하나님의 축복의 표지로 간주하는 관점은 상대적으로 가난을 하나님의 축복에서 배제된 상태로 해석하게 되는 오류를 낳는다. 이러한 이분법적 축복관은 샤머니즘적 사고와 결합하여 '맘몬이즘'이라는 혼합주의 형태로 발전하였고, 이는 교회 안에 상업주의적 사고방식을 일반화시키는 데 일조하였다.[277]

칼뱅은 가난과 부의 문제를 단순한 경제적 현상이 아니라, 창조질서 안에서 인간과 하나님의 관계성으로부터 해석해야 한다고 본

274　앙드레 비엘러, 『칼빈의 경제윤리』, 홍치모역(서울: 성광문화사, 1985), 63-6.

275　김의환, 『성경적 축복관』, 95-9.

276　예수는 신약성경에서 37회의 비유 말씀 중 17회를 '부유' 또는 '재산'에 관한 비유를 말씀하시면서, 부유가 주는 축복과 동시에 재물이 내포하고 있는 우상성과 영적 위험성을 동시에 말씀하고 계신다는 점에 주목할 필요가 있다. 이상규, "부(富), 하나님의 축복인가 우상인가?", 109 참조.

277　이상규, "부(富), 하나님의 축복인가 우상인가?", 111.

다.[278] 그에 따르면, 인간은 하나님과의 언약 안에서 영적·물질적 축복을 누릴 수 있으며, 이는 예수 그리스도를 통한 구속사적 맥락 안에서 이해되어야 한다. 모든 소유가 하나님으로부터 왔다는 인식은 그리스도인으로 하여금 자족의 삶을 가능하게 하며(빌 4:11), 이는 곧 부유함 속에서도 절제하며, 가난함 속에서도 절망하지 않고 기쁨을 누릴 수 있는 신자의 자세로 이어진다.

로날드 S. 월리스(Ronald S. Wallace)는 칼뱅의 물질 이해를 '경멸'과 '향유'라는 양면성의 패러독스(paradox of duality)로 설명한다.[279] 칼뱅에게 '경멸'은 금욕주의가 아니라, 장차 올 하나님 나라의 풍요와 비교할 때 현세의 물질적 풍요에 대한 상대적 무가치함을 의미한다. 따라서 칼뱅은 물질을 탐욕적으로 추구하는 자세를 경계하고, 검소함(frugality)과 절제(moderation) 속에서 누릴 것을 권면한다. 한편, '향유'란 하나님이 자신의 백성에게 허락하신 물질적 축복을 감사함으로 누리는 삶의 태도를 의미한다. 이는 예수 그리스도의 십자가를 통한 구속과 창조 질서의 회복 안에서 물질적 축복 역시 하나님의 선물로 이해되어야 함을 뜻한다.

사도 바울은 예수 그리스도를 "부요하신 이로서 우리를 위하여 가난하게 되신 분"(고후 8:9)이라 증언하며, 요한계시록은 궁핍한 자를 "실상은 부요한 자"(계 2:9)라고 선언한다. 이는 곧 진정한 부요함이 외적 소유가 아니라 하나님 안에 있는 영적 충만에 있음을 지시한다. 성경은 물질적 풍요에 수반되는 인색함과 자기중심성을 경고하면서, 공동체 안에서 부유한 자가 가난한 이와 나눔으로 참된

---

278   Calvin, 『기독교 강요』, 1.15.4.
279   로날드 S. 월리스, 『칼빈의 기독교 생활원리』, 나용화 역(서울: 기독교문서선교회, 1988), 164-75.

'부요한 자'가 될 것을 권면한다.[280]

결론적으로, 물질을 경시하거나 절대화하는 태도는 모두 성경적 균형에서 벗어난 오류이다. 신자는 재물의 양면성을 인식하고, 그것이 불러일으킬 수 있는 영적 우상성에 대해 철저히 경계해야 한다. 동시에 재물의 사용에 있어서 하나님의 청지기로서의 책임을 인식하고, 공동체를 세우기 위한 수단으로 사용할 수 있어야 한다. 그렇지 않을 경우, 신자는 물질적 축복에 얽매여 그것의 노예가 될 위험에 처하게 되며, 나아가 탐욕과 방종의 삶에 빠질 수 있다. 그러므로 그리스도인은 물질 또한 하나님의 선물로 인식하며, 모든 소유를 하나님 앞에서 정직하게 관리하고, 하나님의 뜻에 부합하는 방식으로 사용하는 경건한 청지기의 자세를 견지해야 한다.[281]

아브라함 언약과 십자가의 복

번영신학은 '번영'의 신학적 근거를 '아브라함 언약'에서 찾는다. 이들은 신자들이 아브라함의 믿음의 후손으로서 하나님께서 아브라함에게 약속하신 물질적 축복을 상속받았다고 주장한다. 분명히 하나님이 아브라함에게 물질적 복을 약속하신 것은 부인할 수 없는 성경적 사실이다. 그러나 번영신학은 아브라함 언약의 핵심이 단지

---

[280] 성경에서 '부유'(富裕)라는 단어는 주로 눈에 보이는 재물의 풍요함, 곧 외형적 재산의 많음을 의미할 때 사용된다. 반면 '부요'(富饒)는 재물의 많고 적음과는 무관하게, '마음의 풍요' 또는 하나님과의 올바른 관계에서 비롯된 내면적 충만함을 가리킨다. 예를 들어, 시편 기자는 "자기의 재물을 의지하고 부유함을 자랑하는 자"(시 49:6)를 경고하며, 이러한 자는 인색하여 속전을 위한 재물도 드리지 못하고, 형제를 하나님께 인도하지도 못한다고 말한다. 누가복음에서도 예수께서는 부자를 향해 "자기를 위하여 재물을 쌓아 두고 하나님께 대하여 부요하지 못한 자"(눅 12:21)는 어리석은 자라고 말씀하신다.

[281] Calvin, 『기독교 강요』, 3.10.3; 3.10.4; 3.10.5.

물질적 번영에 있지 않고, 메시아를 통한 구속의 약속이라는 사실을 간과하고 있다. 아브라함 언약은 타락 이후 하나님께서 인간에게 베푸신 '은혜 언약'이며, 구속사적 맥락에서 이해되어야 한다. 그럼에도 번영신학은 이를 물질적 축복 중심으로 해석함으로써 언약 적용에 있어서 본질적인 왜곡을 초래하고 있다.

이들은 갈라디아서 3장 14절의 "그리스도 예수 안에서 아브라함의 복이 이방인에게 미치게 하고"라는 구절을 인용하여 물질적 복이 지금도 유효하다고 주장하지만, 바로 이어지는 "우리로 하여금 믿음으로 말미암아 성령의 약속을 받게 하려 함이라"는 후반부를 생략하거나 축소함으로써 바울의 원래 의도를 왜곡한다. 바울이 강조한 것은 단지 현세적 복이 아니라, 그리스도의 십자가를 통해 주어지는 구원의 복과 성령의 약속이다.

성경은 인간이 율법의 저주 아래 놓인 상태에서 예수 그리스도의 십자가 죽음을 통하여 구원을 받고, 그 결과로 참된 '복'을 누릴 수 있다고 선언한다.[282] 십자가는 곧 복의 원천이며, 하나님께서 아브라함을 부르셔서 믿음으로 의롭다 하시고, 그 복이 모든 족속에게 미치게 하셨다는 창세기 12장 3절과 갈라디아서 3장 8절의 말씀은 이 점을 분명히 한다. 바울은 아브라함의 언약을 물질적 축복이 아닌, 구속사적 복의 전달 경로로 해석하며, 그리스도의 십자가 아래에서 모든 복이 성취된다고 주장한다.

하나님이 아브라함과 맺으신 '씨'(σπέρμα) 언약은 단순한 자손 번성과 땅의 소유만을 뜻하는 것이 아니라, 메시아이신 그리스도를

---

282 Barclay M. Newman, "Translating 'Seed' in Galatians 3.16, 19," *The Bible Translator*, 35(2)(1984): 334-6.

통해 인류 구원이 성취되는 언약이다. 창세기 15장에서 하나님께서 희생 제물 사이를 지나가시며 언약을 확증하신 장면은, 신학자 모타이어(John A. Motyer)가 지적하듯이, 십자가 사건의 전조로 이해된다.[283] 성서해석학자 존슨(H. Wayne Johnson)은 바울이 아브라함-그리스도의 대응관계를 구속사적 유형론으로 설명하고 있다고 주장한다.[284] 조셉 투루투마리(Joseph Thuruthumaly)는 아브라함의 복이 곧 성령의 약속과 '하나님의 의'로 실현되었다고 본다.[285]

갈라디아서 3장은 아브라함의 자손 개념을 혈통이 아닌 '믿음'으로 재정의하며, 유대인과 이방인을 포괄하는 새로운 구속 공동체를 형성한다. 바울은 '우리'라는 표현을 통해 유대인과 이방인 모두가 율법 아래 저주에 놓여 있었음을 지적하고, 그리스도께서 십자가에서 저주를 받으심으로 이 복을 믿는 자 모두에게 전달하게 하셨음을 밝힌다.[286] 아브라함의 자손은 혈통적 정체성이 아니라 믿음으로 말미암은 자들이며, 그리스도 안에서 그 유업을 이을 자로 규정된다(갈 3:29).

그러나 오늘날의 번영신학은 이 십자가 중심의 복 개념을 외면하고, 부활만을 강조하거나, 현세적 성공과 축복을 신앙의 중심으로 내세운다. 그 결과, 고난, 가난, 질병, 죽음과 같은 십자가의 의미는

---

283 Alec Motyer, *A Scenic Route Through the Old Testament*(London: Inter-Varsity Press, 1994), 50-70.

284 H. Wayne Johnson, "The Pauline Typology of Abraham in Galatians 3"(Ph. D. Thesis; Westminster Theological Seminary, 1993), 186-91.

285 Joseph Thuruthumaly, *Blessing in St. Paul*(Kerala: Pontifical Institute of Theology and Philosophy, 1981), 123.

286 이한수, "아브라함의 복과 율법의 저주 그리고 십자가 사건", 88.

왜곡되고, 신앙은 세속적 번영의 도구로 전락한다. 한국 교회 안에서는 전통적인 샤머니즘과 결합된 맘몬주의적 신앙이 뿌리내렸고, 이는 교회 공동체의 변질로 이어졌다. 예수께서 산상수훈에서 "천국은 가난한 자의 것"(마 5:3)이라고 말씀하신 것은, 십자가 영성의 관점에서 축복을 재정의하신 것이다. 하나님 나라의 복은 공동체적 회복과 구속의 완성 속에서 주어지며, 이는 고난을 통해 부활로 나아가는 여정 속에서 성취된다. 십자가 축복이 되는 이유는 단지 인내, 성숙, 섬김, 영광, 신뢰, 연대의 영성 때문만이 아니라, 바로 하나님의 구속사적 목적이 그 안에서 실현되기 때문이다.

그리스도의 고난은 인내의 모범이 되며, 히브리서와 야고보서에서 말하듯, 그 고난은 성숙과 거룩으로 나아가는 통로이다. 또한 십자가는 고난의 섬김을 상징하며, 복음을 위한 고난은 공동체를 향한 헌신으로 이어진다. 바울은 자신의 고난을 "그리스도의 남은 고난을 채우는 것"으로 이해하며, 복음의 확장을 위한 고난을 기꺼이 받아들인다. 더 나아가, 십자가는 부활의 영광을 예비하며, 모든 고난은 장차 나타날 영광에 참여하기 위한 준비 과정으로 해석된다.

이처럼 십자가는 단순히 고난의 상징이 아니라, 하나님의 사랑과 정의가 계시된 축복의 중심이다. 그리스도인의 삶에서 십자가는 곧 소망의 원천이며, 고난 중에도 하나님의 임재와 연대를 경험하는 지점이 된다. 그러므로 번영신학이 주장하는 일방적 축복 개념은 십자가 신학의 핵심을 상실한 것이며, 참된 축복은 십자가를 통해서만 가능하다는 점을 명확히 인식해야 한다.

제12장 번영신학에 대한 신학적 비판과 종말론적 재해석

　지금까지의 논의를 종합하면, 번영신학의 본질적인 신학적 오류는 그리스도의 십자가 사건에 대한 왜곡된 이해에서 기인한다. 번영신학은 표면적으로는 개혁신학의 대속 개념과 칭의론을 수용하는 것처럼 보이지만, 실제로는 칭의의 범주 안에 인간의 고통과 질병, 가난 등의 현실적 문제 해결을 포함시키고, 성화와 영화의 과정을 단회적인 십자가 사건 안에 선취시킴으로써 구속사의 시간성을 훼손한다.

　그 결과, 십자가는 고난과 자기부정의 길이라기보다는 곧바로 영광과 축복을 가져오는 도구로 해석되며, 신자는 고난의 참여자라기보다 승리의 수혜자로 간주된다. 이러한 신학은 결국 성도의 현실적 고통과 실패를 믿음 부족 혹은 죄의 결과로 간주하게 하며, 신학적 불균형을 초래한다.

　이러한 구조는 단순한 신학적 오해에서 비롯된 것이 아니라, 자본주의적 가치와 성공지향적 문화가 결합된 사회적 맥락과 밀접하게 연결되어 있다. 번영신학은 특히 미국과 한국의 산업화와 경제적 회복의 시기에 급속히 확산되었으며, 물질적 풍요에 대한 대중적 갈망을 신학적으로 정당화하는 기능을 수행했다. 계몽주의와 자유주의의 영향으로 초자연적 신앙 요소가 배제되고, 이성과 실용성이 신앙 판단의 기준으로 부상하던 근대의 전환기 속에서, 번영신학은 오순절 운동과 결합하여 '믿음 치유'와 '성령의 능력'을 강조함으로써 신자의 실존적 문제에 강력하게 호소하였다. 이러한 흐름은 교회의 양적 성장과 외형적 부흥에는 기여하였으나, 십자가 신학의 내적 깊이를 훼손하는 결과를 낳았다.

번영신학은 특히 기도와 믿음을 인간의 욕망 실현을 위한 도구로 변질시켰다. "구하지 아니하였기 때문에 얻지 못한다"(약 4:2)는 구절은 자주 인용되지만, "정욕으로 쓰려고 잘못 구하기 때문"(약 4:3)이라는 이어지는 문장은 철저히 무시된다. 기도는 하나님의 뜻을 분별하고 순복하는 수단이 아니라, 성공과 건강, 물질적 축복을 위한 청구 수단이 되며, 믿음은 하나님의 은혜에 대한 신뢰가 아니라 자기 암시적 능력이나 심리적 에너지로 오해된다.

이로 인해 기독교 신앙은 점차 자기계발적 실용주의 혹은 민속신앙의 형태로 전락하게 된다. 그러나 예수께서 십자가를 앞두고 드리신 "내 뜻이 아니라 아버지의 뜻이 이루어지기를 원하나이다"라는 기도는, 기도가 하나님의 뜻을 이루는 통로임을 명백히 보여준다. 신자는 자신의 욕망을 투영하는 것이 아니라, 하나님의 주권과 섭리를 신뢰하며 순복하는 태도로 기도해야 한다.

하나님의 창조 목적 안에는 인간의 전인적 번영이 포함되어 있었으나, 인간의 타락으로 인해 고통과 질병, 가난, 죽음이 세상에 들어왔다. 이에 대한 하나님의 구속적 응답은 창세기 3장 15절에 나타난 '여자의 후손' 약속 안에 처음 제시되며, 그리스도의 십자가 사건은 이 깨어진 번영을 회복하기 위한 결정적 전환점이다.

십자가는 단지 죄 사함을 위한 형벌의 장소만이 아니라, 상실된 하나님의 형상 회복과 창조 목적의 성취를 향한 구속사의 중핵이다. 따라서 구원은 영혼만이 아니라 육체와 공동체, 창조 전체를 포함하는 전인적 회복이며, 이는 이미 그리스도 안에서 시작되었으나 아직 완성되지 않았다.

문제는 번영신학이 이러한 구속사의 긴장 구조, 곧 '이미'와 '아직' 사이의 종말론적 틈을 무시하고, 십자가를 통해 모든 번영이 지금 이 땅에서 전면적으로 실현될 수 있다고 주장함으로써 신학의 보편성과 균형을 파괴한다는 점이다. 성경은 예수 그리스도의 초림을 통해 하나님의 나라가 이미 도래하였지만, 그 완성은 재림을 통해 성취될 것임을 명백히 증언한다.

신자는 하나님의 은혜를 부분적으로 경험하면서도 여전히 고난과 질병, 죄의 현실 가운데 놓여 있으며, 장차 완성될 하나님 나라를 소망하며 기다리는 존재이다. 바울은 이 긴장을 "우리도 속으로 탄식하며 몸의 속량을 기다리느니라"(롬 8:23)고 표현하며, 구원의 완성은 영화된 육체의 부활을 통해 이루어진다고 선언한다.

결국 신자의 삶은 현세적 번영의 충만함을 누리는 것이 아니라, 연약함과 고난 가운데서도 십자가 안에 감추어진 종말론적 소망을 붙들고 살아가는 여정이다. 진정한 번영은 자기 긍정을 통한 성취가 아니라, 그리스도의 십자가를 통한 자기 부정과 하나님 나라에 대한 믿음으로 가능하다. 이것이야말로 성경이 말하는 참된 번영이며, 십자가 신학의 보편성과 종말론적 지향 안에서 재조명되어야 할 핵심 진리이다.

제3부

십자가 신학의 보편성과 총체적 재구성

제13장 십자가 신학의 중심성과 현대적 요청

　기독교 신학의 중심에는 언제나 그리스도의 십자가가 자리하고 있다. 곧, 십자가 위에서의 그리스도의 죽음과 부활을 통해 성취된 대속 사역은 단지 신앙의 출발점이 아니라, 삼위일체론, 기독론, 구원론, 교회론, 종말론 등 기독교 신학 전반을 조망하고 통합하는 핵심 진리로 기능한다. 이러한 점에서, 속죄론(atonement)[287]은 단순

---

[287] 속죄(贖罪)라는 용어는 '죄에 대한 대가를 지불하고 다시 하나가 되는 것'을 의미하며, 본질적으로는 용서와 화해(행 7:25)를 목적으로 한 보상 행위(expiation)를 지칭한다. 전통적인 속죄론에 따르면, 그리스도의 속죄 사역은 라틴어 satisfacere(satis[충분히] + facere[행하다])라는 용어로 표현되며, 이는 '만족시키다', '빚을 갚다', '용서하다'라는 의미를 함축하고 있다. 이 용어는 구약성경의 히브리어 '가알'(לאג) 혹은 '고엘'(לאֹג)—즉, '무르다', '대속하다'는 의미—에 해당하는 개념에서 유래한 것으로 이해된다. 문병호, "그리스도의 무름"(satisfactio Christi), 『신학지남』 73(4)(2006): 329-332 참조. 구약성서에서는 속죄제사(레 4:20)는 하나님의 진노를 달래 드리고, 하나님과 화해(reconciliation)한다는 의미로 사용되었고, 신약성경에서 이 용어는 그리스도의 희생 사역에 적용된다. Benjamin Breckinridge Warfield, "Atonement," Reprinted from "The New Schaff-Herzog Encyclopedia of Religious Knowledge," ed. Samuel Macauley Jackson(NY: Funk and Wagnalls,

한 교리적 한 분과를 넘어 기독교 신학의 중심축이자, 구속사 전체를 관통하는 해석적 열쇠라 할 수 있다.

역사적으로도 십자가 신학은 다양한 시대적·신학적 요청에 응답하며 다면적으로 전개되어 왔다. 고대 교부 시대에는 사탄배상설(Ransom Theory)과 총괄갱신설(Recapitulation Theory)이 그리스도의 승리를 강조하는 방식으로 십자가 사건을 해석하였다. 중세에는 안셀무스의 만족설(Satisfaction Theory)이 신적 정의와 명예의 회복이라는 관점에서 중심적 위치를 차지하였고, 종교개혁기에는 보다 법적이고 구조화된 형벌 대속론(Penal Substitution Theory)이 전개되었다. 이와 같은 객관적 속죄 이론들은 신적 공의의 충족과 죄의 형벌이라는 차원에서 십자가의 의미를 규명하려는 시도였다.

그러나 이와 병행하여, 십자가 사건의 윤리적 감화와 내면적 변화에 주목한 도덕 감화 이론(Moral Influence Theory)도 지속적으로 제기되었으며, 현대에 이르러서는 은사주의 운동과 해방신학, 탈식민 신학 등 다양한 신학적 흐름 속에서 치유 이론(Healing Theory), 만화경 이론(Kaleidoscopic Theory) 등 새로운 해석들이 출현하였다. 이들은 십자가의 의미를 개인적·사회적 치유, 문화적 정체성, 생태학적 회복 등 다양한 영역에 걸쳐 재구성하려는 시도였

1908), 349-356 참조. 또한, 롬 3:25이 화목제물을 구약(레16장)의 '몸값을 지불하다'라는 의미로 쓰이는 '속죄'(키페르)와 같은 의미의 '힐라스테리온'(ἱλαστήριον)으로 번역한 것은 최소한 십자가를 '형벌 대속'을 통한 화목제물의 의미로 보았다고 볼 수 있다. 헤르만 바빙크(Herman Barvinck)도 '속죄' 개념을 구약의 속죄제사와 같은 맥락으로 보았다. Herman Barvinck, "Sin and Salvation in Christ," *Reformed Dogmatics Vol. 2*, ed. John Bolt, trans. John Vriend(Grand Rapids: Baker, 2003), 447-451.

다.

　이러한 다원적 전개에도 불구하고, 속죄론의 중심성을 견지하고자 하는 시도는 여전히 요청된다. 십자가 신학의 전통은 동방교회의 승리자 그리스도론(Christus Victor) 계열과 서방교회의 법적·대속적 이론(Penal Satisfaction Theories) 계열이라는 두 흐름으로 대별될 수 있다.[288] 전자는 우주적 악과의 싸움에서의 그리스도의 승리를 강조하며, 후자는 죄의 형벌에 대한 하나님의 공의적 만족을 중심에 둔다.

　오늘날의 신학적 요청은 이와 같은 이원적 구조를 단순히 반복하는 것이 아니라, 양자의 긴장을 창조적으로 통합하는 작업이다. 즉, 그리스도의 십자가 사건을 개인의 죄 사함과 구원의 차원에만 한정하지 않고, 우주적 회복과 종말론적 완성이라는 보다 확장된 신학적 시야에서 재해석하는 것이 요구된다. 이러한 재구성은 교회와 신자들이 직면한 현대 사회의 문화적·윤리적 위기, 종말적 불안, 영적 공허함에 대한 실천적 대답이 될 수 있다.

288　구스타프 아울렌(Gustaf Aulen)은 그의 저서 『승리자 예수』(*Christus Victor*)에서 속죄론을 세 가지 유형, 곧 고전적 견해(승리자 그리스도론), 객관적 라틴형 견해(만족설로 종교개혁 후에 대속 형벌론으로 발전), 주관적 견해(도덕적 감화설)로 분류했다. Gustaf Aulen, Christus Victor: An Historical Study of the three Main Types of the Idea of the Atonement, trans. A. G. Hebert(London: SPCK, 1969), 143. 또한 현대에 와서는 제임스 베일비(James K. Beilby)와 폴 에디(Paul R. Eddy)가 네 가지 속죄의 주장을 편집하여 『속죄의 본질 논쟁』(*The Nature of the Atonement*)을 출간하였다. 그것은 그레고리 A. 보이드의 '승리자 그리스도론', 토마스 R. 슈라이너의 '대속 형벌론', 브루스 R. 라이헨바흐의 '치유론', 그리고 조엘 B. 그린의 '만화경론'이다. 주관적 견해인 도덕적 감화설은 중세에 잠시 등장했다가 현대에는 거의 사라진 이론이고, 현대 사회에서는 '치유론' 또는 '만화경론'과 같은 속죄 이론을 주장하는 학자들이 나타나기 시작했다.

그러나 현대 신학의 일각은 여전히 십자가 신학을 대속과 칭의라는 교리적 국면에만 국한시키는 경향을 보이며, 그로부터 파생되는 성화의 지속성이나 종말론적·우주적 함의에 대한 충분한 통합적 이해를 결여하고 있다. 이로 인해 십자가 신학은 개인의 내면 변화나 사회·문화적 갱신을 이끄는 신학적 동력으로서의 힘을 상실할 위험에 직면해 있다. 번영신학(Prosperity Theology)의 확산 또한 이러한 축소된 십자가 이해의 결과 중 하나이다. 번영신학은 십자가를 회피하고 영광만을 강조함으로써, 고난의 신학을 왜곡하거나 배제하는 문제를 드러낸다.

이러한 상황에서 요청되는 것은, 성경 계시에 근거하면서도 전통 신학의 깊이를 포괄적으로 수용하고, 현대적 상황에 응답할 수 있는 "포괄적 십자가 신학"을 수립하는 것이다. 이 신학은 다음과 같은 네 가지 핵심 문제를 중심으로 전개될 수 있다.

첫째, 성경적 기초의 확립이 요청된다. 신약성경은 그리스도의 십자가 사건을 단지 과거의 대속적 사건으로만 제시하지 않고, 우주적이며 종말론적인 구속 계시로 해석한다. 특히 예수의 수난 예고와 바울의 신학은 십자가를 하나님의 지혜와 능력으로 제시하며, 피조 세계 전체를 회복시키는 하나님의 구속 계획의 중심 사건으로 이해한다. 이러한 성경적 통찰은 십자가 신학의 보편성과 중심성을 뒷받침하는 토대가 된다.

둘째, 역사적 해석 전통에 대한 비판적 재조명과 신학적 재구성이 필요하다. 속죄론은 기독교 역사 속에서 시대적 요청과 철학적 전제에 따라 다양한 방식으로 전개되어 왔으며, 특정한 시대적 해석에 의해 제한되었다는 비판을 받아왔다. 그럼에도 불구하고, 이러한 전통들은 여전히 유익한 신학적 통찰을 제공하며, 오늘날의 신학은 이를 단순히 폐기하기보다, 비판적으로 수용하고 창조적으로 갱신하는 작업을 통해 그 유산을 재구성해야 한다.

셋째, 교회 전통 간의 에큐메니컬 통합을 시도할 필요가 있다. 동방교회와 서방교회는 각각 존재론적·형이상학적 기반 위에서 상이한 속죄론적 구조를 발전시켜 왔다. 따라서 이들 간의 차이를 단순한 교리적 분열로 환원하기보다는, 특히 칭의와 성화의 관계를 중심으로 상호 비판과 통합의 가능성을 탐색함으로써, 십자가 신학의 에큐메니컬 확장을 도모해야 한다.

넷째, 종말론적·우주적 해석의 통전성 확보가 필수적이다. 그리스도의 십자가 사건은 단지 과거의 구속 사건에 머무는 것이 아니라, 현재의 성화와 미래의 회복을 아우르는 종말론적 시야 속에서 재해석되어야 한다. 곧, 속죄의 개인적 차원과 우주적 차원을 동심원적으로 통합함으로써, 십자가 신학은 전체 구속사의 중심 원리로 정립될 수 있다.

십자가 신학의 중심성을 회복한다는 것은 단지 과거의 교리를 반복하는 것이 아니라, 그 보편성과 정통성을 재확인하면서도 현대 세계 속에서 새롭게 재해석하는 신학적 작업을 의미한다. 그러한 작업이야말로, 십자가가 단순히 교리적 형식이 아니라, 오늘을 사는 그리스도인들의 존재와 소명을 규정하는 궁극적 신학적 원리임을 확인하는 길이 될 것이다.

제14장 성경에 나타난 십자가 신학의 기초

존 스토트(John R. W. Stott)는 그리스도의 십자가 죽음이 단지 유대인들의 악행에 의해 초래된 비극적 사건이 아니라, 본질적으로는 "성경대로" 성취된 것이며, 하나님의 주권적 뜻에 따라 이루어진 구속 사건임을 강조한다.[289] 그는 복음서에 나타난 묘사가 유대 종교 지도자들의 불의와 로마 권력의 폭력을 고발하고 있음에도 불구하고, 그리스도의 고난과 죽음은 궁극적으로 하나님의 섭리 아래서 이루어진 사건이라는 점을 분명히 한다.

사도 바울 역시 복음을 선포할 때, 청중의 배경에 따라 표현 방식은 달랐지만 동일한 핵심을 일관되게 전달하였다. 그는 유대인들에게는 아브라함, 이삭, 야곱에게 맺으신 언약에 비추어 예수 그리스도를 설명하였으며(행 13:23-30), 이방인들에게는 천지의 창조주 하나님을 전제로 삼아 복음을 설교하였다(행 14:15; 17:24-31;

---

289 John Stott, 『그리스도의 십자가』, 황영철, 정옥배 역(서울: IVP, 2007), 57-60.

28:25). 이처럼 어법과 접근 방식은 다르지만, 바울이 전하려 한 중심 메시지는 동일하다. 곧, 그리스도의 십자가 고난과 죽음은 하나님의 구속 경륜 속에서 성취된 사건이라는 것이다.

전통적으로 기독교 신학은 성경의 증언에 근거하여, 예수 그리스도께서 십자가에서 겪으신 고난과 죽음이 무엇을 의미하며 무엇을 성취하였는지를 다양한 신학적 방식으로 설명해 왔다.[290] 비록 예수의 십자가 죽음이 인류의 구원을 위한 속죄 사건이라는 사실은 신약성경 전체에 걸쳐 일관되게 제시되지만, 복음서들과 바울 서신은 그 죽음의 구체적 방식과 신학적 의미를 단일한 개념으로 정리하지 않는다. 그 결과, 신약성경은 십자가 죽음의 의미에 대하여 다양한 표현과 해석을 함께 제공한다.

예컨대, 바울은 "그리스도께서 우리 죄를 위하여 죽으셨다"(고전 15:3; 롬 5:6, 8; 고후 5:15), "우리를 의롭게 하시기 위하여 내어주셨다"(롬 4:25; 8:32), "악한 세대에서 우리를 건지시기 위하여 자신을 주셨다"(갈 1:4)라고 말함으로써, 십자가 죽음의 목적과 효과를 다각도로 진술한다. 이처럼 신약성경은 그리스도의 십자가 죽음을 다

---

[290] 사복음서는 모두 예수의 죽음을 기록하고 있다(마 26-27장; 막 14-15장; 눅 22-23장; 요 18-19장). 다만 죽음의 의미를 해석하는 방식이 복음서들끼리 다르기 때문에, 예수의 죽음에 대한 구원론적 해석의 기원에 관한 논쟁이 일어났다. 특히 예수의 죽음을 '대리적 속죄'로 받아들이는 해석이 구약성서와 유대 전통에서 유래하는지, 아니면 헬라화된 유대인 교회에서 변형되어 발전된 것인지를 놓고 많은 논쟁이 있다. 이 논쟁에 대해서는, Martin Hengel, *The Atonement: The Origins of Doctrine in the New Testament*, 전경연 역, 『신약성서의 속죄론』 (서울: 대한기독교서회, 2003), 18-20을 참고하라. 논쟁의 세부적인 사항을 다루는 것은 본성의 목적과 범위를 벗어난다. 다만 예수의 죽음에 대속적 의미를 부여하는 해석의 기원을 구약의 속죄제사와 이사야 53장에 나타난 유대 전통에서 찾는 것이 타당하다는 것이 필자의 기본 입장임을 밝히는 것으로 만족해야겠다.

양한 신학적 맥락에서 해석 가능한 사건으로 제시하면서도, 그것이 모든 문맥을 아우르는 중심 진리임을 동시에 증언한다.

복음서에 나타난 십자가의 의미

복음서 저자들은 예수의 언행과 자기 인식을 통하여 십자가 죽음이 지닌 구속적 의미를 서술하고 있다.[291] 복음서에 나타난 예수는 자신의 십자가 죽음을 단순한 운명적 사건으로 받아들이지 않고, 그것을 하나님께로부터 부여받은 사명으로 인식하며 적극적으로 제자들에게 그 의미를 계시하신다.[292] 예컨대, 요한복음 10장 18절에서 예수는 "아무도 내 목숨을 빼앗지 못한다. 내가 스스로 버린다"고 선언하면서, 자신의 죽음이 자발적 자기희생에 기초한 대속적 속죄 행위임을 분명히 밝힌다.

복음서들은 예수의 죽음이 지닌 목적을 다양하게 진술한다. 마태복음은 예수의 죽음을 "율법을 성취하려는 것"(마 5:17), 또는 "죄인을 불러 회개하게 하려는 것"(마 9:13)으로 묘사한다. 마가복음은 "많은 사람의 대속물로 자기 생명을 내어주기 위함"(막 10:45)이라 말하며, 누가복음은 예수께서 "잃어버린 자를 찾아 구원하려 오셨다"(눅 19:10)고 진술한다. 요한복음은 대제사장 가야바의 예언을 인용하여 예수의 죽음을 "한 사람이 백성을 대신하여 죽어 민족 전체가 멸망하지 않게 하려는 것"(요 11:50)으로 해석한다.

---

291 Mark D. Baker, Joel Green, *Recovering the Scandal of the Cross*, 최요한 역, 『십자가와 구원의 문화적 이해』 (서울: 죠이선교회, 2014), 61; Scott McKnight, *Jesus and His Death: Historiography, the Histrorical Jesus, and Atonement Theology* (Waco, Tex.: Baylor University Press, 2005).

292 박형용, 『바울 신학』 (수원: 합신대학원출판부, 2005), 116.

이와 같은 복음서의 증언에 근거하여, 초기 교회는 예수의 죽음을 자기희생을 통한 대속적 죽음으로 이해하였다. 이러한 인식은 단지 신학적 사유의 결과만이 아니라, 당시 그리스-로마 문화권 내의 역사적·사회적 맥락과도 밀접한 관련이 있었다. 고대 유대 전통에서 '헌신'(devotion)은 종종 한 개인이 공동체의 구원을 위하여 자신의 생명을 희생하는 행위를 의미하였고, 만약 그 희생이 실제 죽음으로 이어지지 않았을 경우, 그 사람은 종교적으로 불경한 자로 여겨지기도 하였다. 이와 같은 전통은 랍비 문헌에도 반영되어 있으며, "공동체가 한 사람 때문에 징벌을 받는 것보다 그 사람이 죽는 것이 낫다"는 식의 규율(Billerbeck 2.545f.)에 근거한다.

이러한 사상은 교부 신학 안에서 더욱 발전하였으며, 특히 알렉산드리아의 클레멘트 이후, 많은 교부들이 "한 사람의 머리가 많은 사람을 위해 바쳐진다"(unum pro multis dabitur caput)는 개념을 통해 예수의 대속적 죽음을 신학적으로 설명하였다. 이러한 전이는 복음서의 진술과 고대 헬라-유대 전통이 신학적으로 융합된 사례로, 그리스도의 십자가 죽음이 구속사적으로 지닌 대표성과 대리성을 부각시키는 해석 틀로 기능하였다.[293]

복음서에 기록된 예수의 말씀 가운데 그의 속죄 사역의 목적이 가장 분명하게 드러나는 본문은 마가복음 10장 45절과 14장 24절

---

293 Hengel, 『신약성서의 속죄론』, 42-6. 로마인들은 어려서 부터 자신이 속한 공동체를 위해 대신 죽는 이상(理想)을 익숙하게 알고 있었다. 이것은 당시의 문화에서 기본적 가르침 중 하나로 자신의 나라를 대신해서 자발적 '자기희생'이었다. 랍비의 규칙에는 백성을 구하기 위해서는 적들이 요구하는 사람을 적의 손에 넘겨주는 일이 있었다. 예를 들면, 삼하 20:22에 요압의 진노를 진정시키고 자기 백성을 구하기 위해 비그리의 아들 세바의 머리를 베어 넘겨 준 사건이 기록되어 있다.

이다. 이 두 본문은 예수의 십자가 죽음이 대속적 죽음(vicarious death)이었음을 입증하는 결정적인 성경적 근거를 제공한다.[294]

첫째, 예수의 이러한 자기 인식에 기초한 두 발언은 모두 구약성경의 역사와 언약의 맥락에 깊이 뿌리내리고 있다.[295] 마틴 헹엘(Martin Hengel)은 예수께서 임박한 죽음을 앞두고, 자신의 죽음을 이사야서 53장의 '고난 받는 종'의 예언과 출애굽기 24장 8절 및 스가랴 9장 11절에 나타난 언약적 희생제물의 피와 연결시켜 말씀하셨다는 점에 주목한다. 그는 이를 통해 예수의 죽음이 "많은 사람을 위한"(마 20:28; 막 10:45) 대리적 속죄의 죽음이라는 해석이 가능하다고 주장하며, 이는 구속사의 보편성과 포괄성을 아우르는 신학적 근거로 기능할 수 있음을 보여준다.[296]

둘째, 예수의 십자가에 대한 자의식은 당시 세속적 권력 질서 및 사회문화적 통념과 급진적으로 충돌한다. 로마제국의 지배 이데올로기 아래에서는 힘과 재력으로 권력을 획득하고, 지배계층은 이를 정당화하며 향락적이고 방종한 삶을 당연한 특권으로 여겼다. 이와 같은 체제는 가이사(Caesar)와 맘몬(Mammon)으로 상징되는 정치적·경제적 권력구조로 형상화되었으며, 예수의 제자들조차도 그러한 문화적 통념에 깊이 물들어, 하나님 나라를 현세적 정치 왕국

---

294 막 10:45은 로마 제국의 권력과 지위를 중시하던 문화 속에서, 예수의 제자들이 서로 으뜸이 되기를 원하던 상황을 배경으로 한다. 이때 예수께서는 "인자가 온 것은 섬김을 받으려 함이 아니라 도리어 섬기려 하고, 자기 목숨을 많은 사람의 대속물로 주려 함이니라"고 말씀하셨다. 또한 막 14:24에서 예수께서는 십자가의 죽음을 앞두고 제자들과 마지막 만찬을 나누시는 자리에서, 자신의 사명에 대해 "이것은 많은 사람을 위하여 흘리는 나의 피, 곧 언약의 피니라"고 선언하셨다.

295 Baker, 『십자가와 구원의 문화적 이해』, 63.

296 Hengel, 『신약성서의 속죄론』, 97.

으로 오해하고(막 10:37), 권좌의 좌우에 앉고자 하는 권력적 욕망을 서슴없이 드러냈다.

이에 대하여 예수는 "한 알의 밀이 땅에 떨어져 죽으면 많은 열매를 맺는다"(요 12:24)는 말씀을 통해, 자신의 죽음을 모든 이들을 위한 속전(贖錢, ransom)의 죽음으로 규정하시며, 힘과 폭력을 통한 권력 쟁취, 물질을 통한 구원 추구, 무력에 의한 평화 유지라는 세상의 질서를 근본적으로 전복하신다. 그의 이러한 자기규정은 단지 도덕적 반전을 의미하는 것이 아니라, 이스라엘의 구속사적 기억 속에 각인된 '역사적 은유'를 환기시키는 것이다.[297]

특히 예수의 속죄 죽음은 유월절 어린양이라는 구약의 희생제의 전통 속에서 가장 명확하게 조명된다. 죄로 인해 하나님의 심판 아래 있던 이스라엘 백성이 이집트에서 해방되고 구원을 얻게 된 것은, 유월절 어린양의 피가 상징하는 대속의 희생을 통해서였다. 이 유월절 은유는 이후 예언자들의 말씀을 통해 '고난 받는 종'에 대한 종말론적 메시아 기대와 결합되며, 신약의 십자가 신학의 기반을 형성한다.

그러나 안타깝게도, 예수의 제자들은 그의 십자가 죽음의 참된 의미를, 구약 성경의 가장 깊은 층위에서부터 예고된 '고난 받는 종 메시아'의 정체성과 연결짓지 못하였다. 그들은 예수의 죽음을 정치적 실패 혹은 구원운동의 좌절로 이해하였고, 부활 사건 이후에야 그 죽음의 대속적 의미를 온전히 인식하게 되었다.

그렇다면, 예수께서 자신이 감당해야 할 메시아적 죽음에 대하여 갖고 계셨던 자각과 통찰은 어디로부터 기인한 것인가? 이 중대

---

297 출 6:6-13을 참고하라. 하나님은 이스라엘을 애굽의 종살이에서 해방시킴으로써 대가를 지불하셨다는 예수의 증언을 이해하는데 큰 도움이 된다.

한 질문에 대해 톰 라이트(N. T. Wright)는 그의 저서 『예수와 하나님의 승리』(Jesus and the Victory of God)에서 예수의 자기 인식이 다음의 세 가지 주요 원천에 기초하고 있었을 것으로 추정한다.

> 첫째, 예수는 구약에서 예언자들의 고난 전통을 알고 계셨고(예: 느 9:26; 렘 2:30), 자신도 예언자들과 동일하게 버림받고 죽임을 당할 것을 예감하고 있었다. 둘째, 이사야가 고난 받은 종으로 묘사한 것처럼, 예수 당시의 고난 받는 종의 전통에서도 발견된다. 셋째, 유대주의 전통에서 보는 것처럼, 이스라엘의 구원은 근본적으로 하나님과 화해에 달려 있는데, 이스라엘 구원이 큰 고통을 통해서 올 것이라는 약속에서 비롯된 것이라고 볼 수 있다.[298]

톰 라이트가 제시한 유대 전통의 세 가지 원천보다 더 근원적인 차원에서, 예수께서 자신이 "많은 사람을 위한 대속"(막 10:45)으로 죽음을 감당하시는 이유는 '하나님의 변함없는 사랑과 성실'(hesed ve'emet)에 근거한다고 볼 수 있다. 곧, 예수의 자기인식과 그분의 사역 전반을 관통하는 구속사적 동기는 단순한 역사적 전통의 계승이 아니라, 하나님의 자비와 신실함이라는 언약적 성품에 뿌리를 두고 있다는 것이다.

신약성경 전체, 특히 복음서와 바울 서신은 이러한 관점을 반복적으로 증언한다. 요한복음 3장 16절은 "하나님이 세상을 이처럼 사랑하사 독생자를 주셨다"는 선포를 통해 예수의 대속적 죽음이 하나님의 사랑의 실천임을 밝히며, 로마서 5장 8절은 "우리가 아직 죄

---

298 N. T. Wright, *Jesus and the Victory of God*, vol. 2 of Christian Origins and the Question of God 2(Minneapolis: Fortress, 1996), 576-92.

인 되었을 때에 그리스도께서 우리를 위하여 죽으심으로 하나님께서 우리에 대한 자기의 사랑을 확증하셨다"고 선언한다. 골로새서 1장 20절 또한 그리스도의 죽음을 통해 "우리 죄를 위한 화목을 이루셨다"고 말함으로써, 대속적 죽음이 하나님의 구속 의지와 화해의 계획 속에 포함된 중심 사건임을 천명한다.

예수의 인격과 삶, 그리고 공적 사역 전반에 반영된 이러한 '대속적 죽음'의 의미는, 당시 로마 제국이 지배하던 사회적·문화적 패러다임과는 철저히 상반되는 전복적 세계관을 구현하는 것이었다. 사도 바울이 "유대인은 표적을, 헬라인은 지혜를 구하나 우리는 십자가에 못 박힌 그리스도를 전한다"(고전 1:22-23)고 고백했듯이, 그리스도의 십자가 사건은 당시의 종교적 기대와 철학적 가치 체계를 모두 거스르는 도전이었다.

예수께서는 소외되고 버림받은 자들—사회적 약자, 병자, 세리, 죄인들—에게 하나님 나라의 복음을 전하셨으며, 그들을 향한 신적 관심과 긍휼을 적극적으로 실천하셨다. 주와 선생으로서 스스로 제자들의 발을 씻기신 행위는, 신분과 계급이 질서의 기초였던 고대 사회의 가치 체계를 무너뜨리는 급진적인 행보였다(요 13:1-17). 누가복음 14장에서 예수는 스스로 '낮은 자리'를 선택하라고 권면하시며, 마가복음 9장 33-37절에서는 힘이 없고 사회적으로 하찮게 여겨지는 어린아이를 환대하는 자가 하나님 나라에서 큰 자라고 선언하신다. 이러한 예수의 가르침은, 유대교의 전통적 경건주의나 헬레니즘 철학 모두에서 찾아보기 어려운 파격적이며 전복적인 윤리적 요청이었다.

예수의 대속적 죽음은 단지 교리적으로 구원의 기제를 제공하는 사건을 넘어서, 하나님의 사랑의 성품, 자기 비움의 영성, 사회 질서에 대한 신학적 전복, 그리고 하나님 나라의 새로운 윤리를 통전적으로 드러내는 사건임을 신약성경은 일관되게 증언하고 있다.

예수의 모든 가르침과 삶은 성육신과 십자가의 죽음을 통해 완성된 대속적 속죄 사역을 중심으로, 자기희생과 나눔이라는 실천적 진리를 기독교 신앙과 윤리의 핵심 원리로 제시한다. 다시 말해, 예수의 대속적 죽음은 단지 수동적으로 당한 비극적 사건이 아니라, 죄인 된 인간을 구원하여 하나님 나라의 백성으로 삼으시기 위한 능동적 자기희생의 행위였다. 이와 같이 그리스도의 대속적 죽음을 통해 구원의 생명을 누리게 된 교회는, 그리스도의 본을 따라 살아가는 공동체로서, 희생과 나눔의 삶을 실천함으로써 세상 속에서 '빛과 소금'의 사명을 감당하게 된다. 교회는 그리스도의 사랑을 구현하며, 그 삶의 방식과 윤리적 실천을 통해 하나님 나라의 확장과 하나님의 영광을 드러내는 일에 동참한다.

결국, 복음서가 증언하는 예수의 삶과 죽음의 이야기—곧 낮아짐, 섬김, 고난, 자기희생으로 요약되는 생애 전체—는 교회가 신앙적으로 고백하고 삶으로 실천해야 할 십자가 신학의 원형적 모델을 제시한다. 십자가 신학은 단지 구원의 교리를 설명하는 틀에 그치지 않고, 교회의 정체성과 소명, 윤리와 실천을 규정하는 신학적·실천적 기초가 되는 것이다.

바울 서신에 나타난 대속적 죽음과 부활

바울 신학에서 십자가와 부활은 하나님의 주권적 구원 사역을 드러내는 중심 사건이다. 그는 예수 그리스도의 죽음을 인간의 자율적 선택이나 능동적 자기 희생이라기보다, 성부 하나님의 뜻에 순종하여 수동적으로 담당하신 대속적 죽음으로 규정한다. 동시에 부활 역시 그리스도의 능력이라기보다 성부 하나님이 성령의 권능으로 일으키신 사건으로 강조된다. 이처럼 바울은 그리스도의 죽음과 부활을 전적으로 하나님의 구속 계획 안에서 이루어진 수동적 사건으로 이해하며, 그 안에서 인류를 향한 하나님의 의와 사랑이 동시에 드러난다고 보았다. 따라서 바울의 서신에 나타난 속죄론은 개인의 죄 사함을 넘어, 언약 공동체의 정체성과 종말론적 새 창조의 지평을 지향하는 신학적 구조 속에 자리한다. 이제 이러한 바울의 이해를 몇 가지 범주로 나누어 살펴볼 필요가 있다.

첫째, 하나님의 진노와 사랑의 긴장 속에 나타난 십자가: 바울에게 십자가는 하나님께서 자신의 의로운 진노로부터 인간을 구원하시기 위하여 아들 예수 그리스도를 내어주신, 곧 하나님의 사랑이 가장 극적으로 드러난 사건이다. 바울의 십자가 신학은 철저히 하나님 중심적이며, 예수는 자신의 수동적 순종을 통해 하나님의 영원한 구속 계획을 성취하신 분으로 묘사된다. 하나님은 아담의 범죄로 인해 인류에게 사형 선고를 내리시고 진노하셨지만, 동시에 죄인 중 일부를 구원하시기를 원하셨으며, 이를 위해 독생자 예수 그리스도의 죽음을 작정하셨다.[299] 로마서 1-3장에 따르면, 하나님은 그리스도가 십자가에서 구속 사역을 완성하기까지 죄에 대한 진노를 참고 자제하셨고, 마침내 인류의 죄를 용서하기 위해 아들에게 형벌을 담당하게 하심으로써 그리스도 안에 있는 자들로 하여금 하나님의 진노에서 벗어나게 하셨다.

---

299   John Calvin, *Institutes of the Christian Religion*, 문병호 역, 『기독교 강요』 (서울: 생명의말씀사, 2020), 2.12.2.

둘째, 구약 전통과 유대교적 문맥 속에서의 십자가 해석: 한천설은 바울이 사용한 언어와 형식을 분석하여, 바울이 그리스도의 십자가를 고난 받는 종, 정결 희생, 언약적 의의 성취라는 세 가지 범주로 해석했음을 밝히며, 이러한 해석은 구약 성경과 유대교적 배경에 깊이 뿌리내린 것임을 강조한다.[300] 바울은 70인역 성경에서 대리적 죽음을 표현할 때 사용된 전치사 '디아'(διά, ~때문에)와 '휘페르'(ὑπέρ, ~위하여)를 활용하고, "그리스도께서 성경대로 죽으셨다"(고전 15:3)고 언급하며 십자가 사건이 구약의 예언 성취이자 정결 제사와 유사한 대속 행위였음을 주장한다.[301]

---

300 한천설, "그리스도 죽음에 대한 바울의 네 가지 형식", 『성경과 신학』 60(2011): 31-57.

301 그리스도의 십자가에 대한 바울의 이해를 다루는 다음의 문헌들을 참고하라. Stephen J. Patterson, *Beyond the Passion: Rethinking the Death and Life of Jesus*(Minneapolis: Fortress Press, 2004); Derek Tidball, *The Atonement Debate: Papers from the London Symposium on the Theology of Atonement*(Grand Rapids: Zondervan, 2008); Gloria van Donge, "In What Way is Paul's Gospel(Euangelion) of Freedom Theology of the Cross(Theologia Crucis)?," *Coll*, 21(1988): 19-33; 바울 서신에 나타난 그리스도의 십자가 의미와 성격을 중심으로 다루는 Edwyn Clement Hoskyns, Francis Noel Davey, "The Death of Jesus in the Pauline Epistles," in *Crucifixion-Resurrection: The Pattern of the Theology and Ethics of the New Testament*(London: SPCK, 1981); Raymond Pickett, *The Cross in Corinth: the Social Significance of the Death of Jesus*(Sheffield: Sheffield Academic Press, 1997); Ernst Käsemann, *Perspectives on Paul*(Philadelphia: Fortress Press, 1971)에서 "The Saving Significance of the Death of Jesus in Paul"와 "The Faith of Abraham in Romans 4"으로 나누어 그리스도의 죽음에 대하여 중점적으로 다루고 있다. Howard Marshall, "The Death of Jesus in Recent New Testament Study," WW, 3(1983): 12-21; Ridderbos, "The Earliest Confession of the Atonement in Paul[i.e., 1 Cor. 15:3]," in *Reconciliation and Hope: New Testament Essays on Atonement and Eschatology Presented to L. Morris on His 60th Birthday*, ed. Robert Banks(Exeter: Paternoster Press, 1974), 75-90; Beverly Roberts Gaventa, "Interpreting the Death of Jesus

마크 베이커와 조엘 그린이 지적하듯, 바울의 속죄 이해는 유대교의 희생 제사 전통과 긴밀히 연결되어 있으며, 유대교에서 희생 제사는 단지 죄를 해결하는 수단일 뿐 아니라, 하나님과의 화해를 통해 언약 백성의 정체성을 구성하는 핵심 상징이었다.[302] 이러한 점에서 바울은 십자가 사건을 단지 개인 구원의 수단으로서가 아니라, 언약 공동체의 정체성을 형성하는 결정적 사건으로 해석한다.

셋째, 속죄의 구조: 피, 법, 언약: 바울은 로마서 3장 21-26절에서 하나님의 의가 예수의 피를 통한 화목제물(ἱλαστήριον)로 계시되었음을 말하고, 로마서 5장 9절에서는 예수의 피가 하나님의 백성을 의롭게 하는 매개체임을 밝힌다. 고린도전서 11장 25절은 그 피가 새 언약을 세우기 위한 희생적 죽음임을 보여주며[303], 고린도후서 5장 21절은 "죄를 알지 못하신 그리스도를 우리를 대신하여 죄로 삼으셨다"고 선언하여 그리스도의 희생이 대속적 속죄임을 분명히 한다. 바울은 또한 예수를 유월절 어린양(고전 5:7), 대제사장(엡 1:20-23)으로 묘사함으로써 십자가 사건을 구약의 제사 제도와 긴밀히 연결시키고, "한 사람이 모든 사람을 대신하여 죽었다"(고후 5:14)는 선언을 통해 종말론적 속죄의 완성으로 인해 더 이상 반복적인 희생 제사가 필요 없음을 강조한다.

Apocalyptically: Reconsidering Romans 8:32," in *Jesus and Paul Reconnected*(Grand Rapids: Eerdmans, 2007), 125-45.

302 베에커, 『십자가와 구원의 문화적 이해』, 73.

303 바울은 예수의 죽음을 새 계약을 위한 희생으로 해석한 것은 출 24:8에서 차용한 것으로 생각된다. 또한 이 말씀은 막 14:24에 언급된 '잔'에 대한 말씀 가운데 전제되어 있고, 바울 이전의 '새 계약' 전통이 팔레스타인에서 전제된 것으로 알려졌다. 렘 31:31을 참조하라. Hengel, 『신약성서의 속죄론』, 114 참조.

넷째, 히브리서와 삼중직의 통합적 해석: 이러한 인식은 히브리서의 신학과도 맞닿아 있으며, 히브리서는 예수의 죽음을 제사장, 왕, 선지자의 세 직분으로 통합적으로 해석한다. 제사장으로서 예수는 단 한 번의 온전한 제사를 드리심으로 죄를 제거하시고(히 9:25-28), 새 언약의 중보자가 되어 자기 백성을 하나님께 인도하신다(히 4:16; 7:25). 왕으로서 예수는 십자가를 통해 사탄의 권세를 무력화시키고 인류를 해방하셨으며(히 2:14-15), 선지자로서 죽기까지 순종하심으로 하나님과 백성 간의 새 언약을 인준하고 언약 백성이 따라야 할 삶의 본을 제시하신다.[304]

다섯째, 피와 정의, 그리고 바울 속죄론의 다층적 구조: 바울은 속죄를 지시하는 상징인 '피'를 단순한 제의적 행위로만 이해하지 않고, 그것을 '정의'(justice)라는 법률적 개념과 긴밀하게 연결시킨다. 죄 사함을 위한 언약적 제사 행위는, 죄를 용납하지 않으시는 의로우신 하나님의 진노를 누그러뜨리는 방식으로 기능하였으며, 이는 곧 하나님의 공의와 자비가 충돌하는 지점에서 성취되는 구속적 조화를 의미한다.

이러한 관점은 게르트 타이센(Gerd Theißen)의 연구, '속죄와 거리낌으로서의 십자가: 바울에게 있어서 예수의 죽음에 대한 두 가지 해석'에서도 뒷받침된다. 타이센은 바울의 속죄론에는 '속죄 제물'이라는 제례적 해석뿐 아니라, '법정 대리'라는 법적 해석과, '화해'라는 외교적 해석이 함께 작용하고 있음을 지적한다.[305] 그는 예수의 대리적 죽음을 고대 세계에서 통용되던 '이타적 죽

---

304 Baker, 『십자가와 구원의 문화적 이해』, 129. 히 9:19-22과 출 24:1-8 비교.
305 Gerd Theißen, "속죄와 거리낌으로서의 십자가: 바울에게 있어서 예수의 죽음에 대한 두 가지 해석", 노성태 역, 『신약논단』 제12권(2)(2005): 310.

음'(altruistischer Tod)의 사상[306], 곧 한 사람의 죽음을 통해 다수의 생명을 구하는 개념 속에서 해석하며, 이를 통해 하나님이 재판관으로서 "의롭다"고 선언하시는 판단이 갖는 중요성을 강조한다(롬 3:5 이하, 3:21).

타이센은 특히, 예수의 죽음이 단순한 사건이 아니라 구원의 사건으로 기능하기 위해서는, 그 죽음과 부활에 대한 믿음의 응답이 전제되어야 한다고 주장한다. 그는 이를 로마서 4장 25절에서 바울이 명확히 진술하고 있다고 보는데, 그 구절에서 바울은 "예수는 우리의 범죄 때문에 내어주심이 되고, 또한 우리의 의롭다 하심을 위하여 살아나셨다"고 말함으로써, 예수의 죽음과 부활을 하나님의 의의 계시로 연결하고 있기 때문이다.

여섯째, 죽음과 부활의 통일된 구속 구조: 바울은 로마서 5장에서 예수의 죽음을 통해 하나님과 인간 사이의 화해(reconciliation)가 이루어졌으며, 그의 부활을 통해 인간에게 구원의 길이 열리게 되었다고 진술한다. 곧, 예수의 죽음은 하나님과 인간 사이에 놓여 있던 죄와 정죄의 장벽을 제거한 사건이며, 그의 부활은 죽음이라는 마지막 원수를 극복함으로써 하나님과의 평화(롬 5:1)와 화해(롬 5:9, 11)를 실현하는 궁극적 승리의 사건으로 기능한다. 따라서 바울에게 있어 속죄는 결코 예수의 죽음만으로 완결되는 것이 아니라, 반드시 부활을 포함하는 종말론적 완성 속에서 이해되어야 하며, 이는 전적으로 삼위일체 하나님의 구속 사역 안에서 성취된다.

성경 전체의 속죄론에서도 예수의 죽음과 부활은 분리될 수 없

---

306   타이센은 바울이 롬 5:7, "의인을 위하여 죽는 자가 쉽지 않고 선인을 위하여 용감히 죽는 자가 혹 있거니와"에서 밝힌 것처럼 바울은 예수의 죽음을 전승적 관점에서 보고 있다고 진술한다.

는 하나의 구속 사건으로 제시된다. 속죄는 예수의 죽음만으로 완전하게 성취되었다고 보기 어려우며, 그리스도의 부활이 필수적으로 요청된다. 그 부활은 예수의 죽음에 대한 속편이자, 예수의 승리에 대한 확증이다. 사복음서는 예수가 자신의 죽음을 자발적인 선택으로 이해하고 있으며(요 10:17-18), 자신의 생명을 다시 얻을 권세가 있음을 밝힘으로써, 그리스도의 죽음과 부활은 그의 능동적 자기헌신을 통해 이루어진 사건으로 제시된다.

반면 바울은 예수의 죽음과 부활을 수동적으로 묘사하며, 특히 부활을 하나님 아버지께서 자신의 능력으로 행하신 일로 강조한다.[307] 이러한 강조는 단순한 신학적 스타일의 차이가 아니라, 바울의 속죄론적 함의와 직접적으로 연결되어 있다. 곧, 예수의 부활은 성부 하나님의 주권적 사역이며, 이는 성부께서 성령의 능력으로 그리스도와 연합한 신자들도 죽음에서 부활시키실 것이라는 보증이 된다.

이와 관련하여 박형용은, 바울이 예수의 부활에서 수동적 표현을 사용하는 이유는 예수의 부활과 신자의 부활이 동일한 성부와 성령의 능력으로 연결되어 있기 때문이라고 설명한다.[308] 즉, 성부로부터 일으킴을 받은 예수는 잠자는 자들의 첫 열매요 구속된 인류의 대표로서, 그와 연합한 모든 신자들도 동일한 부활에 참여하게 된다는 것이다(고전 15:20-23).

결과적으로 바울은 로마서 4장 25절에서 "예수는 우리의 범죄

---

307   박형용, 『바울 신학』, 116. 롬 10:9에서 바울은 "하나님께서 죽은 자 가운데서 살리셨다"라고 말하고 고전 15:15에서 "우리가 하나님이 그리스도를 다시 살리셨다고 증언하였음이라"라고 말한다.

308   Ibid., 126.

때문에 내어줌이 되고, 또한 우리의 의롭다 하심을 위하여 살아나셨다"고 선언함으로써, 그리스도의 대속적 죽음이 죄 사함의 길을 여는 동시에, 대표적 부활이 신자들에게 부활의 기대와 종말론적 소망을 선물하는 사건임을 증언한다. 이러한 통전적 구속 구조는 바울 신학의 중심축을 형성하며, 속죄론이 단순히 죄의 사면이 아닌, 새 창조와 부활 생명의 확증이라는 종말론적 지평을 포함하고 있음을 드러낸다.

십자가 신학의 핵심 요소: 속죄, 화해, 승리

앞에서 살펴본 바와 같이, 복음서와 바울 서신은 예수 그리스도의 십자가 죽음이 인간을 향한 하나님의 공의와 사랑의 계시이며, 그리스도의 대속적 죽음을 통한 죄 사함과 구원의 실현이라는 사실을 일관되게 증언한다. 이러한 성경의 통일된 증언을 바탕으로 우리는 십자가 신학의 중심 요소들을 도출할 수 있다.

무엇보다 십자가 신학은 예수께서 "우리를 위하여" 혹은 "우리 죄를 위하여" 죽으셨다는 사실에 기초한다. 신약성경은 다양한 은유와 표현을 사용하여 그리스도의 죽음을 설명하지만, 그 중심에는 "그리스도께서 우리의 죄를 대속하시기 위하여 죽으셨다"(갈 1:4)는 명제에 대한 공통된 인식이 자리하고 있다. 곧, 십자가는 단지 역사적 비극이나 윤리적 모범이 아니라, 대속적 성격을 지닌 구속 사건으로 이해되어야 한다.

그러나 "예수가 십자가 죽음을 통해 무엇을 성취하셨는가"라는 질문에 대해서는, 성경은 단일한 개념으로 수렴되지 않고 다양한 해석의 층위를 제시한다. 이러한 해석적 다양성은 단순한 해석의 분열이 아니라, 성경 자체가 예수의 죽음을 다양한 각도에서 "십자가 안에 감추어진 지혜"(고전 1:18-25)로 조명하고 있기 때문이다.[309] 예수의 죽음은 속죄, 화해, 구속, 승리, 대표성, 모범 등 다양한 신학적 범주로 해석되며, 이는 십자가 사건이 단일한 교리적 설명을 초과하는 복합적이고 통전적인 진리임을 드러낸다.

따라서 신약성경의 이러한 표현들은, 그리스도의 십자가가 지닌 보편적 의미 안에서, 혹은 그것과 더불어, 다양한 시대와 상황 속에서 십자가 신학이 다채롭게 성찰되고 적용될 수 있는 신학적 가능성의 지평을 열어준다. '보편성 안의 다양성'이라는 구조는 교회 역사 속에서도 반복적으로 나타난다. 예컨대, 초기 교회 그리스도인들은 그리스도의 죽음을 이사야 53장의 '고난 받는 종' 사상이나 후기 유대교에서 나타난 '순교자적 희생' 사상에 근거하여 이해하였다. 그러나 시간이 지나며 성육신 교리가 교의적으로 정립되자, 십자가는

---

309 성경은 예수 그리스도의 성육신, 지상 사역, 십자가의 죽음과 부활을 통해 죄로 인해 인간에게 발생한 다양한 문제들을 해결하였다고 증언한다. 곧 그리스도의 십자가는 다음과 같은 하나님의 지혜를 드러내는 사건으로 이해된다. 첫째, 마귀의 권세를 멸하신 사건(히 2:14; 요일 3:8), 둘째, 하나님과 피조물 사이의 화해를 이루신 사건(고후 5:18-19; 골 1:20-22), 셋째, 인간의 죄를 용서하신 사건(행 13:38; 엡 1:7), 넷째, 죄로 인해 병든 인간의 본성을 치유하신 사건(벧전 2:24), 다섯째, 인간이 따라야 할 삶의 모범을 제시하신 사건(엡 5:1-2; 벧전 2:21) 등이다. 이처럼 그리스도의 십자가는 하나님의 다양한 구속의 목적을 포괄적으로 담고 있다. 본서는 바울이 "우리가 아직 죄인 되었을 때에 그리스도께서 우리를 위하여 죽으심으로 하나님께서 우리에 대한 자기의 사랑을 확증하셨느니라"(롬 5:8)고 증언한 것에서 보듯, 예수의 죽음은 '하나님의 사랑에 대한 확증'이며, 동시에 '대속적 죽음'의 정당성을 보여주는 사건이라고 본다. 나아가 그리스도의 십자가는 우주적 구속의 완성을 향한 하나님의 계획 속에서, 종말론적 희망을 품고 살아가는 그리스도인들에게 삶으로 세상의 모범이 될 것을 요청하는 실천적 함의를 포함하고 있다. 이러한 이해를 바탕으로 본서에서는 십자가 신학을 총체적 재구성 할 것을 제안하고자 한다.

성육신하신 하나님 아들의 대속적 죽음으로 점차 체계화되어 이해되었다.[310]

이처럼 십자가 신학은 특정 시대나 교파의 교리에 갇힌 폐쇄적 구조가 아니라, 성경에 뿌리박은 해석의 확장성과 역사적 심화 가능성을 내포한 열림의 신학이라 할 수 있다. 그것은 언제나 그리스도의 대속적 죽음이라는 복음의 중심으로부터 출발하되, 시대적 상황과 공동체의 맥락 속에서 새롭게 조명되고 적용될 수 있는 유연한 진리 구조를 지닌다.

예수의 십자가 고난과 죽음은 초기 기독교 공동체, 특히 유대 그리스도인들 사이에서 유대교 랍비 전통의 틀 안에서 이해되었다.[311] 곧, 예수께서 십자가에서 처형당하신 사건은 단순한 역사적 비극이 아니라, 하나님이 보내신 종말론적 선지자이신 그분이 구약성경에 등장하는 수많은 선지자들처럼, 무고한 핍박과 폭력의 희생자가 되어 죽임을 당한 사건으로 인식되었다. 이러한 인식은 구약의 '고난받는 의인' 사상이나 후기 유대교의 '순교자 신학'에 깊이 뿌리를 두고 있으며, 이는 훗날 기독교 안에서 정교하게 전개될 구원론적 대속 교리의 신학적 기초를 이루는 씨앗이자 자양분이 되었다.

이러한 예수의 죽음에 대한 이해는 교회사 속에서 교의적으로 성숙되어 갔다. 니케아 공의회(A.D. 325)에서 정립된 '신성 기독론'

---

310   서창원, "속죄론의 신학적 지평", 『신학과세계』 58(2007): 74.

311   Hengel, 『신약성서의 속죄론』, 26-33. 순교자 사상은 구약 성경에서 삼손이 영웅적인 최후의 죽음을 통해 하나님의 원수를 무찌른 사건이나, 모세가 백성을 위해 자기 생명을 대신하여 달라고 간구한 장면(출 32:32), 그리고 선지자들이 하나님의 말씀을 전하다 죽임을 당한 역사 속에서 잘 드러난다. 이러한 사상은 신약 성경에서도 계승되어, 베드로와 스데반의 설교에서도 그 영향이 엿보인다(행 3:22-23; 7:52).

과, 칼케돈 공의회(A.D. 451)에서 공표된 '양성 기독론'은, 예수의 십자가 죽음을 단지 의로운 선지자의 죽음이 아닌, 성육신하신 하나님의 아들이 인류의 구원을 위하여 치르신 대속적 죽음으로 해석하도록 이끌었다. 즉, 니케아 삼위일체론과 칼케돈 기독론을 통해 교회는 예수 그리스도의 인격과 신분에 대한 정통 신앙고백을 확립하였고, 그 고백을 바탕으로 십자가에서 성취된 그리스도의 구속 사역을 신학적으로 해석할 수 있는 정합적 토대를 마련한 것이다.

이러한 역사적·교의적 발전을 반영하며, 전통적인 십자가 신학은 다음과 같은 네 가지 핵심 요소를 중심으로 구성되어 왔다.

첫째, 전통적인 십자가 신학은 십자가 구속의 전 과정이 하나님의 뜻과 의지에 따라 이루어졌다는 성경의 증언(롬 5:8)에 근거하여 철저한 '하나님 중심성'을 확언한다. 십자가는 하나님의 공의가 만족되고, 하나님과 피조세계 사이에 화해가 이루어진 사건으로 해석된다(롬 3:25-26). 하나님은 거룩하시고 진실하시며(신 32:4; 딤후 2:13; 히 6:18; 딛 1:2), 죄에 대한 진노를 의롭게 나타내시고(롬 1:18), 동시에 그 진노를 누그러뜨리기 위해 자신의 공의와 명예를 스스로 만족시키셔야 했다.[312] 아담의 범죄로 훼손된 대상은 단순히 인간의 도덕적 상태가 아니라, 하나님의 명예와 의라는 신적 실재였다. 십자가는 인간의 이성으로는 도저히 상상할 수 없는 깊이의 신적 명예와 하나님과의 관계 단절을 회복하기 위한 사역이었다. 인간적 사고에서 십자가는 "거리끼는 것이요 미련한 것"(고전 1:23)이지만, 하나님 중심적 사고에서는 "하나님의 능력이요 지혜"이다. 정통 신앙이 참 하나님이시며 동시에 참 인간이신 그리스도의 인격과 대

312　하나님의 진노가 만족된다는 개념은 구약성경에 자주 등장한다. 예를 들면, 민 15:24; 삼하 24:25; 욥 1:15; 대하 29:7-9 등이다.

속적 죽음을 고백할 수 있었던 것도, 이러한 하나님 중심의 계시에 뿌리를 두고 있기 때문이다.

둘째, 전통적 십자가 신학은 구약의 희생제사 전통을 따라 십자가를 '대속적 사건'으로 이해한다. 하나님의 공의는 그분 자신으로부터 나오는 거룩한 사랑의 방식에 따라 오직 십자가를 통해 만족될 수 있었다. 구약시대 희생제사는 하나님의 진노를 누그러뜨리기 위한 방편이었고, 그 중 속죄일('욤 키푸르')의 제의는 그리스도의 희생을 예표하였다(히 9-10장). 대제사장은 해마다 이스라엘의 불의와 범죄를 속죄하기 위해 짐승의 피를 가지고 지성소에 들어갔으나, 이는 영원한 속죄를 이루지 못했다(히 10:4). 이에 반해 예수 그리스도는 "많은 사람을 위한 대속물"(막 10:45)로, 단번에 자신을 제물로 드려 "죄를 없게 하시려고 세상 끝에 나타나셨으며"(히 9:26), "한 영원한 제사로" 모든 죄인을 위한 완전한 구속을 이루셨다(히 10:12). 바울은 예수께서 율법의 저주를 대신 짊어지심으로 우리를 속량하셨다고 말하며(갈 3:13), 신명기 21장 22-23절의 '나무에 달린 자는 저주받은 자'라는 구절을 십자가 신학의 구속 원리로 통합하였다. 예수 그리스도의 죽음은 단지 희생의 상징이 아니라, 하나님의 계획 속에 있는 실제적 대속의 행위였다.

셋째, 십자가는 그리스도가 죄와 사탄의 권세를 깨뜨리고 악으로부터 인류를 해방시키신 '우주적 변혁의 사건'이다. 가장 비극적이고 잔인한 형벌이었던 십자가는 역설적으로 창조 질서의 회복과 새로운 피조물의 시작이 이루어진 지점이었다(고후 5:17; 벧후 1:4). 바울은 그리스도의 십자가를 통해 세상의 권세들이 무력화되었고(골 2:15), 악한 세대로부터 하나님의 백성이 구속되었음을 선포한다(갈 1:4). 예수께서는 십자가에서의 사역을 "강한 자의 결박"(마 12:29)으로 설명하시며, 창세기 3장 15절의 원시 복음이 십자가에서 성취되었음을 암시하신다. 그리스도는 악의 권세를 정복함으로써 하나님과 반역한 세계 사이의 화목을 이루셨고, 신약성경 전체는 이러한 우주적 회복을 십자가와 연결하여 설명한다. 마귀가 신자를 더 이상 정죄할 수 없는 이유는 십자가에서 율법과 함께 악의 권세가 폐기되었기 때문이다(롬 8:31-33; 골 2:13-15). 그러므로 신자는 이제 십자가의 능력으로 "악한 자"와 "죄의 권세"를 이길 수 있으며(요일 2:13-14; 5:18), 새로운 존재로 살아갈 수 있는 자유와 권세를 부여받았다.

넷째, 전통적 십자가 신학은 그리스도의 십자가가 우주적 갱신을 '완성'한 것이 아니라, '이미 시작되었으나 아직 완성되지 않은' 종말론적 구속의 전환점으로 이해한다. 바울은 예수의 죽음과 부활로 인한 구원의 성취가 이미 시작되었음을 선언하면서도(고후 3:12-4:6), 그 완성은 재림의 때에 도래할 것이라고 증언한다(살전 1:10). 로마서 8장 1절은 "그리스도 예수 안에 있는 자에게는 결코 정죄함이 없다"고 선포함으로써 신자의 구원이 이미 확보된 사실임을 확인한다. 그러나 이러한 신분은 단순한 정태적 상태가 아니라, 종말론적 긴장 속에서 끊임없이 전진하는 성화의 삶을 요구한다(롬 5:1). 바울은 예수께서 "미래에 우리를 건지실 분"으로 재림하심으로써, 구속의 완성이 이루어질 것임을 강조한다. 하나님과 세상 사이의 평화는 십자가의 희생을 통해 '이미' 성취되었으며(엡 2:14), 신자는 이제 성령의 능력 안에서 '아직' 도래하지 않은 하나님 나라의 완성을 향해 믿음으로 나아가야 한다.

결론적으로, 전통적인 기독교 신학은 성경의 일관된 증언을 바탕으로 그리스도의 십자가 사건을 '하나님 중심적 사건', '대속적 사건', '우주적 변혁의 사건', '종말론적 사건'으로 이해해 왔다. 이러한 통합적 구조는 단번에 정립된 것이 아니라, 교회사 속에서 다양한 신학적 논쟁과 상황 속에서 형성, 수정, 확장되어 온 역사적 신학의 유산이다. 다음 장에서는 이러한 전통적 십자가 신학이 어떻게 역사적으로 발전해 왔는지를 더 면밀히 살펴볼 것이다.

제15장 전통 속 십자가 신학의 유형들

전통적으로 예수의 십자가 죽음에 대한 신학적 이해는 역사적 상황과 시대적 패러다임에 따라 다양한 이론으로 전개되고 변천되어 왔다. 대표적으로 총괄갱신설(recapitulation theory), 사탄배상설(ransom theory), 만족설(satisfaction theory), 그리고 형벌 대속론(penal substitution theory)이 그러한 발전을 보여준다. 이러한 이론들은 단지 교리적 분류를 넘어, 각 시대의 문화적, 정치적, 철학적 상황 속에서 십자가 사건을 어떻게 해석하고 적용할 것인가에 대한 역사적 신앙공동체의 응답이었다.

예컨대, 십자가 신학의 가장 초기 고전적 이론이라 할 수 있는 사탄배상설과 총괄갱신설은 고대 그리스-로마 시대의 세계관과 영적 전쟁의 사고(思考) 틀 안에서 형성되었다. 이 가운데 아타나시우스(Athanasius, A.D. 328-373)는 당시 로마 제국의 문화와 종교적 상황을 반영하여, 예수 그리스도의 십자가 죽음을 사탄의 권세에 대한 하나님의 승리로 해석하였다. 그는 『성육신론』(De Incarnatione)

에서, 예수의 십자가 사건이 단순한 희생이 아니라, 사망과 어둠의 세력에 대한 결정적 전투에서의 승리라고 강조하였다. 이러한 해석은 에베소서 6장 12절에 묘사된 "공중의 권세 잡은 자들"에 대한 사역적 대결 구도를 배경으로 한다.

특히 아타나시우스는 요한복음 19장 30절에서 예수께서 십자가 위에서 선언하신 "다 이루었다"(τετέλεσται)는 말씀을 근거로, 십자가는 실패나 패배가 아니라 완성된 구속, 곧 승리의 선언으로 이해하였다. 그의 해석에서 예수는 자발적인 자기희생을 통해 인류를 사탄의 권세에서 해방시키셨으며, 이 사건은 단순한 희생적 순종이 아니라 우주적 질서의 회복을 위한 영적 승리였다. 따라서 아타나시우스의 십자가 신학은 초대교회의 승리의 기독론을 대표하는 전통으로, 이후 동방교회 신학의 기본 토대를 제공하게 되었다.

고전적 해석: 사탄배상설과 총괄갱신설

십자가 신학의 고전적 이론은 신약성서에 나타난 '속량'(redemption)의 개념과 고대 신화적 세계관에 기반한 '속전'(ransom) 개념을 토대로, 이른바 '총괄갱신설'(recapitulation theory)과 '사탄배상설'(ransom theory)로 정립되었다.[313] 이러한 이론들의 중심에는 그

---

313 속전은 '죄를 벗어나려고 바치는 돈 또는 속금(贖金, ransom)'을 의미한다. 히브리어로 '코페르'(כפר), 곧 '덮다, 매수하다, 흔적을 없애다, 보상하다'에서 온 말로서 '몸값을 치르고 석방시키다'인데 '덮음과 속함'을 뜻한다. 헬라어 '뤼트론'(λυτρον)은 개인 또는 집단에 해를 입었다는 주장을 덮거나 기각시키기 위한 어떤 것을 의미한다. 이스라엘 백성에게 시내산 율법을 주시면서, 하나님께서 이십세 이상은 전부 성소의 세겔대로 반 세겔을 성전에 드리도록 명령을 하셨는데, 이것이 '속전'의 유래가 되었고(출 30:11-16), 그 후에 속전은 해를 입은 상대로부터 구해내는 대가가 지불되는 전통이 되었다(욥 33:24, 36:18; 시 49:7-9; 잠 6:35; 렘 31:11). 속전에 대한 해석학적 고찰은 윤철호, "구속교리에 대한 해

리스도의 십자가 사건을 우주적 투쟁과 승리의 사건으로 해석하는 관점이 자리한다.[314] 즉, 그리스도의 십자가 죽음은 하나님께서 사탄의 세력을 정복하심으로써 인간을 죄의 속박으로부터 해방시키는 구속 사건이며, 이를 통해 하나님은 그리스도 안에서 세상과 '화해'(reconciliation)를 이루신 것으로 이해된다.[315]

이 고전적 이론은 선과 악의 이분법적 세계관을 반영하고 있으며, 사탄을 악한 세상의 실제적 지배자로 상정하고, 인간은 그의 권세 아래 종속된 존재로 간주된다. 이에 따라 예수 그리스도의 성육신은 사탄의 권세 아래 있는 인류를 구원하기 위한 사건으로 이해되며, 십자가는 곧 하나님의 왕국과 사탄의 왕국 사이에서 벌어진 우주적 전쟁의 현장으로 해석된다.

따라서 총괄갱신설은 두 가지 상호 보완적 측면을 지닌다. 첫째, 우주론적 측면에서 볼 때, 하나님은 그리스도 안에서 악의 세력과

석학적 고찰", 『장신논단』 44(1)(2012): 131-162을 참조하라.

[314] 십자가 신학에 대한 고전적 견해는 기독교의 초기 형성과 함께 보편적으로 수용되었으나, 중세에 이르러 안셀무스의 '만족설'과 아벨라르의 '도덕적 감화설'이 제시되면서 점차 지배적 위치를 넘겨주게 되었다. 그러나 20세기에 들어와 구스타프 아울렌(Gustaf Aulén)은 법적 개념에 입각한 안셀무스와 아벨라르의 속죄론을 비판하고, '승리자 그리스도론'(Christus Victor)을 강조하면서 고전적 이론을 재조명하였다. 이 승리자 그리스도론은 이후 '영적 전쟁' 개념의 확산과 성령운동의 부상과 맞물려, 보수와 진보를 막론하고 다양한 신학 진영과 신앙운동 단체들에 의해 점점 더 주목을 받게 되었다. 한편, '바울 신학에 대한 새 관점'(New Perspective on Paul)을 주창한 톰 라이트(N. T. Wright) 또한, 전통적인 개신교의 형벌 대속 이론이 개인의 죄 사함에 초점을 맞춘 것과 달리, 예수의 죽음을 악의 세력에 대한 하나님의 결정적 승리로 이해하려는 시도를 보인다. 이는 그리스도의 십자가를 더 넓은 구속사적 맥락에서 해석하고자 하는 시도로서, 고전적 승리자 그리스도론에 대한 현대적 재해석의 흐름과 맞닿아 있다.

[315] Aulen, *Christus Victor*, 4.

싸워 승리를 거두셨으며, 둘째, 구속론적 측면에서는 그 승리를 통해 하나님과 세계 사이의 관계가 회복되고 화해가 이루어졌다고 본다.

마가복음 10장 45절은 예수께서 세상에 오신 목적을 "많은 사람을 위한 대속물"(λύτρον ἀντὶ πολλῶν)로 자신의 생명을 내어주기 위함이라고 명시한다. 이 구절은 마태복음 20장 28절, 갈라디아서 1장 4절, 디모데전서 2장 6절, 베드로전서 1장 18절 등과 함께, 그리스도의 죽음이 악의 권세 아래 포로 된 인류를 구속하기 위한 '속전'(ransom)의 성격을 지닌 사건임을 시사한다.[316] 이러한 신학적 맥락에서 고전적 십자가 이론은 "우리를 대속하기 위하여"(갈 3:13 등)라는 표현을, 곧 사탄의 통치 아래 속박된 인간들을 해방시키기 위한 구속 행위로서의 십자가 죽음으로 해석한다. 이러한 해석은 악의 세력이 우주적 질서 속에서 실체적 권세로 작동하고 있다는 이원론적 전제에 근거하며, 그리스도의 죽음을 그 악한 권세에 대한 하나님의 결정적 승리로 본다.

이 승리는 단지 개인의 구원을 넘어서는 우주론적 구속의 사건으로 이해된다. 곧 그리스도께서 십자가에서 이루신 승리는 '총괄갱신'(ἀνακεφαλαίωσις, recapitulation)의 원리를 통해 피조 세계 전체를 갱신하고 변혁시키는 기반을 마련한다. 이 총체적 변혁은 아담의 실패로 훼손된 창조 질서를 그리스도 안에서 회복하고, 에덴에서

---

316 애굽으로부터 해방된 이스라엘 역사에서 '몸값'은 보통 '해방'을 의미하였기 때문에, 속죄의 고전적 이론서는 역사적으로 습득된 지식으로 '속전'을 하나님이 사탄에게 준 몸값으로 추측하였다. 그러나 이 말씀 안에는 '속전'의 은유가 쓰였지만, 그것을 거래의 실체로 추측할 필요는 없다. 왜냐하면, 이 말씀에는 누가 몸값을 치렀는지, 또는 그 몸값을 누구에게 주었는지에 대한 답은 발견할 수 없다.

시작된 하나님의 나라의 질서를 다시 세우며, 종국적으로 그 완성을 향해 나아가게 한다.

'총괄갱신설'(recapitulation theory)을 신학적으로 체계화한 인물은 교회 초기 교부인 리옹의 이레네우스(Irenaeus of Lyons, ca. 130-200)이다. 그는 이단에 대항하여 집필한 『이단 반박』(Adversus Haereses)에서, 그리스도 안에서 성취된 하나님의 승리가 온 피조 세계의 회복을 가능케 한 우주적 사건임을 주장하며 총괄갱신설의 교리를 전개하였다.[317]

이레네우스에 따르면, "아담 안에서 인류가 타락하였다"는 것은 곧 하나님의 형상으로 창조된 인간이 죄로 인해 죽음과 마귀의 권세 아래 종속된 존재로 전락하였다는 의미이다. 이때 총괄갱신의 논리는, 타락의 주요 원인을 인간 개인의 도덕적 실패에 국한하지 않고, 보다 근본적으로 사탄과 악한 권세의 역사적 개입에 주목한다. 즉, 이레네우스에게 있어 역사의 중심 서사는 단순히 율법을 어긴 인간의 타락이 아니라, 하나님의 왕국과 사탄의 왕국 사이의 우주적 갈등(cosmic conflict)으로 이해된다.

---

317 Irenaeus, "Irenaeus against heresies," in *The Ante-Nicene Fathers*, ed. Alexander Roberts and James Donaldson(rep., Peabody, Mass: Hendrickson, 1994), 1:332-3. '총괄갱신'은 헬라어 '아포카타스타시스'(αποκαταστασις)의 한글번역어이다. '완전한 회복'이란 의미의 '아포카타스타시스'는 원래 스토아학파에서 쓰이던 용어인데 이레네우스, 오리게네스, 닛사의 그레고리우스 등에 의해 '만물을 본래 상태로 되돌려 놓는 최종적 회복'의 의미로 차용되었다. 총괄갱신의 개념은 바울이 에베소서에서 하나님의 경륜의 목표가 "그리스도 안에서 하늘과 땅에 있는 것이 통일되게 하심"(엡 1:10)이라고 말하면서 '한 머리 아래'의 의미로 사용한 '아나케팔라이오우'(ἀνακεφαλαιόω)에서 나타난다. 라틴어 번역인 '레카피툴라치오'(recapitulatio)는 머리(caput) 되신 그리스도 안에서 만물이 통일된다는 의미를 강조한다.

그 중심에 자리 잡은 그리스도의 십자가 사건은 총괄갱신의 정점으로서, 우주적 새 창조와 구속이 성취된 결정적 순간이다.[318] 여기서 구원은 단순히 죄 사함이나 형벌 면제가 아닌, 하나님의 불멸성과 생명을 다시 인간에게 부여하는 것으로 정의된다. 따라서 총괄갱신론은 인간의 죄책 문제보다도 그리스도의 성육신과 십자가 죽음을 통한 악의 권세 해체와 하나님과의 재결합에 신학적 중심을 둔다.[319]

이레네우스는 그리스도의 사역을 통해 인류가 하나님께 다시 결속(union)되며, 이 결속의 길은 곧 성육신하신 하나님의 아들이 인간 존재 전체를 통과하며 사탄의 권세를 무너뜨리는 여정이었다고 본다.[320] 이 과정에서 그리스도의 인격과 삶은 단순한 도덕적 모범이 아니라, 구속사적 실체로 작용한다. 이레네우스에게 있어 성육신 자체가 사탄에 대한 결정적 승리이며, 그리스도의 삶 전체가 총괄갱신의 핵심을 구성한다.

즉, 하나님의 아들이 인류와 온전히 동일시됨으로써 새로운 '머리'(head)로서 아담을 대체하고, 불순종의 역사에 맞서 완전한 순종의 삶을 살아내셨다. 요한복음 14장 20절의 "너희는 내가 아버지 안에, 너희는 내 안에, 내가 너희 안에 있는 줄을 알리라"는 구절은 이

---

318 그러므로 고전적 견해인 승리자 그리스도 이론은 창조론과 밀접한 관계를 갖고 있다. 즉 아담의 범죄는 창조세계에 악을 불러왔고, 그것에 대한 구원은 예수의 성육신과 십자가의 순종을 통해 창조 세계 전체를 '총괄 갱신'으로 보았다. 그 근거로 바울의 선포인 "하나님이 하늘에 있는 것이나 땅에 있는 것이 다 그리스도 안에서 통일 되게 하려 하심이다"(엡 1:10)를 이야기한다.

319 Hans Boersma, *Violence, Hospitality, and The Cross: Reappropriating the Atonement Tradition*(Grand Rapids: Baker, 2004), 125.

320 Irenaeus, *Irenaeus against heresies*, 1:488(III.18.7).

러한 연합의 종말론적 완성을 상징한다.

십자가는 그리스도의 완전한 순종의 절정이며, 그분의 죽기까지 복종하심을 통해 하나님은 아담의 타락으로 인한 사탄의 권세를 무력화시키시고, 온 피조물을 새로운 질서로 총괄하여 갱신하신다. 이러한 맥락에서 이레네우스는 그리스도께서 인류의 대표자로서 인간 존재의 모든 단계—영아기, 청년기, 장년기 등—를 거쳐야만 했다고 주장한다. 이는 단지 상징적 행위가 아니라, 각 인간 발달 단계 속에서 불순종이 반복되었던 자리마다 그리스도의 순종이 덧입혀져야 했다는 신학적 확신에 근거한다.

결과적으로 총괄갱신설은 그리스도의 성육신, 인격적 삶, 그리고 십자가 죽음을 서로 분리되지 않는 구속의 연속적 단계로 이해하며, 이 세 가지가 통합적으로 작용하여 죄와 사망의 권세를 무너뜨리는 하나님의 구속사적 행동으로 해석한다.

고전적 십자가 신학은 제1세기 유대인이 처한 역사적 상황과 종교적 맥락 속에서 보다 선명하게 이해될 수 있다. 당시 후기 유대교 사회에서 개인적·공동체적 관심사는 단순한 도덕적 구원이나 내면적 평안이 아니라, 우주적 권세들로부터의 해방과 하나님의 나라의 도래였다.[321] 유대 묵시문학 전통 속에서 형성된 이러한 종말론적 에토스는 "회개하라, 천국이 가까이 왔느니라"(마 4:17)는 예수의 공적 선포를 사탄의 나라의 패배와 하나님의 통치의 시작이라는 선언으

---

321 톰 라이트(N. T. Wright)는 십자가를 이스라엘의 '재건'으로 보는데, 이는 총괄갱신 개념과 유사한 부분이 있다. *Jesus and the Victory of God*, 168-70 참조. E. P. Sanders도 그의 저서 *Paul and Palestinian Judaism: Comparison of Patterns of Religion*(Philadelphia: Fortress, 1977)에서 1세기 유대인에게 구원의 기준은 '자기의 의'의 문제가 아니라, '선택 받은 공동체 안에 있느냐'의 문제였다고 주장한다.

로 수용하도록 만들었다.

특히 초대교회는 로마 제국과의 긴장 관계 속에서 그리스도의 십자가 죽음을 단순한 처형이 아닌, 악의 세력에 대한 결정적 승리로 해석하였다. 유대인들에게 있어서 십자가형(crucifixion)은 로마 제국에 저항하는 자들이 당하는 가장 치욕스러운 패배의 형벌이었다. 따라서 그리스도의 십자가는 "거리끼는 것"(σκάνδαλον, 고전 1:23)으로 여겨질 수밖에 없었다.

그러나 부활 사건은 이 해석을 급진적으로 반전시킨다. 패배와 저주의 상징이었던 십자가는 그리스도의 부활을 통해 승리와 구속의 상징으로 전환된다. 십자가는 율법과 저주, 사망의 권세에 얽매인 죄인들을 해방시키는 결정적 구속 사건으로 새롭게 해석된다. 이 이미지 전환은 출애굽 서사와도 연결된다. 고대 근동의 절대 권력자였던 이집트를 무너뜨린 유월절 사건에서 이스라엘 백성은 어린양의 피로 보호받았던 것처럼, 그리스도의 십자가 죽음은 영적 바벨론으로 표상되는 로마의 권세로부터 하나님의 백성을 해방시키는 구원의 사건으로 인식되었다. 이와 같은 배경 속에서 초기 그리스도인들은 그리스도의 죽음을 우주적 권세와 악한 세력에 대항하여 승리한 사건으로 이해하였다. 특히 초기 교회 천년 동안 이러한 이해는 '총괄갱신설'(recapitulation theory)의 형태로 가장 지배적인 십자가 신학으로 정착되었다.

그렇다면, 예수는 십자가 위에서 어떻게 사탄을 결박하고 우주적 승리를 이루셨는가? 이에 대한 하나의 고전적 해석은 알렉산드리아의 오리겐(Origen of Alexandria, 185-253)이 제시한 '사탄배상설'(ransom-to-Satan theory)이다. 오리겐에 따르면, 인간은 죄로 인해 사탄의 지배 아래 종속되었으며, 사탄은 인류를 해방시키는 대가로 하나님께 '속전'(λύτρον, redemption price)을 요구하였다. 하나님은 그리스도 자신을 속전으로 내어주셨고, 사탄은 그 값을 받고 인류를 풀어주었다.

그러나 그리스도는 사망의 권세에 종속되지 않으셨기에, 이 속전은 사탄의 기대를 무산시키는 결과를 초래하였다. 부활을 통해 그리스도는 사탄의 권세를 깨뜨리시고, 하나님의 최종적 승리를 선포하신다. 이는 마치 요나가 큰 물고기에게 삼켜졌다가 다시 살아난 사건처럼(마 12:40), 그리스도께서도 사탄에게 삼켜진 듯 보였으나 오히려 그 안에서 사탄을 결박하고 승리하신 구속적 역전의 서사이다.

닛사의 그레고리(Gregory of Nyssa, ca. 320-385)는 오리겐의 사탄배상 개념을 발전시켜, 사탄이 그리스도의 인성이라는 미끼를 삼켰다가 신성이라는 낚시바늘에 걸려들었다는 이른바 '물고기와 낚시바늘'(fish and hook)의 비유로 이를 설명하였다. 그는 그리스도의 성육신을 겉으로는 인간의 연약함을 지닌 존재로 나타나 사탄의 공격을 유인하면서도, 그 안에 감추어진 신성으로 인해 오히려 사탄을 결박하는 방식으로 이해하였다. 이러한 '신적 기만'(divine deception)의 개념은 단순한 속임수가 아니라, 하나님께서 사탄의 권세를 무너뜨리고 인류의 구속을 성취하시기 위해 사용하신 궁극적 지혜의 표현으로 해석된다.[322]

---

322 Gregory of Nyssa, "The Great Catechism," in *Nicene and Post-Nicene Fathers*, Second Series, ed. Philip Schaff and Henry Wace, trans. William Moore and Henry Austin Wilson(1893 repr., Peabody, Mass: Hendrickson, 1994), 5:494(XXIII).

> 첫째 부류의 사고는, 하나님이 사탄이 사로잡고 있는 인간을 대신해서 예수를 사탄에게 내어주셨으나 그 후에 예수를 죽음에서 일으키심으로 그 제공을 철회하셨다는 것이다. 또 다른 대중적 사고는, 하나님이 예수를 부서지기 쉬운 인간의 모습으로 사탄의 영역에 보내시면서 그를 미끼로 삼으셨다는 것이다. 예수는 3일 만에 부활하셔서 지옥으로부터 토해냄을 당하셨다. 그리고 예수는 지옥을 떠나면서 지옥에 갇혀있는 인간들을 끌고 나오셨다는 것이다.[323]

고대의 신화적 세계관과 선·악 이분법적 문화가 지배하던 배경 속에서, 사탄배상설(ransom-to-Satan theory)은 거의 천년에 걸쳐 그리스도의 죽음을 이해하는 지배적인 해석틀로 통용되었다. 그러나 이 이론은 본질적으로 다수의 신학적 난점을 내포하고 있으며, 오늘날까지도 십자가의 의미를 오해하거나 왜곡된 방식으로 해석하는 단초를 제공해 왔다.[324]

한편, 사탄배상설과 총괄갱신설(recapitulation theory)은 필연적으로 연결되는 개념은 아니다. 이레네우스는 그리스도께서 십자가 위에서 총괄적 승리를 이루셨다고 주장하면서도, 속전이나 신적 기만의 개념을 차용하지 않는다.[325] 성경 또한 예수 그리스도께서 사

---

323 Ibid., 5:494-5(XXIV).
324 만약 '사탄배상설'의 주장대로라면, 하나님은 사탄에게 빚진 분이 된다. 하나님은 속임수를 쓰시는 분이 된다. 하나님은 목적을 달성하기 위해서는 사탄과도 거래하는 분이 된다. 또한, 하나님이 마귀와 거래하는 관계라면 마귀와 하나님은 동등한 신적인 존재로 인정하는 것이 된다. 이런 문제를 극복하기 위해 11세기 안셀무스는 만족설을 주장하며 이와 같은 난처한 질문에 대한 해답을 제시하였다.
325 Boersma, *Violence, Hospitality, and The Cross*, 190-1.

탄의 권세를 극복하셨다는 사실을 명시적으로 진술하지만, 그분의 삶과 죽음, 그리고 부활이 구체적으로 어떤 방식으로 이러한 승리를 성취하였는지에 대해서는 상세한 메커니즘을 제시하지 않는다. 이러한 이유로 고대 교부들은 이 주제에 관하여 상이한 신학적 설명들을 제안하게 되었다.

이레네우스에 의해 정초된 총괄갱신설은, 이후 알렉산드리아의 오리겐과 닛사의 그레고리에 의해 더욱 정교하게 발전되었으며, 터툴리안, 크리소스톰, 아타나시우스, 어거스틴, 다마스쿠스의 요한 등 다수의 교부들의 구속론적 사유의 기초로 자리 잡았다.[326] 이처럼 총괄갱신은 초대 교회부터 중세 초기까지 약 천년 동안 정통 구속이론의 지위를 유지하였다.

그러나 11세기에 이르러 안셀무스(Anselm of Canterbury)가 『왜 하나님은 인간이 되셨는가』(*Cur Deus Homo*)를 통해 만족설(satisfaction theory)을 대안적 설명으로 제시하면서, 총괄갱신과 사탄배상은 점차 신학적 관심의 중심에서 밀려나 주변적 위치로 전락하게 되었다.

요약하면, 십자가 신학에 대한 고전적 견해는 구원의 문제를 단지 실존적·존재론적 차원의 개인적 죄 문제에 국한시키지 않고, 우주적이며 공동체적인 관점으로 확장하여 다룬다는 점에서 신학사적 공헌을 지닌다. 특히 악의 구조적 실재와 하나님 나라의 우주적 회복을 강조한 점은, 초기 교회의 묵시론적 세계관과의 연속성을 보여주는 중요한 신학적 성과로 평가된다.

그러나 동시에 이 견해는 세계에 대한 이원론적 인식, 곧 선과

---

326   Aulen, *Christus Victor*, 37.

악, 하나님과 사탄 사이의 실체적 균형 구조를 전제한다는 점에서 비판을 면하기 어렵다. 또한 십자가 사건의 핵심인 '인간의 죄에 대한 구속'이라는 주제를 상대적으로 소홀히 다룸으로써, 십자가 신학의 본질에 대한 설명력을 제한한다는 지적이 제기되어 왔다.

특히 전통 개혁신학의 기독론적 관점에서 볼 때, 고전적 견해의 근본적 약점은 그리스도의 죽음을 통한 속죄의 효력을 그리스도의 신성에 과도하게 의존함으로써, 성육신을 통해 참된 인간으로 오신 그리스도의 인성의 역할을 약화시킨다는 점이다. 더불어 십자가를 사탄에 대한 형벌이나 응보로만 해석함으로써, 그리스도와 연합한 성도들에게 그분의 죽음이 지닌 인격적이고 구속사적인 의미를 충분히 설명하지 못하는 한계를 드러낸다.

승리자 그리스도론과 현대적 재조명

십자가 신학의 고전적 견해는 20세기 루터파 신학자 구스타프 아울렌(Gustaf Aulén, 1879-1977)에 의해 다시 주목을 받게 되었다. 그는 그의 저작 『승리자 그리스도』(*Christus Victor*, 1931)에서 속죄론의 역사적 전개와 주요 이론들 간의 상호 관계를 체계적으로 분석한 끝에, 고대 교회로부터 중세 이전까지 지배적이었던 고전적 이론, 즉 '승리자 그리스도론'(Christus Victor)이 신약성경의 증언에 가장 충실한 속죄 이론이라고 주장하였다.[327]

아울렌은 안셀무스의 만족설과 아벨라르의 도덕적 감화설을 비판하면서, 이들 이론이 지나치게 라틴 신학의 사법적 전통에 기초하고 있으며, 가톨릭 스콜라주의와 개신교 정통주의의 영향 아래 고전

327　Ibid., 143-59.

적 속죄 이해가 변질되고 쇠퇴하게 되었다고 지적하였다.[328] 그에 따르면, 초대교회와 신약성경은 그리스도의 죽음을 악의 세력에 대한 하나님의 승리라는 우주적 관점에서 이해하였으며, 이는 단순한 개인 구원의 차원을 넘어서, 하나님의 통치 회복이라는 거시적 신학 구도를 반영한다.

그러나 아울렌의 승리자 그리스도론은 이후 학계로부터 다수의 비평과 보완적 해석을 요청받아왔다. 특히 그가 만족설이나 대속적 형벌론을 사법적·폭력적 개념으로 일방적으로 간주하고 비판한 데 대하여, 이는 신약성경이 십자가 사건을 성부와 성자의 단절이나 대립으로 설명하지 않으며, 삼위일체 하나님의 구속 경륜 안에서 이해해야 한다는 점을 간과한 것이라는 지적이 제기되었다. 예수 그리스도의 신성과 인격은 독립적으로 작동하는 것이 아니라, 성부·성자·성령 간의 온전한 연합 안에서 해석되어야 한다.

한편, 아울렌의 해석에 대한 이성림의 비판은 아울렌이 아벨라르의 도덕적 감화설을 주관적 모범주의로 축소하고 왜곡하였다는 데 초점을 맞춘다.[329] 이성림에 따르면, 아벨라르는 그리스도를 단순

---

328 Ibid., 103. 아울렌은 루터가 초기 저작들에서 '그리스도의 승리 이론'을 재활성화하는 작업에 일정 부분 동참하였다고 주장한다. 그러나 이러한 해석에 동의하지 않는 연구자들도 다수 존재한다.

329 이성림, "아벨라르의 속죄론: 도덕감화설에 대한 비판", 『ACTS 신학저널』 20(2021): 205-36. 아울렌의 이론에 대한 더 상세한 신학적 비평은 James David Meyer, "The Patristic Roots of Satisfaction Atonement Theories: Did the Church Fathers Affirm Only Christus Victor?," *Tyndale Bulletin*(2020): 293-313; Gavin Ortlund, "On the Throwing of Rocks: An Objection to Hasty and Un-careful Criticisms of Anselm's Doctrine of the Atonement," *The Saint Anselm Journal* 8.2(2013):1-17; J. Theodore Mueller, "Luther's Doctrine of the Atonement," *Christianity Today*(1957): George Evenson, "A Critique of Aulen's Christus Victor," *Concordia Theological*

한 도덕적 스승이나 감화의 주체로 제시한 것이 아니라, 칭의와 성화를 분리할 수 없는 하나의 구속 사건으로서의 속죄를 설명하고자 하였다. 그는 특히 성화 없는 칭의는 무의미하다는 점을 강조하면서, 속죄의 주관적 요소를 신학적으로 정당화하였고, 이에 따라 아울렌의 비판은 아벨라르의 의도를 오독한 결과라는 비판을 피하기 어렵다.

지속적인 신학적 비평에도 불구하고, 승리자 그리스도론(Christus Victor)은 구스타프 아울렌 이후 보다 정교하고 체계적인 교리적 형태로 발전하였으며, 오늘날의 다양한 신학적 흐름과 운동에 지대한 영향을 끼치고 있다. 특히 이 이론은 사탄과의 영적 전쟁을 강조하는 현대의 은사주의적 신학(charismatic theology)에 신학적 토대를 제공하고 있으며, 동시에 해방신학, 페미니즘 신학, 비폭력 평화주의 운동과 같이, 십자가를 세상의 악과 억압, 폭력에 대한 하나님의 승리로 해석하는 관점과도 긴밀히 연결되어 있다.

승리자 그리스도론에 따르면, 성자 예수 그리스도는 자기희생적 사랑을 통해 십자가에서 인류를 대신하여 죽으심으로, 죄와 죽음의 권세 아래 있는 인간을 구속하셨다. 이로써 총괄갱신의 길이 열리게 되었으며, 인간은 아담의 타락 이전 상태로 회복되어 신적 본성에 참여할 가능성(벧후 1:4)을 부여받는다. 동시에 그리스도의 십자가는 하나님의 사랑과 지혜의 계시로서, 인간에게 도덕적·영적 모범을 제공하는 사건으로 해석된다.

특히 이 이론은 십자가 안에 '숨겨진 비밀'(sacramentum absconditum)이라는 개념을 통해, 겉으로는 수치와 패배로 보이는

Monthly(1957) 등을 참조하라.

십자가가 실제로는 하나님의 지혜와 사랑이 은밀히 드러난 자리임을 강조한다. 곧, 그리스도의 죽음은 사탄의 억압 아래 있던 인류를 해방시키는 우주적 승리의 사건이며, 이를 통해 하나님의 본질이 자기희생적 사랑의 형태로 계시되었다는 점에서, 십자가는 하나님의 구속 계획 속에 감추어진 신비로 간주된다.

이러한 신학은 단순한 이론적 설명에 머무르지 않고, 그리스도인들에게 윤리적·실천적 요청으로 이어진다. 곧, 그리스도의 삶과 가르침을 따라 살아가야 한다는 제자도적 함의를 동반한다. 십자가의 승리는 단지 과거의 구속 사건이 아니라, 오늘을 살아가는 신자들의 삶 속에서도 악에 저항하고, 사랑과 평화의 방식으로 승리하는 존재로 살아가도록 초대하는 실천적 신학의 기초가 되는 것이다.

현대의 여러 신학자들은 '승리자 그리스도론'(Christus Victor)이 지닌 포괄성과 통합성을 그 주요한 강점으로 평가한다. 속죄론은 본래 특정한 시대적·문화적 맥락에 따라 다양한 형태로 발전해 왔으며, 각 이론은 고유한 강조점과 해석 구조를 지니고 있다. 이러한 다양성 속에서 구스타프 아울렌이 제시한 '승리자 그리스도론'은 다양한 속죄 이론들을 포괄적으로 수용할 수 있는 구조적 유연성을 지니고 있다는 점에서 주목을 받는다.

예컨대, 한스 부어스마(Hans Boersma)는 '승리자 그리스도론'이 오늘날 가장 실제적이고 통합적인 속죄 이론으로 기능할 수 있는 이유를 다음과 같이 설명한다. 이 이론 안에는 고전 기독론의 세 직분 개념에 상응하는 선지자적 요소(도덕적 감화론), 제사장적 요소(형벌 대속론), 왕적 요소(우주적 승리)가 모두 포함되어 있다는 것이다. 즉, 그리스도의 십자가 사건은 인간의 도덕적 감화와 의지의 갱신을 이끌어내는 선지자적 역할을 수행할 뿐 아니라, 죄에 대한 대속적 형벌을 감당하신 제사장적 사역, 그리고 사탄과 악의 권세를 정복하신 왕적 승리를 동시에 성취한다는 것이다.

부어스마에 따르면, '승리자 그리스도론'은 단지 우주적 악에 대한 승리를 설명하는 교리가 아니라, 각 죄인의 개별적 칭의와 성화의 과정을 포함하는 총체적 구속 이론으로 이해될 수 있다. 이는 고대 교부들의 총괄갱신, 중세 스콜라주의의 형벌 대속, 근대 이후의 주관적 감화 이론 등을 단절이 아닌 통합적 구속 신학의 연속선상에서 포괄할 수 있는 틀을 제공한다는 점에서, 현대 속죄론 논의에서 중요한 역할을 수행하고 있다. 부어스마는 이같이 말한다.

> 기독교 신앙의 중심에는 예수가 십자가를 통해 악의 권세에 대한 '승리'를 쟁취하였다는 선언이 놓여 있다. 속죄에 대한 각각의 이론마다 '승리'를 구체적으로 해명하는 방식에서는 의견이 다를 수 있다고 하더라도, 결국 모든 이론은 '승리'에 대해 어떠한 방식으로든지 증언해야만 한다. 따라서 승리자 그리스도 이론은 모든 속죄론이 지향해야 할 '궁극의 은유'라고 할 수 있다. …내가 승리자 그리스도 테마를 끝까지 남겨둔 주된 이유는 현실적으로 그것이 가장 중요한 속죄 이론이라고 믿기 때문이다. 세 가지 이론들은 관련이 없지 않다. 어둠의 권세에 대한 그리스도의 승리는 그의 '총괄갱신' 사역의 '텔로스'(τέλος, 목표)이자 절정이다. 다른 말로, 승리는 총괄갱신의 과정 전체의 결과이다. …따라서 어떤 의미에서 승리자 그리스도 테마는 궁극의 은유이다. 도덕 감화론과 형벌 대속론은 그것들이 목적을 위한 수

> 단이라는 점에서 승리자 그리스도에 종속된다.[330]

부어스마(Hans Boersma)는 '승리자 그리스도론'이 지닌 포괄성과 통합적 구조를 높이 평가한다. 그는 이 이론이 속죄론의 역사적 전개 속에서 선지자적 요소(도덕적 감화), 제사장적 요소(형벌 대속), 왕적 요소(우주적 승리)를 모두 아우르고 있으며, 그리스도의 십자가 사건을 다양한 차원에서 설명할 수 있는 가장 실제적인 교리적 모델로 제시한다. 부어스마에 따르면, 승리자 그리스도론은 그리스도의 십자가를 통해 단지 우주적 악에 대한 승리를 이룬 것뿐 아니라, 죄인의 '칭의'와 '성화'까지 포괄하는 전인격적 구속의 신학으로 기능한다.

이러한 통합적 구조 속에서, 부어스마는 특히 총괄갱신을 통한 구속의 성취를 위해서는 인간의 주관적 응답과 실천이 필수적이라는 점을 강조한다. 곧, 예수 그리스도의 삶과 순종은 선지자적 모범으로 주어졌으며, 구속의 유익이 실제로 성취되기 위해서는 인간이 그리스도의 삶을 따르는 윤리적 책임을 감당해야 한다는 것이다. 이러한 주장에는 선과 악을 이분법적으로 구분하는 헬레니즘적 윤리 세계관이 반영되어 있으며, 아담의 불순종과 그리스도의 순종을 대조하는 구속사적 도식 안에서, 타락의 본질을 도덕적 실패와 그에 따른 필멸의 상태로 규정하고, 구속을 윤리적 회복과 신성 회복으로 이해하려는 경향이 나타난다.

이와 같은 맥락에서 그레고리 보이드(Gregory A. Boyd) 역시 승리자 그리스도론이 고전적 총괄갱신 개념을 중심에 두면서도, 형벌대속론, 도덕적 감화론, 치유 이론 등 다양한 십자가 신학의 핵심 요

---

330 Ibid., 181-2.

소들을 포괄할 수 있는 통합적 신학적 모델임을 주장한다. 그의 설명은 다음의 세 가지 주요 측면으로 요약될 수 있다.[331]

첫째, 승리자 그리스도론은 형벌 대속론의 핵심 주장, 곧 예수 그리스도의 십자가 죽음이 인간의 죄를 대속하기 위한 죽음이라는 점을 전적으로 수용한다. 다만, 이 죽음을 법적 범주에 한정하지 않고, 우주적 구속의 관점으로 확장함으로써, 형벌 대속론이 지닌 협소함과 제한을 극복하고자 한다.[332] 보이드에 따르면, 예수의 죽음은 자발적인 자기희생적 사랑의 표현이며, 이는 인간이 지은 모든 죄의 결과를 그리스도께서 감당하셨다는 것을 의미한다. 그 결과, 인간을 억누르던 파괴적 악의 세력은 무너지고, 인간은 율법의 정죄로부터 자유롭게 되어 삼위일체 하나님과의 친밀한 교제와 거룩한 사랑의 관계 속으로 들어가게 되었다. 이 관점에서 볼 때, 십자가는 세상을 장악한 권세를 무너뜨리고 죄의 지배를 해체함으로써 '하나님의 의'를 드러낸 사건이며, 인간에게 실질적 자유를 부여하는 결정적 사건이었다.

둘째, 승리자 그리스도론은 치유 이론의 핵심 주장도 일정 부분 수용한다. 치유 이론은 모든 질병이 죄의 결과라는 전제에서 출발하며, 예수 그리스도께서 십자가에서 사탄의 권세를 결박하심으로써 인간 질병의 궁극적 원인이 제거되었고, 그 결과 인간이 영적·신체적 자유를 회복하게 되었다고 본다. 보이드는 이 주장에 근거

331　Gregory A. Boyd, "승리자 그리스도론", James K. Beilby, Paul R. Eddy 편, 김광남 역, 『속죄의 본질 논쟁』 (서울: 새물결플러스, 2018), 63.

332　보이드에 따르면, 십자가는 세상을 하나님과 화해시키는 것이지, 하나님을 세상과 화해시키는 것이 아니다(고후 5:19). 따라서 그는 그리스도의 십자가 죽음이 성부 하나님의 진노를 가라앉히기 위한 것이거나, 성부가 인간을 용서하시기 위해 성자에게 형벌을 내리셨다는 주장은 불필요하다고 주장한다.

하여 "그리스도 안에서 새로운 피조물"(고후 5:17)이라는 사도 바울의 선언에 주목한다.[333] 그는 십자가가 인간의 영적 눈을 열어 주고, 질병과 악의 영향으로부터 점차 해방시킴으로써, 그리스도의 형상을 닮아가는 변화(transformation)를 가능케 한다고 주장한다(고후 3:12-4:6).

셋째, 승리자 그리스도론은 도덕적 감화 이론의 요소도 수용한다. 곧, 그리스도의 십자가 안에서 하나님께서 자기 자신을 사랑으로 계시하셨으며, 이는 신자들이 본받아야 할 삶의 모범으로 제시되었다는 것이다.[334] 보이드에 따르면, 예수의 생애 전체가 도덕적 모범이었지만, 특히 갈보리 십자가 위에서 그 모범이 절정에 이르렀다. 그리스도는 갈보리의 십자가에서 "악을 선으로 이기는"(롬 12:21) 삶의 궁극적 전범을 제시하셨으며, 베드로 사도는 핍박과 박해 가운데 있는 성도들에게, 예수 그리스도의 삶이 "정욕으로 인하여 세상에서 썩어질 것을 피하여 신의 성품에 참여하는 자"(벧후 1:4)의 모범임을 상기시킨다.

현대의 주요 신학자들은 이레네우스의 총괄갱신설에 함축된 우주적 변혁과 구속의 신학에 대체로 동의하면서도, 사탄배상설이 전제하는 '신적 기만'(divine deception) 개념에는 비판적인 입장을 견지한다.[335] 이들은 하나님께서 구속 사역을 수행하시기 위해 사탄에게 속임수를 사용하셨다는 해석이 하나님의 성품과 삼위일체적 구속의 통일성에 위배된다고 본다.

예컨대, 그레고리 보이드(Gregory A. Boyd)는 승리자 그리스도

---

333 Ibid., 66.
334 Ibid., 67.
335 Boyd, "승리자 그리스도론", 65.

론의 핵심 내용을 옹호하면서도, 고대 교부들 가운데 일부가 그리스도께서 속임수로 십자가 사역을 완수하셨다고 여겼다는 점에 대해 명백히 비판한다. 그는 예수께서 자신의 생명을 '많은 사람을 위한 속전'으로 내어주셨다는 성경의 진술(마 20:28)은 확고히 지지하지만, 이를 사탄에게 실제로 속전(ransom)을 지불한 신적 거래로 이해하는 것은 부당한 해석이라고 주장한다. 보이드에 따르면, 그리스도의 속죄 사역은 하나님과 사탄 사이의 거래가 아니라, 하나님의 자발적인 희생과 사랑의 표현이며, 사탄은 결코 구속의 주체가 될 수 없는 피조물일 뿐이다.

이와 유사한 입장에서 존 스토트(John Stott) 또한, 그리스도의 십자가 죽음의 목적을 사탄의 요구에 대한 응답 혹은 단순한 도덕적 모범 제시에 국한시키는 관점이 부분적으로 설명력을 가질 수는 있으나, 그 전체적 의미를 포착하는 데에는 신학적으로 불충분하며 오류 가능성이 내포되어 있다고 지적한다.[336] 그는 만일 십자가 사건이 사탄이나 인간의 도덕적 갱신에만 초점이 맞춰진다면, 그로 인해 창조주 하나님께서 자신보다 더 높은 어떤 원리나 존재에 종속된 것으로 보일 수 있으며, 하나님이 그 원리의 요구에 책임을 지는 것처럼 오해될 위험이 있다고 경고한다.

이에 따라 스토트는 예수 그리스도의 십자가 죽음이 만족시킨 대상은 사탄이 아니라, '하나님 자신'이라는 안셀무스의 통찰을 재확인한다. 곧, 십자가는 하나님의 사랑과 공의가 함께 나타나는 사건이며, 그리스도의 죽음은 하나님의 거룩하신 사랑이 하나님의 공의를 '만족'시킨 속죄의 결정적 성취로 해석되어야 한다. 이때 사탄

---

336 Stott, 『그리스도의 십자가』, 161-70.

은 거래의 대상이 아니라, 하나님의 주권 아래 복종해야 할 피조물에 불과하다는 점에서, 사탄배상설이 전제하는 신적 거래의 구도는 성경과 전통적 기독론에 부합하지 않는다는 것이 스토트의 일관된 입장이다.

십자가 신학의 고전적 이론은 종말론적 관점을 전제하고 전개된다는 점에서 독특한 신학적 틀을 형성한다. 특히 '승리자 그리스도론'(Christus Victor)은 예수 그리스도의 지상 사역이 곧 하나님 나라의 도래를 선포함으로써 시작되었음을 강조한다. "때가 찼고 하나님 나라가 가까이 왔으니 회개하고 복음을 믿으라"(막 1:15; 마 4:17)는 예수의 공적 선포는, 그분의 사역 전체가 하나님 나라의 실현과 악의 권세에 대한 종말론적 투쟁이라는 해석으로 이어진다.

이와 관련하여 승리자 그리스도론은 "내가 만일 하나님의 손을 힘입어 귀신을 쫓아낸다면 하나님의 나라가 이미 너희에게 임하였느니라"(눅 11:20)는 구절을 핵심 본문으로 인용한다. 이는 예수의 지상 사역 가운데 이미 사탄의 통치가 무너지기 시작하였고, 그분의 죽음과 부활을 통해 총괄갱신을 통한 새 창조 질서, 즉 종말론적 하나님 나라의 현재적 실현이 선포되었다는 신학적 주장을 뒷받침한다. 나아가 예수는 자신의 죽음을 하나님 나라의 완성과 연결지으며, "오늘과 내일과 모레는 내가 갈 길을 가야 하리니"(눅 13:32-33)라 하심으로, 십자가 사건이 종말론적 성취의 결정적 전환점임을 예고하신다.

이와 같이 성경은 예수의 삶과 십자가 사건이 악과의 투쟁과 하나님의 승리를 통해 우주적 변혁을 가져오며, 결국 세상과 하나님의 화해를 이루어 종말론적 하나님 나라의 완성을 향해 나아간다는 점에서, 승리자 그리스도론의 기본 구조와 신학적 직관을 뒷받침하는 것으로 보인다.

그러나 이 이론은 동시에 여러 신학적 약점과 비판의 지점을 노출한다. 무엇보다 승리자 그리스도론은 그리스도의 신성에 치중하는 경향을 보이며, 그분의 참된 인성의 역할을 상대적으로 축소하거나 간과하는 기독론적 불균형을 유발할 수 있다. 또한 그리스도께서 십자가에서 사탄을 이기시고 총괄갱신을 이루셨다는 주장을 전제로 하면서도, 세상 안에 여전히 남아 있는 악과 고통, 불의와 죽음의 현실에 대해 충분한 설명을 제공하지 못하는 섭리론적, 신정론적 한계를 드러낸다.

아울러 이 이론은 세상과 역사를 영적 전쟁의 장으로 해석하는 경향이 강하여, 현실의 악에 대한 신학적 대응을 넘어서, 극단적 이분법적 세계관 또는 신비주의적 해석의 틀로 빠져들 위험성을 내포하고 있다. 이는 기독교 신학이 하나님의 창조 질서와 섭리, 인간 역사에 대한 긍정적 평가를 유지해야 한다는 보다 균형 잡힌 관점과 충돌할 가능성을 지닌다.

중세 서방 교회의 만족설과 법적 신학

만족설(Satisfaction Theory)은 '스콜라주의의 아버지'로 불리는 캔터베리의 안셀무스(Anselmus Cantuariensis, 1033-1109)에 의해 제안된 속죄론의 중심 이론 중 하나로, 십자가 신학에 중대한 전환점을 제공하였다. 안셀무스는 고전적 견해에서 강조되던 그리스도와 사탄 간의 투쟁 구도와 이원론적 세계관이 하나님의 절대 주권과 영광에 부합하지 않는다고 판단하고, 그의 저술 『왜 하나님은 인간이 되셨는가』(*Cur Deus Homo*)에서 신적 보상 개념에 근거한 '만족설'을 체계적으로 전개하였다.[337]

안셀무스에 따르면, 구원이 필요한 인간의 상황은 사탄의 통치 때문이 아니라, 하나님께 대한 인간의 불순종과 그로 인한 하나님의 명예(honor)의 훼손 때문이었다. 따라서 구속은 사탄과의 거래나 전투가 아니라, 하나님의 정의와 영예에 대한 '만족'(satisfactio)이 이루어져야 하는 문제로 이해되었다. 인간은 자신의 죄로 인해 하나님의 명예에 무한한 손상을 입혔으며, 이로 인해 무한하고 완전한 만족이 반드시 제공되어야 한다. 그러나 어떤 피조물도 하나님의 의와 거룩함을 충족시킬 수 없으므로, 신성과 인성을 함께 지닌 성자 하나님만이 그 만족을 이룰 수 있는 유일한 존재가 된다. 성육신

---

337   Anselm, *Cur Deus Homo*, 이은재 역, 『인간되신 하나님』(서울: 한들출판사, 2001), 30-6. 안셀무스는 십자가 신학의 고전적 이론에 나타난 '이원론적' 세계관은 하나님의 주권에 치명적 손상을 입힌다고 비판한다. 곧 그리스도의 죽음이 하나님 안에서 일어난 것이 아니라 사탄의 요구로 일어났다고 주장하여 하나님의 주권을 배제하였다. 그 결과, 그리스도 십자가 죽음의 직접적인 영향은 사탄에게 일어나고, 이차적으로만 하나님과 인간 편에 영향을 끼친다. 성경에서 설명하고 있는 사탄은 하나님의 피조적 존재일 뿐이다. 하나님은 십자가를 통해 인류를 "흑암의 권세 영역에서 건져내사 그가 사랑하는 아들의 나라로 옮기셨다"(골 1:13). 즉 예수 그리스도의 죽음은 공의의 요구를 충족시켜 하나님의 진노로부터 자유하게 되었다. 따라서 죄와 죽음과 사탄은 인간을 정당하게 지배할 수 없지만, 아직도 하나님의 정죄 아래 있는 사람들을 괴롭히고 속박할 수 있다. 그렇다고 사탄이 그런 권위를 독립적으로 가지고 있지 않고, 하나님의 통치 아래서 활동하고 있음을 간과해서는 안된다. 하나님은 "우주를 다스리는 창조주"(행 17:24)이시므로 그분의 통제를 넘어서는 일은 아무것도 일어나지 않는다. 따라서 사탄은 하나님의 의로운 심판의 종속 도구 또는 집행자일 뿐이다. 따라서 사탄의 지배에서 구출하기 위한 가장 큰 요건은 재판관이신 하님께서 형벌을 취소해야한다. Thomas Jackson Crawford, *The Doctrine of the Holy Scripture Respecting the Atonement*(Eugene, Oregon: Wipf & Stock, 2003), 63 참조.

하신 그리스도의 대속적 죽음만이 보응의 원리를 훼손하지 않으면서도 인간의 용서와 하나님과의 화해를 가능케 하는 길이 되었다.[338]

안셀무스가 집중한 질문은 "누가 인간을 죄로부터 참으로 자유롭게 할 수 있는가?"라는 근본적 신학적 물음이었다. 인간의 죄는 너무 깊어서 거룩한 하나님의 영예를 훼손했는데, 손상된 하나님의 영예는 무한한 손상이기 때문에 무한하고 온전한 만족이 주어져야만 했다.[339] 하나님은 죄에 대한 대가로서 속죄의 희생 제물을 요구하셨으나, 죄인인 인간은 그 제물이 될 수 없었기에, 하나님께서 스스로 인간이 되셔서 십자가 위에서 그 희생을 완수하신 것이다.

이러한 '명예-만족' 개념에 기초한 속죄 이해의 원형은 2세기 북아프리카의 평신도 교부인 터툴리안(Tertullian, ca. 150-225)에게서 그 단초를 찾을 수 있다.[340] 터툴리안은 당대의 지배적 견해와 달리, 그리스도의 죽음이 인간을 향하기보다 하나님의 명예를 회복하는 데 주된 목적이 있다고 보았다. 그는 십자가의 죽음이 성부 하나님과 성자 그리스도 간의 신적 관계 안에서 만족이 성립되는 사건이라고 이해하였다. 안셀무스는 터툴리안의 신학적 직관을 계승하되, 이를 중세 스콜라 철학의 법정적 논리 안에서 더욱 정교하게 체계화하였다.

안셀무스는 또한 그리스도의 십자가 사역으로 인해 획득된 공로가 죄인에게 '전가'(imputatio)되는 방식 역시 법률적 사상의 적용을 통해 설명한다. 이처럼 만족설은 법정적 구조와 계약적 정의 개념에 근거한 십자가 신학으로, 사탄과의 우주적 대결을 중심으로 구

---

338 Anselm, 『인간되신 하나님』, 137-53.
339 Ibid., 113-5.
340 Aulen, *Christus Victor*, 81-2.

성된 고전적 견해와는 본질적으로 구별되는 신학적 성격을 지닌다.

안셀무스가 속죄를 설명하기 위해 사용한 '명예', '보상', '상호적 책무'와 같은 개념들은 모두 중세 봉건적 질서와 관계 맥락에서 기인한 것이다. 이 속죄 개념은, 하나님의 명예가 손상된 상태에서 그 명예를 회복하기 위한 정당한 보상이 반드시 이루어져야 한다는 사상에 기반을 둔다. 중세 봉건 사회와 기사도 문화 속에서 가장 중대한 범죄는 영주의 고귀한 신분적 명예를 훼손하는 행위로 간주되었으며, 이러한 문화적 배경은 만족설의 신학적 구조에 깊이 반영되어 있다. 즉, 인간이 범한 죄는 단순한 위법 행위가 아니라, 무한한 하나님의 명예를 침해한 사건으로 이해되며, 이에 대한 보상적 만족(satisfactio)이 요청된다.[341]

서로마 제국의 붕괴와 그에 따른 혼란을 경험했던 중세 초기에, 죄로 인한 신적 진노로부터 어떻게 용서를 받을 수 있는가라는 질문은 가장 중대한 신학적 과제로 부상했다. 안셀무스는 하나님의 진노보다 하나님의 사랑을 강조하면서도, 이러한 시대적 질문에 응답하기 위해 속죄 이론을 구상하였다. 그는 그리스도의 고난과 죽음을 강제적으로 부과된 형벌로 이해하지 않았고, 오히려 자발적으로 참여하신 원형적 헌신의 형태로 해석하였다. 즉, 십자가의 죽음은 폭력에 의해 희생된 사건이 아니라, 예수 그리스도께서 자발적으로 헌신하신 은혜의 사건으로 간주되었다.

안셀무스는 이러한 신학적 해석을 통해, 개인적 참회와 고해성

---

341 베에커, 『십자가와 구원의 문화적 이해』, 190. 그 시대에는 상호적인 책무, 곧 영주는 자본과 안전을 제공하고 농노는 명예와 충성을 바치는 방식으로 서로 반드시 지켜야 할 언약 관계에 놓여있었다. 따라서 영주를 섬기는 사람은 반드시 충성서약을 지켜야 했고, 만약 서약이 지켜지지 못하면 영주의 기분을 달래기 위해 어떤 보상이 마련되어야만 했다.

사의 정당성을 확립하고자 하였다. 만족설은 속죄의 필요성이 사탄의 요구가 아니라 하나님의 본성 자체에서 비롯된다는 점에서, 속죄에 대한 신학적 해석의 방향에 대전환을 가져왔다. 고전적 견해와 달리, 만족설은 그리스도의 인성에 보다 본질적인 역할을 부여하고, 죄의 심각성과 속죄의 무한한 가치를 보다 정교하게 설명해 준다. 이러한 이유로 만족설은 서방교회 내에서 가장 성경에 부합한 속죄 교리로 널리 수용되었다.

그러나 중세 봉건 체제가 붕괴되고, 종교개혁을 거치며 '속죄' 개념은 독일 법학적 전통 안에서 재해석되었다. 그 결과 속죄는 하나님의 '정의'에 대한 '만족'이라는 개념으로 재구성되었고, 만족설은 점차 형벌 대속론(penal substitutionary theory)으로 대체되기에 이른다. 이와 같은 배경을 바탕으로 만족설의 신학적 한계는 다음과 같은 몇 가지 측면에서 논의될 수 있다.

첫째, 안셀무스는 속죄를 위한 그리스도의 죽음이 절대적으로 필요한 이유를 하나님의 속성과 구원의 조건, 즉 '명예의 손상'과 그에 대한 보상이라는 선험적 필연성에서 찾고 있다. 이에 대해 아울렌(Gustaf Aulén)은 만족설이 '만족'과 '공로'라는 개념을 통해 라틴 신학의 핵심 사상, 곧 하나님의 '정의'를 만족시키기 위한 그리스도의 업적을 드러내는 이론이라고 비판한다.[342] 아울렌에 따르면, 만족설은 하나님의 구원 계획 속에서 인간을 향한 하나님의 사랑보다는, 하나님의 명예 회복을 위한 인간의 고행적 참여를 강조하며, 본질적으로 율법적이며 형식주의적인 체계에 머문다. 특히 만족설은 그리스도가 인간으로서 하나님과의 관계 속에서 성취한 '업적'을 중심으

---

342 Aulen, *Christus Victor*, 92.

로 해석함으로써, 중세 참회 제도의 영향을 받은 이론적 틀 안에서 십자가 사건을 전개하고 있다는 한계를 노출한다.

이에 대해 칼뱅(John Calvin, 1509-1564)은 그리스도의 죽음은 하나님의 자유로운 주권과 예정, 언약에 근거한 사건이라고 주장함으로써, 만족설이 지닌 선험적 필연성과 율법주의적 구조를 넘어서려 하였다.[343]

둘째, 만족설은 그리스도의 죽음을 죄인인 인간을 위한 대속적 행위로 보기보다는, 하나님의 명예 회복을 위한 헌신적 '선물'로 이해하는 경향이 있다. 이는 하나님의 주권과 정의, 명예 회복을 지나치게 강조한 나머지, 하나님의 사랑과 예수 그리스도의 죽음이 지닌 구속사적 의미를 상대적으로 약화시키는 결과를 초래한다. 성경이 증언하는 구속의 서사는 인간을 구원하기 위한 하나님의 자기희생적 사랑의 이야기이며, 이는 하나님의 사랑이 구속 사역의 주도권을 가지는 방식으로 완성되는 사건이다. 반면 만족설은 이를 하나님의 명예를 만족시키기 위한 인간의 고행 이야기로 전도시킬 위험을 내포하고 있다.

셋째, 만족설은 예수 그리스도께서 자발적으로 하나님의 뜻에 순종하여 고난을 당하고 죽으셨다는 점을 강조한다. 이는 그리스도의 자발적 순종(voluntas activa)이라는 측면을 부각시키는 데 기여하지만, 동시에 그리스도의 전체 생애와 사역이 지닌 구속사적 의미를 상대적으로 간과하는 결과를 낳기도 한다. 뿐만 아니라, 만족설은 그리스도의 죽음을 하나님의 진노를 유화시키기 위한 수동적 순종의 사건으로 해석함으로써, 그리스도의 능동적 순종의 의미

---

343 Calvin, 『기독교 강요』, 2.12.4.

를 충분히 설명하지 못한다. 이와 관련하여 헤르만 바빙크(Herman Bavinck)는 그리스도의 사역 전체는 '순종'이라는 주제로 요약될 수 있으며, 이는 절대적 순종과 완전한 희생 제사를 통해 드러난다고 강조한다. 바빙크에 따르면, 예수 그리스도의 전 생애는 하나님의 뜻을 위한 사역으로 일관되며, 인간의 구원은 그리스도의 능동적 순종과 수동적 순종을 포괄하는 전인격적 사역 안에서 보증된다.[344]

넷째, 만족설은 철저하게 성부 하나님과 성자 예수 그리스도 사이의 신적 관계에 기초한 객관적 속죄론으로 전개되며, 그리스도의 희생이 인간의 내면과 신앙에 미치는 주관적·실존적 의미에 대해서는 상대적으로 침묵한다.[345] 이 이론은 십자가 사건을 예수의 죽음과 하나님의 만족 간의 '빚-지불' 구조의 거래로 설명하며, 이는 신자의 삶과 윤리적 변화를 포함하는 속죄의 실천적 차원을 간과하게 만들 수 있다.

이러한 객관주의적 편중에 대한 반성은 현대 신학에서 속죄의 주관적이고 윤리적 함의를 강조하는 다양한 신학적 시도—예컨대

---

344 Herman Barvink, *Gereformeerde Dogmatiek III* (Kampen: J, H, Kok, 1929), 382-4.

345 여기서 "객관적 속죄"(objective atonement)란 인간의 행위나 태도 등의 반응과 무관하게, 성부 하나님과 성자 예수 그리스도 사이에서 발생되는 신적 구원계획이나 행위가 하나님을 만족시키는 영향을 미치는 것을 뜻한다. 즉 만족설에서는 그리스도의 죽음이 하나님 자신의 본성 안에서 하나님이 만족된다는 의미에서 객관적이라고 말할 수 있다. 반면, "주관적 속죄"(subjective atonement)란 그리스도의 구속사역이 인간에게 영향을 미치는 것을 의미한다. 롬 5:8의 말씀에서 보여준 것처럼, 그리스도의 죽음이 인간에게 완전한 신적 사랑의 모범을 보여주고, 인간은 그리스도가 죽음으로 모범을 보여준 사랑에 합당한 반응이 요청된다. "주관적 속죄"는 아벨라르의 도덕적 감화 이론이 대표적이다. 요약하면, 객관적 속죄에서는 그리스도의 십자가 사역이 하나님께 영향을 미치는 반면, 주관적 속죄에서는 인간에게 영향을 미친다.

도덕 감화 이론, 관계적 구속론, 해방신학적 해석 등―로 이어지고 있으며, 속죄 교리에 대한 균형 있는 이해와 통합적 접근의 필요성을 새롭게 제기하고 있다.

요약하면, 십자가 신학으로서의 '만족설'은 속죄의 객관적 측면을 강조하며, 속죄의 동기와 효력을 직접적으로 하나님의 성품과 요구에 연관시켰다는 점에서 중요한 신학적 공헌을 지닌다. 그러나 동시에, 그리스도의 죽음의 의미를 해석함에 있어 성부 하나님의 영광을 위한 성자 예수의 능동적 역할만을 강조하고, 죄인을 위한 '대리적' 희생이라는 수동적 측면을 상대적으로 소외시켰다는 비판을 받아 왔다. 더 나아가, 그리스도의 공로가 인간에게 전가(imputatio)되는 과정에 대한 설명이 신학적으로 명확하지 않으며, 구원의 사건에서 그리스도의 죽음을 지나치게 강조함으로써, 삶의 영역을 포괄하는 구속의 총체적 차원을 충분히 고려하지 못했다는 평가 또한 제기되고 있다.

종교개혁 이후의 형벌 대속론

형벌 대속론(Penal Substitution)은 종교개혁 이후, 중세 로마 가톨릭교회에서 지배적이었던 안셀무스(Anselmus Cantuariensis)의 '만족설'(Satisfaction Theory)이 지닌 한계점을 성경적으로 보완하면서 복음주의 신학의 중심 속죄 이론으로 발전하였다. 이 이론은 초월적이면서도 인격적인 하나님께서 단지 '사랑'의 속성만이 아니라, '공의'의 속성 역시 본질적으로 지니신 분이라는 전제에 기초한다. 따라서 하나님과의 언약적 관계 안에 살아가는 인간은 거룩하신 하나님과의 교제를 위해 동일한 거룩함을 요구받으며, 동시에 인간의 삶과 인격 속에서도 공의와 사랑이 함께 요청된다.

아담의 범죄로 말미암은 인간의 타락은 이 두 속성을 파괴하였다. 공의는 무너지고, 사랑의 관계는 단절되었으며, 이로 인해 인간은 하나님의 진노 아래 놓이게 되었고, 죽음의 심판을 피할 수 없는 존재가 되었다. 이러한 상황을 타개하기 위하여, 곧 하나님의 거룩과 공의를 훼손한 죄 문제를 해결하고 언약 관계를 회복하기 위하여, 성자 하나님이신 그리스도께서 성육신하셨으며, 십자가에서의 죽음을 통해 인류의 죄값을 대속하셨다. 그 결과, 인간은 예수 그리스도를 통해 하나님과의 관계를 회복할 수 있게 되었고, 이러한 구속 사건은 성경의 구원 서사(narrative of salvation)에서 절정에 해당한다. 십자가는 그 서사의 대반전을 이루는 결정적 사건이다.

형벌 대속론은 인간이 타락과 범죄로 인해 하나님의 거룩과 공의에 따라 정당한 진노와 형벌의 대상이 되었으나, 예수 그리스도의 십자가 죽음을 통해 인류의 죄가 대속되었고, 이로써 하나님과 인간 사이의 언약적이며 법적 관계가 성취되었다는 성경 계시의 내용을 설명하는 이론이다.[346] 이에 따르면, 십자가 사건은 '공의의 만족'이라는 법적·법정적 틀 속에서 이해되어야 한다. 곧 죄로 인해 마땅히 인간이 받아야 할 형벌을 예수 그리스도께서 대리적으로 감당하심으로써, 하나님의 진노가 유화되었고(propitiation), 정의가 충족됨으로써 창조주와 피조물 사이의 단절된 관계가 '화해'(롬 5:10)로 전환되었다는 것이다.[347]

---

346 성경은 반복해서 예수의 대속적 죽음을 진술하고 있다. 마 20:28; 막 10:45; 요 1:29; 롬 3:25-26, 5:6-11 ; 고후 5:18-21; 골 1:19-22; 엡 2:14-16; 히 2:17-18; 요일 2:2을 참조하라.

347 Schreiner, "형벌 대속론", 101.

형벌 대속론은 십자가의 구속적 사역이 궁극적으로 '화목'과 '구속'을 동시에 성취한 사건임을 강조한다. 바울이 "예수를 하나님이 그의 피로써 믿음으로 말미암아 화목 제물로 세우셨으니"(롬 3:25)라고 선언할 때, '화목'은 하나님의 공의로운 진노가 십자가를 통해 진정되었고, 죄로 인해 단절되었던 하나님과의 관계가 회복되었음을 의미한다.[348] 동시에 '구속'의 차원에서는 죄악에 대한 하나님의 심판과 형벌이 필연적으로 요구되며, 하나님은 그 심판을 십자가에서 성취하셨다는 점에서 십자가 사건은 대속적 성격을 지닌다. 요컨대, 십자가는 '하나님의 진노'를 진정시켰다는 점에서 화목의 중심이며, '죄인의 처절한 현실'로부터 구속하셨다는 점에서 대속의 핵심을 형성한다.[349]

이와 같이 형벌 대속론은 성경의 법적 언어와 은유를 통해, 그리스도의 십자가 죽음 속에 나타난 하나님의 사랑이 형벌을 통하여 진노하신 하나님의 공의를 만족시켰다는 '만족'의 차원과, 죄인을 위한 '대속'의 차원을 동시에 통합적으로 조망한다. 이는 복음주의적 속죄론이 지니는 독특한 법정적·언약적 구조를 가장 분명하게 드러내는 이론이라 할 수 있다.

만족설(Satisfaction Theory)과 형벌 대속론(Penal Substitution Theory)은 모두 구속사의 전반적인 구조에 대한 공통된 이해를 전제하지만, 핵심적인 강조점에서 뚜렷한 차이를 보인다. 전자는 그리스도의 죽음을 하나님의 '명예'(honor)를 만족시키기 위한 사건으로 이해하는 반면, 후자는 이를 하나님의 '공의'(justice)를 실현하기 위

---

348 D. Martyn Llyoyd-Jones, 『마틴 로이드 존스의 십자가』, 서창원 역(서울: 두란노, 1987), 197.

349 Stott, 『그리스도의 십자가』, 329.

한 대속적 행위로 재구성한다는 점에서 상이하다. 다시 말해, 만족설은 그리스도의 공로가 지닌 무한한 가치와 중요성을 강조하면서도 속죄를 하나님의 명예 회복이라는 개념에 집중시키는 경향이 있다. 이에 비해 형벌 대속론은 '만족'의 개념을 하나님의 도덕법 및 법적 질서와 연관지어, 그것을 '대속적 형벌'(vicarious punishment)의 범주로 전환함으로써, 그리스도의 죽음을 하나님과의 관계 회복에만 한정하지 않고, 인간 존재 전반에 영향을 미치는 구속 사건으로 확장하여 이해한다.[350]

형벌 대속론은 이스라엘 종교 전통에서 드려졌던 '희생제사'(sacrificial offering)에 신학적 근거를 두고 있다.[351] 구약의 희생 제도는 지극히 거룩하고 공의로우신 하나님 앞에서 죄를 범한 인간이 마땅히 받아야 할 형벌, 즉 죽음을, 대리 희생의 방식으로 짐승의 피흘림을 통해 대신하는 구조를 갖는다. 이러한 제사는 난지 개인의 죄악을 속죄하기 위한 목적에 그치지 않고, 공동체 전체의 부정함을 씻고 하나님과의 언약적 관계를 회복하기 위한 수단으로도 기능

---

350 Louis Berkhof, 『벌코프 조직신학』, 권수경, 이상원 역(고양: 크리스챤다이제스트, 2001), 625-7.

351 Christopher J. H. Wright, "Atonement in the Old Testament," *The Atonement Debate*, 75-6. 이스라엘 역사에서 대속적 희생 제사의 개념은 창세기 22장에서 하나님께서 이삭을 대신하여 숫양을 준비하신 사건에서 암시되고 있다. 또한 신 2:1–9도 간접적으로 대속적 속죄의 개념을 시사한다. '속죄'라는 개념은 출애굽기 32장에서 이스라엘 백성이 금송아지를 만들어 범죄하였을 때, 모세가 하나님께 드린 중보적 간구 속에서 처음으로 명시적으로 등장한다. 이후 구약 시대에는 '속죄일'이 제정되어, 인간의 죄를 사함받기 위한 종교적 의식이 정기적으로 행해졌다. 이 의식에서는 두 마리의 숫염소가 사용되었는데, 하나는 하나님께 드려지는 속죄제 희생 제물로 바쳐졌고, 다른 하나는 백성의 죄를 짊어진 채 광야로 보내져, 공동체의 죄를 대속하는 '아사셀 염소'로 기능하였다 (레 16장 참조).

하였다. 실제로 『레위기』 1장부터 7장에 이르기까지 다양한 형태의 제사 규례들은 '대속'의 기능뿐 아니라, 감사와 화목, 정결과 헌신 등 다차원적인 목적 아래에서 집행되었음을 보여준다.

하나님께서 이스라엘 백성을 애굽에서 구원하신 목적은 단순한 해방이 아니라, 그들을 '제사장 나라'(출 19:6)와 '거룩한 백성'으로 삼아, 궁극적으로 하나님 나라의 회복을 이루기 위함이었다. 이를 위해 하나님은 이스라엘과의 언약 관계 속에서 번제, 소제, 화목제, 속죄제, 속건제 등 다섯 가지 주요 제사를 명하셨으며, 이 제사의 제도 속에는 단지 과거의 죄를 속하는 기능을 넘어서, 회복된 하나님 나라의 질서와 구조가 모형적으로 반영되어 있다.

이러한 구약적 제사 제도는 형벌 대속론의 신학적 이해에 있어서 중요한 배경을 형성하며, 십자가 사건을 단지 개인적 차원의 구원에 국한시키지 않고, 공동체적·우주적 차원의 회복과 통합의 드라마로 확장하여 해석할 수 있는 기반을 제공한다.[352]

마르틴 헹엘(Martin Hengel)은 그의 저서 『신약성경의 속죄론』(*The Atonement: The Origins of the Doctrine in the New Testament*)에서 원시 기독교가 지니고 있었던 속죄론의 신학적 성격을 규명하고자 하였다. 그는 예수의 십자가 죽음이 대속적 희생 제사의 범주 안에서 해석될

---

[352] 희생제사가 '대속'의 목적뿐만 아니라 다양한 목적을 갖고 있다는 것에 대하여 Angel Manuel Rodriguez의 통찰을 주목할 필요가 있다. 그의 논문 "Substitution in the Hebrew Cultus and in Cultic-Related Texts"(Ph. D. diss., Andrews University Seventh-day Adventist Theological Seminary, 1979), 225-32에서 로드리게즈(Rodriguez)는 희생 제사가 속죄에 초점을 맞추지 않았을지라도, 손을 얹는 것, 짐승을 죽이는 것, 또 그것을 흔드는 의식이 포함되어 있으므로 속죄가 포함되어 있다고 결론을 내린다. 겔 45:17에서도 이스라엘 명절에 갖추는 모든 제사는 속죄를 위한 것임을 기록하고 있다.

수 있는지를 묻는 물음에 답하고자, 고대 근동의 역사적·문화적 배경을 소환하여 신약성경의 본문 증언을 분석한다.

헹엘에 따르면, 고대 로마 세계에서는 인간의 죽음을 통해 신의 진노가 진정되고 죄가 속해진다는 속죄 개념이 비교적 일반화된 철학적·종교적 관념으로 자리 잡고 있었다. 이러한 맥락 속에서, 그는 당시의 문화와 종교적 관습이 안디옥, 고린도, 에베소 등지의 이방인 청중들이 예수의 '대속적 죽음'(vicarious death)에 대한 복음의 메시지를 보다 수용 가능하게 만드는 해석학적 '접촉점'(hermeneutical point of contact)을 제공하였다고 주장한다.[353]

헹엘의 연구에 의하면, 속죄론에 관한 신약성경의 신학은 단순한 유대교적 제사 체계의 연장이 아니라, 그리스도의 십자가 사건을 중심으로 새롭게 정립된 신학적 구조이며, 이는 특별히 사도 바울의 서신에서 두드러지게 나타난다. 헹엘은 바울이 그리스도의 속량 죽음을 진술하는 데 있어 사용하는 두 가지 형태를 다음과 같이 서술한다.

> 예수께서는 우리의 구원을 위하여 자신을 내어주셨다. 이것은 '자신을 내어주셨다'라는 복합된 동사 '넘겨주다' 또는 단순한 '주다'와 결합되어 있는 형태이다. '우리를 위하여'는 '우리의 죄를 사하기 위하여'라고 해석해야 한다. 또한, 로마서 4장 25절 "그가 우리의 허물 때문에 내어줌이 되고 우리가 의롭다고 인정받기 위하여 다시 사심을 얻었다"에서 그리스도가 자신의 생명을 우리를 위해 내어주시는 주체가 되고, 그것은 '속량'으로 기술되어 있다.[354]

---

353 Hengel, 『신약성서의 속죄론』, 85.
354 Ibid., 86.

헹엘(Martin Hengel)에 따르면, 바울 서신에 나타나는 속죄론은 바울 개인의 신학적 창안이 아니라, 바울 이전의 초기 기독교 전통과 긴밀히 연결되어 있다. 그는 바울의 속죄론이 궁극적으로 이사야 53장, 곧 성육신 이전 약 7세기경 이사야 선지자를 통해 예언된 '고난 받는 종'의 대속적 죽음에 그 기원을 두고 있다고 주장한다. 헹엘은 이러한 주장을 입증하기 위해 역사비평적 방법을 동원하여 바울 서신이 구약적-유대교적 전통 및 초기 기독교 공동체의 신앙 고백과 어떤 방식으로 연결되어 있는지를 밝히려 한다.[355]

예컨대, 바울은 고린도전서 15장 3절에서 "그리스도께서 우리 죄를 위하여 죽으셨다"(Χριστός ἀπέθανεν ὑπὲρ τῶν ἁμαρτιῶν ἡμῶν)고 진술하며, 이 내용이 자신이 전해 받은 전통임을 명시한다.[356] 이는 바울이 고린도 교회를 설립할 당시 이미 통용되고 있었던 구속사적 전승(paradosis)의 일부로, 복음의 본질을 요약하는 핵심적 진술이다. 이 진술은 그리스도의 죽음을 단순한 역사적 사건이 아닌, 구속사적 목적에 근거한 대속적 사건으로 간주하는 초기 기독교 공동체의 신학을 반영한다.

또한, 로마서 5장 8절은 "우리가 아직 죄인 되었을 때에 그리스

355　Ibid., 90.

356　Ibid., 88. 헹엘은 고전 15:3 말씀에 대한 헬라어 형식(formula)의 기원을 추적하여, 스데반과 같은 헬라파 그리스도인들이나 아람어를 사용하는 초기의 유대인 그리스도인에게서 발견되지만, 궁극적으로는 예수 자신이 제자들에게 성만찬 예식을 정하시고(고전 11:23-26) 자신의 임박한 죽음을 해석하실 때로 거슬러 올라가 기원을 찾는다. Martin Hengel은 "The Expiatory Sacrifice of Christ," *BJRL* 62(1980): 454-75. 같은 맥락의 내용이 Peder Borgen, "Crucified for His own sins, Crucified for our sins: Observations on a Pauline Perspective," in *New Testament and Early Christian Literature in the Greco Roman Context*(Leiden: Brill, 2006), 17-35에서도 발견된다.

도께서 우리를 위하여 죽으심으로 하나님께서 우리에 대한 자기의 사랑을 확증하셨다"고 선언하며, 인간의 죄된 상태에도 불구하고 그리스도의 대속적 죽음이 하나님의 사랑과 정의를 동시에 드러내는 계시적 사건임을 강조한다. 이와 유사하게, 요한일서 4장 10절은 "하나님이 우리를 사랑하사 우리 죄를 속하기 위하여 화목 제물로 그 아들을 보내셨다"고 진술함으로써, 예수의 죽음을 대속적이며 제의적 희생으로 해석한다. 이처럼 신약성경 전반은 예수의 죽음을 단지 역사적 고난이 아니라, 죄인을 위한 대속적 죽음으로 증언하고 있다.

결국, 헹엘의 논의는 신약성경의 속죄론이 단절된 신학이 아니라, 이사야의 고난 받는 종 전승과 바울 이전의 초기 기독교 전승의 연장선상에서 형성되었음을 시사한다. 나아가 이러한 속죄론은 그리스도의 십자가 사건을 통해 하나님께서 궁극적으로 이루고자 하신 바, 곧 인간 안에 '하나님의 형상'을 회복하는 구속사의 중심 목적을 드러내는 것이다.

종교개혁은 중세 로마 가톨릭교회의 지배적 속죄 이론이었던 만족설(Satisfaction Theory)이 형벌 대속론(Penal Substitution Theory)으로 대체되는 결정적 전환점으로 평가된다. 그러나 독일 종교개혁을 주도한 마르틴 루터(Martin Luther)가 과연 형벌 대속론을 명시적으로 주장하였는지에 대해서는 학계에서 견해가 엇갈린다.

시드니 케이브(Sidney Cave)는 루터가 '형벌 대속'의 신학을 분명히 지지하였다고 보지만, 구스타프 아울렌(Gustaf Aulén)은 이러한 해석이 본질적으로 오해에 기초하고 있다고 비판한다.[357] 아울렌에 따르면, 루터는 고전적 속죄 이론인 '그리스도의 승리'(Christus Victor) 모형을 부활시키고 이를 한층 더 심화시킨 인물로 보아야 한다.[358] 그는 루터가 그리스도의 죽음을 "죄와 사망, 그리고 악마의 폭정을 정복하고 인간을 구속하시는 하나님의 자비와 사랑의 승리를 위한 투쟁"이라고 진술한 점에 주목한다.[359] 이러한 진술은 아울렌이 『승리자 그리스도』(Christus Victor)에서 전개한 중심 주장과 일치하며, 루터의 십자가 신학을 하나님의 사랑과 주권의 승리를 강조하는 해방적 신학으로 해석하도록 이끈다.

그러나 미국의 루터파 신학자인 테드 피터스(Ted Peters)는 아울렌의 해석에 동의하지 않는다. 그는 루터의 원전 자료에 근거할 때, 루터의 신학은 단지 승리자 그리스도 모형에 국한되지 않으며, 안셀무스적 만족설의 법정적 구조를 일정 부분 수용하고 있다고 본다.[360] 파울 알트하우스(Paul Althaus) 역시 아울렌의 주장에 비판적이며, 루터가 그리스도의 사역을 하나님의 공의 만족이라는 틀 안에서 이해하고 있다는 점에서 만족설의 연장선상에 놓인다고 평가한다.

본서는 루터의 속죄 이해가 형벌 대속론과 본질적인 연속성을 갖는다는 점에서 테드 피터스와 파울 알트하우스의 입장에 동의한

---

357 이장식, 『기독교 사상사 제2권』(서울: 대한 기독교서회, 1977), 181-5 참조.

358 Aulen, *Christus Victor*, 103.

359 Althaus, 『마르틴 루터의 십자가 신학』, 241.

360 Ted Peters, "The Atonement in Anselm and Luther, Second Thought About Gustaf Aulen's Christus Victor," *Lutheran Quarterly* 24(1972): 301-4.

다. 그 이유는 루터가 비록 그리스도의 속죄 사역을 율법에 대한 승리로 이해하며 사회적·우주적 차원의 변혁을 강조하였을지라도, 그의 신학은 본질적으로 하나님의 공의 만족이라는 전제를 전제하며, '이신칭의'(justification by faith)의 구속 이론을 전개하였기 때문이다. 이는 결과적으로 형벌 대속론의 주요 개념들과 밀접하게 연결된다.

루터가 형벌 대속론의 관점에서 십자가 사건을 이해하였다는 해석은 『하이델베르크 요리문답』(Heidelberg Catechism, 1562)의 내용에서도 일정 부분 뒷받침된다. 자카리아스 우르시누스(Zacharias Ursinus, 1534-1583)가 주저자로 알려진 이 요리문답은 그리스도의 성육신의 필요성을 설명하면서 "하나님께서는 자신의 정의가 만족되기를 원하신다"(문답 12), "하나님의 공의가 그것을 요구한다"(문답 16)고 명시한다. 이어서 문답 19는 하나님의 정의를 만족시킬 수 있는 분은 오직 참된 하나님이시며, 동시에 참된 인간이신 예수 그리스도뿐임을 천명하며, 문답 40은 그리스도의 대속적 죽음만이 하나님의 정의를 만족시키고 인류에게 구원을 제공한다는 점을 분명히 진술한다.[361]

이러한 진술들은 루터의 신학이 단지 그리스도의 승리에 대한 고전적 해석에 머무는 것이 아니라, 하나님의 공의와 형벌의 정당성이라는 법정적 구조 속에서 대속 사건을 해석하는 신학적 경향을 지니고 있었음을 시사한다. 따라서 루터의 속죄론은 만족설과 형벌 대속론 사이의 신학적 연속성과 변형을 보여주는 대표적인 사례로 평가될 수 있다.

---

361 Zacharias Ursinus, 『하이델베르크 요리문답해설(세계기독교고전 11)』, 원광연 역(서울: 크리스천다이제스트, 2016) 참조.

칼뱅(Jean Calvin)은 그리스도의 죽음을 대속적 형벌의 고난으로 이해하였으며, 죄인들이 받아야 할 형벌을 그리스도께서 대리적으로 감당하셨다는 점을 강조하면서 형벌 대속(Penal Substitution) 이론을 수용하였다.[362] 그는 예수의 죽음을 법정적 개념에 입각하여 '대속적 죽음'으로 해석하며, 이러한 해석은 신적 정의의 충족이라는 신학적 전제를 동반한다. 칼뱅은 안셀무스(Anselmus)의 견해를 일정 부분 수용하여, 그리스도의 죽음이 공의로우신 하나님의 진노를 만족시켰다고 명시적으로 진술한다.[363] 이와 같은 관점에서 볼 때, 예수 그리스도의 십자가 죽음은 인간의 죄에 대한 하나님의 형벌을 만족시키는 속죄 제물이 된 것이다.

나아가 칼뱅은 대속적 사역의 유효성이 완전한 대체(substitutio perfecta)에 근거한다는 점을 강조하면서, 그 대체는 단순한 외적 전가가 아니라 믿음을 통한 죄인과 그리스도 사이의 신비적 연합(unio mystica)을 통해 가능하다고 보았다. 이러한 신비적 연합은 성령의 사역에 의해 실현되며, 칼뱅은 이 점에서 성령의 역할을 속죄론의 객관적 측면과 주관적 측면 모두에 결정적으로 작용하는 것으로 강조하였다. 이로써 칼뱅의 속죄론은 삼위일체적 구속 사역의 통합적 구조 안에서 전개된다. 칼뱅의 속죄론의 특징은 다음과 같이 세 가지로 정리할 수 있다.

첫째, 칼뱅은 속죄의 객관적 측면과 주관적 측면을 동시에 강조한다. 속죄는 인간을 대신하여 성자와 성부 사이에서 이루어진 사건이라는 점에서 하나님 편에서 객관적으로 이루어진 구속 행위이

---

362 Calvin, 『기독교 강요』, 2.16.5.
363 Ibid., 2.16.6.

다.[364] 이러한 객관성은 구약의 제사장직과 희생제사에서 예표되었다. 제사장의 희생제사는 일차적으로 하나님을 향한 것이며, 이스라엘 공동체가 받은 효력은 이차적인 결과였다. 이와 병행하여, 칼뱅은 그리스도께서 이루신 객관적 속죄를 기초로 하여, 죄인이 그 속죄에 믿음으로 참여하고 하나님께로 돌아오는 주관적인 구원의 적용 곧 성화(sanctificatio)를 강조하였다.

둘째, 칼뱅에게 속죄는 무죄하신 그리스도께서 인간을 대신하여 죽으심으로써 구원을 성취하신 대리적 속죄(substitutive atonement)이다.[365] 세속적 법체계에서 대리 처벌은 허용되지 않는 원칙이므로, 이러한 대속은 단순한 법적 전가라기보다 언약의 원리(covenantal principle)와 신비적 연합의 신학 안에서 이해되어야 한다. 곧, 그리스도와 연합한 자만이 그 대속의 유익을 누릴 수 있다는 것이다.

셋째, 칼뱅의 속죄론은 그리스도의 수동적 순종(passiva obedientia)뿐만 아니라 능동적 순종(activa obedientia)을 모두 포함한다.[366] 성경은 그리스도께서 십자가에서 죽으심으로 죗값을 치르시고 믿는 자들의 형벌을 대신하신 수동적 순종을 증언한다(롬 4:25; 벧전 3:18; 요일 2:2). 동시에 그리스도께서는 율법을 완전하게 순종함으로써 율법의 요구를 만족시키셨고(마 5:17; 갈 4:4-5; 히 10:9-10), 이를 통해 새 언약을 성취하시고 하나님 나라의 회복을 이루셨다. 칼뱅에 따르면, 그리스도께서 수동적 순종에만 머물지 않고 능동적 순종을 통해 신자에게 구속의 전면적 효력을 부여하셨기

---

364 Ibid., 2.16.1.
365 Ibid., 2.16.6.
366 Ibid., 2.16.5.

에, 신자는 자신의 공로 없이도 오직 믿음을 통해 구원의 확신을 누릴 수 있다.

프린스턴 신학자 찰스 하지(Charles Hodge, 1797-1878)는 공의로우신 하나님께서 "정의를 실현하지 않은 채" 죄를 용서하실 수 없다고 단언하며, 따라서 '그리스도의 보상'이 필수적임을 강조하였다. 하지에 따르면, 예수 그리스도는 십자가에서의 '순종'을 통해 하나님의 '정의'와 '율법'이 요구하는 바를 동시에 충족시키셨다.[367] 그는 그리스도의 '형벌 보상'(penal satisfaction)이 하나님의 정의와 율법의 요구를 만족시킴으로써, 인간이 사탄의 권세로부터 해방되었음을 다음의 세 가지 진술로 요약한다.[368]

첫째, 인간은 "죄로 말미암아 하나님의 진노를 두려워하는 속박의 상태"에 처해 있다. 둘째, 이러한 상태에 놓인 인간은 사탄의 지배 아래 예속되며, 사탄은 인간의 죄악된 상태를 교묘하게 이용하여 그들을 끊임없이 괴롭힌다. 셋째, 그리스도의 죽음을 통해 하나님의 공의가 만족되었고, 그에 따라 율법이 요구하는 형벌로부터 벗어난 인류는 결과적으로 사탄의 권세에서도 해방된다.

따라서 인간이 율법의 저주로부터 자유롭게 된다는 것은, 동시에 인간을 정죄하고 형벌을 가하는 사탄의 통제에서 해방되었음을 의미한다. 하지의 형벌 보상 이론은 죄가 하나님과 인간 사이를 단절시키는 심각한 본질을 강조하며, 그리스도의 대속적 죽음이 구속의 필수적 조건임을 역설한다. 그러나 이러한 강조는 상대적으로 그리스도의 부활이 지니는 구속사적 중요성을 약화시킨다는 비판을

---

367 Charles Hodge, *Systematic Theology*, Vol. 2(Grand Rapids, Mich.: Eerdmans, 1981), 493-4.

368 Ibid., 519.

받는다.

하나님은 거룩하신 분이시기에, 그분에 대한 인격적 반역으로서의 '죄'에 대하여 반드시 보복적 심판을 단행하신다.[369] 슈라이너(Thomas Schreiner)가 성경 주석을 통해 밝히고 있는 바와 같이, 구약성경의 레위기 16-17장과 이사야 53장, 그리고 신약성경의 로마서 3장과 갈라디아서 3장은 모두 하나님의 거룩하심에 기초한 인격적 진노가 죄에 대하여 드러나며, 그리스도의 죽음이 하나님의 진노를 가라앉히고 만족시키는 대속적 형벌이었다는 사실을 증거한다.

특히 레위기 16장 21-22절에서 "염소가 그들의 모든 불의를 지고" 광야로 보내지는 장면은, 구약의 희생제사가 단순한 상징 행위가 아니라 대속의 실체를 예표한 것임을 분명히 드러낸다. 살아 있는 염소가 이스라엘의 죄를 짊어지고 광야로 떠난 사건은, 제사가 백성을 대신하여 죄를 전가 받는 대속적 성격을 지닌 제사였음을 보여준다.

이와 같은 성경적 이해에 근거하여, 존 스토트(John Stott)는 "예수 그리스도는 왜 죽으셨는가?"라는 질문에 대해, "그분은 아버지의 뜻을 행하기 위하여 자발적으로 자신을 내어주심으로써 죽으신 것이다"라고 답한다.[370] 십자가는 인간의 악을 드러내는 계시일 뿐 아니라, 동시에 그 악을 심판하시고 제압하시려는 하나님의 구속 의지를 드러내는 계시이다. 따라서 그리스도께서 "우리를 위하여" 죽으셨다는 진술은 단순한 상징적 표현이 아니라, 인간의 죄와 그 결과로서의 형벌 사이의 실질적 연결을 전제로 한다. 이 표현은 결국 "우

---

369   Schreiner, "형벌 대속론", 117.
370   Stott, 『그리스도의 십자가』, 113.

리의 죄를 위하여"로 해석되어야 하며, 로마서 6장 23절이 진술하듯이, 죄의 삯으로서의 사망은 단순한 결과론적 표현이 아니라 형벌적 성격을 지닌다. 그리스도의 죽음은 "우리를 대신하여" 죽으신 것이며, 우리의 죄에 대한 형벌을 담당하신 것이다.[371]

이러한 속죄의 이해는 하나님의 '사랑'과 그리스도의 '순종'이 서로 충돌하거나 긴장 관계에 놓인 것이 아니라, 오히려 하나의 구속 사역으로서 통합되어 있다는 점을 강조한다. 십자가에서 나타난 그리스도의 죽음은 단순한 인류애적 희생이 아니라, 하나님의 거룩하신 사랑이 율법의 요구와 정의의 실현을 포기하지 않은 채 인간 구원을 이루신 사건이었다.

속죄론은 인간 존재의 실존적 본질을 관통하는 죽음의 문제를 정면으로 다루며, 신약성경은 이를 '형벌 대속'의 관점에서 진술한다. 슈라이너는 로마서 3장 21-26절을 신약성경에서 가장 결정적인 '형벌 대속' 이론의 본문으로 제시하며, "모든 사람이 죄를 범하였으매 하나님의 영광에 이르지 못하더니"(롬 3:23), 예수 그리스도께서 화목 제물(propitiation)로 드려지심으로써, 인간은 율법이 아닌 그리스도에 대한 믿음을 통해 하나님 앞에서 의롭다 하심을 얻게 되었다고 설명한다.[372]

갈라디아서 3장 10-14절 역시 유사한 논리를 전개한다. 바울은 인간이 율법을 온전히 지키지 못하였기에, 하나님의 저주를 피할 수 없는 존재가 되었음을 진술한다. 그러나 그 해결은 단순히 인간의 영혼을 치유하거나 악한 세력을 제거하는 방식이 아니라, 그리스도

---

371 Ibid., 120.
372 Ibid., 130.

께서 "우리를 위하여" 저주를 받으심으로써 이루어진다(갈 3:13).³⁷³ 곧, 그리스도의 죽음은 대속적인 성격을 지닌 형벌이었으며, 인간이 피할 수 없었던 저주를 대신 감당하신 사건이었다.

문병호는 그의 논문 『그리스도의 무름(satisfactio Christi) I: 개혁주의 속죄론 형성』에서, 니케아 신조와 칼케돈 신조가 "그리스도께서 '우리의 구원을 위하여' 이 땅에 오셨고 고난을 겪으셨다"고 고백하는 부분을 주목하며, 초대교회가 그리스도의 대리적 속죄를 교리적으로 고백하고 있었음을 보여주는 근거로 제시한다.³⁷⁴

종교개혁 이후 개신교회에서는 형벌 대속론이 십자가 이해의 주류로 자리 잡아 왔음에도 불구하고, 이 이론에는 다음과 같은 신학적 한계가 내포되어 있다.

첫째, 형벌 대속론은 인간의 모든 죄가 예수 그리스도의 십자가 죽음을 통해 전가되며, 오직 믿음으로 의롭게 된다는 '칭의' 교리를 중심축으로 삼는다. 그러나 이러한 이해는 삶과 복음의 불일치라는 문제를 야기할 수 있다는 비판을 받는다. 특히 한국의 전통적인 개혁주의 교회 안에서는 신앙고백과 실천 사이의 괴리 현상이 심각하게 제기되고 있으며, 다수의 현대 신학자들은 그 원인을 형벌 대속론의 구조적 한계에서 찾고자 한다. 초기의 형벌 대속론은 죄의 무게를 강조하는 도덕주의적 경향과 더불어 보상적 고해 체계 속에서

---

373   여기서 사용되는 '위하여'라는 말은 많은 사람을 위한 대속물로서(As a ransom for many) 또는 대신해서(in place of)의 뜻으로 종종 사용된다. A. T. Robertson, *A Grammar of Greek New Testament in the light Historical research*(Nashville: Broadman & Holman, 1934), 573. Boyd, 『승리자 그리스도론』, 136에서 재인용.

374   문병호, "그리스도의 무름(satisfactio Christi) I: 개혁주의 속죄론의 형성", 『신학지남』 73(4)(2006): 334.

발전되었으며, 이후 죄를 물화(物化)하고 그리스도의 공로를 통한 하나님의 만족이 인간에게 전가된다는 방식으로 진전되었다. 이로 인해 하나님과 인간 사이의 인격적 관계가 희석되고, 결과적으로 신앙과 삶의 단절이라는 현상을 초래하였다는 평가가 제기된다.[375]

둘째, 형벌 대속론은 십자가 사건의 초월성을 강조하는 반면, 하나님의 내재적 역사에 대해서는 상대적으로 소홀하다는 비판이 존재한다. 김명용은 한국 보수신학의 구원론이 이원론적 인간관에 근거하여 개인의 영혼 구원에 지나치게 초점을 맞추고 있으며, 그 결과 십자가의 내재성이 결핍되어 있다고 지적한다.[376] 물론 형벌 대속론 역시 성화의 중요성을 강조하고 있지만, 예수의 대속적 죽음을 통한 구원이라는 신학적 구조 안에서는 내재적 의미보다는 초월적 선포로 환원되는 경향이 강하다는 비판을 피하기 어렵다.

이러한 비판을 극복하기 위해서는 형벌 대속론 내에 십자가의 내재성을 적극적으로 보완하는 신학적 재해석이 요청된다. 박만은 형벌 대속 이론이 이런 한계에도 불구하고, 분명한 성경적 근거가 있기 때문에 계속 유지되어야 한다고 주장한다. 본서는 형벌 대속론이 예수 그리스도의 대속적 죽음을 해석함에 있어 성경적 정합성이 가장 높은 이론 가운데 하나로서, 특히 구약 성경에 나타난 '언약적 진리'의 구조를 가장 일관되게 반영하는 신학적 모델이라고 판단한다.

아울러 이 이론은 십자가 신학의 성경적 보편성을 확보할 수 있는 중요한 틀을 제공한다고 본다. 따라서 형벌 대속론의 기조를 유

---

375   서창원, "속죄론의 신학적 지평", 80.
376   김명용, "바른 신학 바른 목회", 『이 시대의 바른 기독교 사상』(서울: 장로회신학대학교출판부, 2001), 157-60.

지하되, 그 신학적 한계를 극복하고자 하는 다양한 논쟁과 시도를 수용하는 방향으로의 총체적 재구성이 요청된다.

이어지는 논의에서는 형벌 대속론의 한계를 보완하고자 한 신학적 재구성의 시도들과, 그 과정에서 전개된 주요 논쟁의 흐름을 살펴보고자 한다.

제16장 십자가 신학의 신학적 통합과 비판

　십자가의 형벌 대속론에 대해 비판적 입장을 취하는 신학자들은, 십자가 사건이 본질적으로 인간에 의해 자행된 '폭력'의 사건이라는 점을 강조한다. 이들은 형벌 대속론이 주장하는 바와 같이 십자가를 그리스도의 능동적·수동적 '자기희생'에 의한 대속적 죽음으로 해석하는 것은, 하나님 아버지를 궁극적으로 '폭력적 존재'로 묘사하는 결과를 초래한다고 비판한다.

　또한 다른 한편에서는 형벌 대속론이 '은혜-구원'이라는 구원론적 담론에 과도하게 집중함으로써, 그리스도인의 현실적 삶과 윤리적 실천의 중요성을 소홀히 하고 있으며, 나아가 지나치게 내세 지향적인 신학으로 경도되었다는 비판이 제기된다. 이러한 신학적 문제의식 속에서, 형벌 대속론의 한계를 극복하고자 하는 다양한 속죄론적 통합 및 융합의 시도들이 전개되어 왔다. 특히 이 이론 내에서도 칭의와 성화의 관계에 대한 인과적 논쟁은 지속적으로 제기되고 있다.

이러한 논쟁과 통합의 담론은, 예수 그리스도께서 십자가에서 성취하신 '객관적 칭의'가 신자 개인의 삶 속에서 어떻게 구체적인 구원의 열매로 실현될 수 있으며, 그 모든 영광이 오직 예수 그리스도께만 돌려질 수 있는지를 모색하는 신학적 탐구의 결과라 할 수 있다.

따라서 속죄론에 관한 이와 같은 역사적 논쟁과 통합적 시도들을 면밀히 고찰하는 일은, 현재 낙관주의적 구원 이해와 윤리적 해이라는 이중의 위기에 직면한 한국 교회를 향해, 십자가 신학의 틀 안에서 본질적이고 실천적인 대안을 제시할 수 있는 신학적 통찰을 제공할 것이다.

비폭력적 십자가 이해와 개혁신학의 응답

형벌 대속론에 비판적 의문을 제기하며 '승리자 그리스도론'(Christus Victor)을 옹호하는 신학자들은, 죄에 대하여 진노하시는 하나님의 성품에 대해 강한 반대 입장을 취한다. 이들은 하나님을 본질적으로 '사랑'의 하나님으로 이해하며, 인간의 구원을 위해 폭력을 사용하거나 자녀를 처벌하실 필요가 없는 분이라고 주장한다. 이와 같은 주장에 따르면, 예수 그리스도는 고난을 당하고 십자가에서 죽임을 당하기 위해 이 땅에 오신 것이 아니라, "가난한 자에게 복음을 전하고…포로된 자에게 자유를, 눈먼 자에게 다시 보게 함을 전파하며 눌린 자를 자유롭게 하시려"(눅 4:18) 오셨다는 것이다.

따라서 예수의 십자가 죽음은 하나님의 예정이나 속죄적 목적에 따른 희생이 아니라, 당시 종교 및 정치 권력 구조에 저항하다가 결과적으로 희생당한 사건으로 해석된다. 이들의 관점에서는 '하나님의 아들이 십자가 죽음을 통해 인간을 구속하셨다'는 전통적 속죄론의 주장이 고통을 미화하고 정당화하는 이데올로기로 기능할 수 있으며, 십자가는 예수가 권력의 폭력에 비폭력적으로 맞섰고, 부활을 통해 그 폭력을 극복하고 승리하신 사건으로 이해된다.[377]

이에 대해 길상엽은 이러한 비폭력적 십자가 이해가, 하나님의 주권적 개입 없이 인간의 폭력만을 문제 삼으며 예수의 죽음을 '비폭력 대응'의 윤리적 모범으로 환원시키는 것은, 하나님의 거룩성과 진노의 성품을 왜곡하는 오해에서 비롯된 것이며, 이는 개혁신학에 중대한 도전이 된다고 평가한다. 그러나 그는 동시에, 이러한 도전적 입장을 비판적으로 분석하고 신학적으로 응답하는 과정이 개혁신학에 새로운 통찰을 제공할 수 있는 중요한 계기가 될 수 있다고 진단한다.[378]

기독교 문화철학자이자 문학비평가로 알려진 르네 지라르(René Girard, 1923-2015)는 인간 사회의 본질적 속성으로 '모방 욕망'(mimetic desire)을 제시하며, 그로부터 발생하는 '모방 폭력'(mimetic violence)의 구조를 분석하였다. 지라르는 십자가에 수반된 폭력이 궁극적으로 인간 내면의 악과 경쟁적 모방에서 비롯된 것이며, 하나님은 이 폭력의 고리를 끊고 비폭력적 공동체를 형성하기 위해 십자가 사건을 도구로 사용하셨다고 주장한다.[379] 이러

---

377 Kavin J. Vanhoozer, "속죄", 『현대신학 지형도』, 켈리 M. 케이픽 & 브리스 L. 맥코맥 편 (서울: 새물결플러스, 2016), 320-2.

378 길상엽, "비폭력 십자가 이해에 대한 개혁신학의 비판: 데니 위버와 월터 윙크 중심으로", 『한국복음주의조직신학회』 33(2019): 72-4.

379 Boersma, *Violence, Hospitality, and The Cross*, 134.

한 관점에서 그리스도의 십자가는 하나님의 사랑이 악에 대한 보복이 아닌 용서로 응답한 사건으로, 도덕 감화설(moral influence theory)의 변형된 형태, 곧 '이형적'(heteromorphic) 속죄론 안에서 보다 잘 설명될 수 있다.[380]

지라르는 '자기희생'(self-sacrifice)이라는 개념을 폭력의 정당화 도구로 간주하며, 예수의 죽음을 희생제사로 해석하는 전통적 견해를 거부한다.[381] 그에 따르면, 하나님은 결코 인간 구원을 위해 폭력을 수단으로 삼지 않으시며, 십자가는 하나님의 직접적인 주도하에 발생한 사건이 아니라 인간과 사탄의 폭력에 의해 초래된 결과이다. 그럼에도 불구하고 하나님은 이 비극적 사건을 통해 인간 사회의 폭력 메커니즘을 폭로하시고, 부활을 통해 그리스도의 승리를 선포하신 것이다.

지라르의 이러한 십자가 이해는 데니 위버(Denny Weaver)와 월터 윙크(Walter Wink) 등 후속 신학자들에게 영향을 주었다. 이들은 십자가의 희생제사적 성격을 부정하고, 비폭력으로 폭력을 폭로하고 승리하신 그리스도를 강조하는 '비폭력 십자가' 이해를 발전시켰다.[382] 이들은 공통적으로 하나님의 성품을 '진노하시는 하나님'이 아닌 '사랑과 용서의 하나님'으로만 규정하며, 그리스도의 죽음을 하나님을 만족시키는 희생제사로 보기보다는, 은폐된 폭력을 드

---

380 Ibid., 134-5.

381 Rene Girard, *Things Hidden Since the Foundation of the World*(Standford: Standford University Press,1987), 180-1. 지라르의 주장에 대한 구체적인 비판은 박만, "폭력과 속죄 죽음: 르네 지라르(Rene Girard)의 예수의 십자가 죽음 이해에 대한 비판적 고찰", 『한국기독교신학논총』 53(2007): 111-40을 참조하라.

382 길상엽, "비폭력 십자가 이해에 대한 개혁신학의 비판", 73.

러내는 역사적·상징적 사건으로 해석한다.

이러한 입장은 개혁신학의 전통적인 속죄론, 특히 그리스도의 죽음을 '화목제물'로 해석하는 형벌 대속론에 강한 도전을 제기한다. 개혁신학은 그리스도의 십자가 죽음을 성부와 성자 사이의 신적 언약과 사랑의 관계 안에서 일어난 구속사적 사건으로 보지만, '비폭력 십자가' 견해는 예수의 죽음을 하나님의 개입 없는 인간 폭력의 결과로 해석한다. 위버는 특히 안셀무스의 만족설이 십자가의 폭력을 신적 정의로 정당화함으로써, 그 사건에서 사탄의 역할을 제거하고 있다고 비판하며, 개혁주의 속죄론을 콘스탄틴 이후의 제국 기독교 현상과 연계시킨다.[383] 그는 이 속죄론이 예수의 죽음에만 집중함으로써, 그분의 생애와 윤리적 모범을 간과하였고, 폭력 사용을 정당화하는 신학적 기반이 되었으며, 가부장제, 군사주의, 노예제, 인종차별 등을 정당화하는 데 기여했다고 주장한다.[384] 나아가 그는 형벌 대속론을 '신적 아동학대'라는 비판적 관점으로 설명하는 데 동의한다.

지라르에 따르면, 인간의 경쟁적 욕망은 필연적으로 갈등과 폭력을 초래하며, 인류는 이러한 위기를 극복하기 위해 '희생양 메커니즘'을 사회적 안정 장치로 활용해 왔다. 예수의 십자가 사건은 이러한 '대체 폭력' 또는 '성스러운 폭력'(sacred violence)의 메커니즘을 드러내는 결정적 사건이며, 예수의 죽음은 인류가 신성화한 폭력의 패턴을 폭로하고 종말론적 평화를 선포하는 하나님의 비폭력

---

[383] J. Denny Weaver, "Violence in Christian Theology," *Cross Currents* 51(2)(2001): 152-60.

[384] J. Denny Weaver, *The Nonviolent Atonement*(Grand Rapids: Eerdmans, 2001), 127-9.

적 환대의 사건이다. 복음서의 기록은 이러한 폭력의 구조와 집단적 살해 신화를 해체하는 자료로 기능하며, 기독교와 성경은 폭력의 가면을 벗기는 고유한 역할을 해왔다.[385] 그럼에도 불구하고, 오늘날의 세속 사회는 오히려 기독교와 성경이 폭력의 책임을 져야 한다고 보는 경향이 있다. 지라르의 이 같은 오해는 안셀무스의 만족설이 4세기 이후 기독교 제국 질서의 형성과 함께 발전한 정치적·종교적 구조 속에서 정당화된 신학적 패러다임이라는 비판적 성찰에 근거하고 있다. 지라르는 이러한 구조가 희생과 폭력의 메커니즘을 신성화함으로써, 기독교 신학이 역사적으로 폭력의 정당화에 기여해 왔음을 드러내고자 한다.

'폭력적 십자가' 이해가 정통 개혁주의 신학의 관점에서 내포하는 신학적 모순은 다음과 같이 분석될 수 있다.

첫째, 하나님을 오직 사랑과 용서의 하나님으로만 묘사하고, 그분의 공의와 진노의 성품을 배제하는 것은 성경 전체의 신론에 대한 왜곡된 이해에서 비롯된 것이다. 이는 르네 지라르가 십자가 사건을 인문학적 관점에서 해석하면서, 하나님의 구속 행위를 수직적 차원(하나님과 인간의 관계)이 아닌 수평적 차원(인간 상호 간의 폭력 구조)으로 제한한 결과로 해석할 수 있다.[386] 그러나 성경은 하나님을 거룩하시고 의로우신 분으로 묘사하며, 그분은 죄에 대해 반드시 진노하시고 그에 상응하는 처벌을 집행하시는 공의의 하나님이시다(출 20:5-6; 34:6-7; 시 86:15 참조).[387] 동시에 하나님은 죄인을

385　Rene Girard, *I See Satan Fall like Lightning*, trans. James G. Williams(Maryknoll, NY: Orbis Books, 2001), 178-81.

386　길상엽, "비폭력적 십자가 이해에 대한 개혁신학의 비판", 84-5.

387　Herman Bavinck, 『개혁 교의학3』, 박태현 역(서울: 부흥과 개혁사,

긍휼히 여기시며 자비와 용서를 베푸시는 사랑의 하나님이시다. 이러한 성경의 계시에 비추어 볼 때, 하나님의 성품은 공의와 사랑이 긴밀하게 통합된 방식으로 드러나며, 죄에 대한 하나님의 진노와 그에 따른 심판 없이 구속의 은혜를 말할 수 없다. 그러므로 죄는 반드시 처벌되어야 하며, 이는 하나님의 의로우신 성품의 필연적 요청이다.[388]

둘째, 예수 그리스도의 십자가를 희생제사가 아니라 단지 인간 사회의 폭력을 드러내는 상징적 수단으로 이해하는 것은 성경의 증언과 신학적 일관성에 반한다.[389] 예수께서는 공생애 중 여러 차례에 걸쳐 자신이 고난을 받고 십자가에서 죽음을 당할 것임을 명확히 예고하셨으며(눅 9:22; 17:25; 18:31-34), 이 예고는 성경의 서사(narrative) 전체 속에서 하나님의 구속 경륜의 일부로 자리 잡고 있다. 성경은 명시적으로 그리스도의 십자가 죽음을 "우리의 죄를 대속하기 위한 죽음"(갈 1:4)으로 규정하고 있으며, 이는 단순한 역사적 사건이 아닌 구속적 의미를 갖는 신적 행위임을 보여준다.

더 나아가, 십자가 사건은 성부와 성자 사이의 온전한 연합과 일치 속에서 이루어진 삼위일체적 구속 사건이다. 성자 예수는 자신의 의지로 대속 사역에 참여하였으며(막 10:45; 요 6:38-40), 이 대속은 성부 하나님의 구속 의지와 완전히 일치된 가운데 실행되었다. 이러한 신적 일치의 전제가 없다면, 예수의 죽음은 단지 고귀한 인간의

2011), 453-6.

388 Francis Turretin, 『개혁주의 속죄론—그리스도의 속죄』, 이태복 역 (서울: 개혁된신앙사, 2002), 20.

389 박만, "속죄론적 십자가 죽음 이해에 대한 비판적 논고", 『한국조직신학논총』 39(2014): 325.

윤리적 희생에 불과하게 되며, 그 구속적 의미를 상실하게 된다. 따라서 십자가를 '폭력'이라는 인간 중심의 언어로 규정하고, 이를 성부와 성자의 분열 혹은 긴장 관계로 해석하는 것은 삼위일체 신학의 근본을 위협하는 오류이다. 이는 개혁주의 신학이 강조하는 성부와 성자, 그리고 성령 사이의 본질적 일체성과 구속 행위의 삼위일체적 협력 개념을 부정하는 결과를 초래한다.

본서는, 십자가 사건을 단순히 '폭력의 메커니즘을 폭로하는 사건'으로 이해하는 관점은 성경이 제시하는 하나님의 거룩성과 의로움, 그리고 죄에 대한 엄중한 대응을 간과하는 심각한 신학적 오류라고 평가한다. 십자가의 대속 개념을 구약의 희생제사 제도와 고대 로마법의 법정적 개념 속에 갇힌 왜곡된 산물로 치부하는 것은, 속죄 교리를 지탱하는 성경적·신학적 기반을 허무는 결과로 이어진다.

따라서 그리스도의 십자가 죽음은 반드시 삼위일체적 틀 안에서, 곧 성부와 성자의 연합과 성령의 사역이 통합적으로 작용하는 구속 사건으로 해석되어야 하며, 이는 개혁신학이 고백해온 대속적 희생의 본질을 정당하게 설명할 수 있는 유일한 신학적 구조임을 강조할 필요가 있다.

객관적–주관적 속죄론의 통합 시도

정통 개혁주의 속죄론이 주관적 측면을 결여하고 있다는 비판에 대한 보완적 시도 가운데 하나는, 속죄의 객관적 측면인 '칭의'를 강조하는 형벌 대속론(penal substitutionary atonement)과, 주관적 측면인 '성화'를 중심으로 하는 도덕적 감화론(moral influence theory)의 통합을 시도하는 방식이다. 18세기 대각성(Great Awakening) 운동을 주도한 조나단 에드워즈(Jonathan Edwards, 1703-1758)는, 전통적인 만족설과 형벌 대속론이 지닌 '객관적 속죄'(칭의) 개념과, 도덕적 감화론이 제시하는 '주관적 속죄'(성화)의 요소를 통합하고자 하였다. 그는 그리스도의 십자가 죽음을 하나님의 공의와 정의를 만족시키는 대속적 사건으로 해석하면서도, '그리스도와의 연합'(union with Christ)이라는 신학적 모티브를 통해 성화(sanctification)와 견인(perseverance)의 차원을 포함시키려 하였다.

에드워즈에 의하면, 그리스도의 대속적 죽음은 하나님의 정의와 공의를 만족시키는 객관적 속죄의 성격을 훼손하지 않으면서도, 그리스도와의 연합을 통해 이 객관적 속죄의 결과가 성도의 삶 속에서 거룩함과 성화로 구체화된다고 본다.[390] 다시 말해, 에드워즈의 속죄론은 '그리스도와의 연합'을 매개로 하여 속죄의 객관적 측면과 주관적 측면이 유기적으로 조화를 이루는 통전적 구조를 지닌다고 평가할 수 있다.

에드워즈의 속죄론에 대한 해석은 신학자들 사이에서 다양하게 제시된다. 예컨대 도러스 루디실(Dorus Paul Rudisill)은 에드워즈의 속죄론이 만족설과 형벌 대속론을 핵심으로 삼으면서, 여기에 도덕적 감화론의 요소를 부차적으로 통합한 형태라고 평가한다.[391] 반면 올리버 크리스프(Oliver D. Crisp)는 에드워즈의 속죄론에 형벌

---

390 Jonathan Edwards, *The Works of Jonathan Edwards*, vol. 19, ed. M. X. Lesser(New Haven: Yale University Press, 2001), 522-3.

391 Dorus Paul Rudisill, *The Doctrine of the Atonement in Jonathan Edwards and his Successors*(New York: Poseidon Books, 1971), 29-30.

개념이 내포되어 있음을 인정하면서도, 그 이론 전체가 만족설에 더 강하게 기울어 있다고 해석한다.[392] 비록 두 학자의 평가는 상이하지만, 이들 모두 에드워즈의 속죄론이 객관적 측면, 곧 만족설과 형벌 대속의 핵심 요소들을 분명히 반영하고 있다는 점에서는 공통적인 평가를 내리고 있다고 할 수 있다.

스티븐 웨스트(Stephen West, 1735-1819) 또한 속죄론에서 객관적 측면과 주관적 측면을 절충·통합하려는 시도를 보인다. 그는 하나님의 도덕적 통치를 유지하기 위해 죄에 대한 형벌이 필수 불가결하다고 주장하며, 이에 따라 그의 속죄론은 형벌 대속론(penal substitutionary atonement)에 근거한 것으로 보이기도 한다.[393] 그러나 웨스트는 형벌 대속을 도덕적 감화의 선행 단계로 이해함으로써, 이를 자율적이고 독립적인 이론으로 견지한다고 보기에는 다소 모호한 측면이 존재한다. 그는 그리스도의 십자가를 하나님의 공의를 만족시키는 사건으로 보기보다는, 하나님의 죄에 대한 혐오가 그리스도의 고난을 통해 인간에게 드러나는 방식에 주목한다. 이러한 관점은 하나님의 공의나 만족의 실현보다는, 그 고난이 인간에게 미치는 교육적·도덕적 영향을 강조한다는 점에서, 속죄론의 초점을 하나님과 그리스도의 관계 안에서의 만족보다는 인간의 인식과 반응으로 전환시킨다. 결과적으로 웨스트의 속죄론은 '형벌 대속' 이론과 '도덕적 감화론'의 통합을 시도하되, 그 구조는 이론적으로 정

---

392 Oliver D. Crisp, "Penal Non-Substitution," in *Revisioning Christology: Theology in the Reformed Tradition*(Farnham: Ashgate, 2011): 43-67.

393 Stephen West, *The Scripture doctrine of atonement, proposed to careful examination*, 2nd edition with appendix(Stockbrige: the Herald Office, 1809), 23-74.

합되지 않으며, 속죄의 효과를 하나님보다는 인간의 변화에 두는 주관적 측면에 강하게 치우쳐 있다고 평가된다.

박재은은 조나단 에드워즈와 스티븐 웨스트의 속죄론을 비교하며, 에드워즈의 경우 만족설과 형벌 대속론이라는 객관적 속죄론의 기초 위에 '그리스도와의 연합' 모티브를 매개로 하여 도덕 감화의 주관적 요소가 조화롭게 통합되어 있다고 평가한다. 반면, 웨스트의 경우에는 형벌 대속과 도덕 통치 개념이 논리적 정합성 없이 혼합되어 결과적으로 도덕적 감화론 쪽으로 경도되었으며, 객관적 속죄론의 구조적 균형을 상실했다고 진단한다.[394] 박재은의 진술은 다음과 같다.

> 에드워즈의 속죄론은 객관적 속죄의 측면과 주관적 속죄의 측면이 각각 고유한 영역을 유지하며 균형을 이루어 존재했음을 확인했다. 만족설과 형벌 대리설이 객관적 속죄의 두 기둥으로써 에드워즈의 속죄론의 기저를 이루고 있으며, '그리스도와의 연합' 모티브는 객관적/주관적 속죄 측면 사이에 심각한 섞임 없이 객관적 속죄와 유기적으로 기능하며 주관적 속죄의 측면을 부각해주었다. 그러므로 에드워즈의 속죄 영향은 하나님에게만 미치는 것이 아니라, 인간에게도 미친다. 그러나 에드워즈와는 달리, 웨스트의 속죄론은 형벌 이론과 그로티안적 도덕 통치설의 변칙적인 섞임을 통해, 객관적 측면이 궁극적으로는 주관적 속죄의 측면으로 많은 부분 치환되는 결과를 낳았다. 결국, 객관/주관 사이의 균형추가 무너진 것이다. 즉, 엄밀히 말해서, 웨스트

---

394 박재은, "조나단 에드워즈의 속죄론: 스티븐 웨스트의 속죄론과 비교해 본 에드워즈의 객관적, 주관적 속죄 측면 사이의 균형", 『개혁논총』 33(2015): 93-6.

의 속죄의 영향은 하나님에게 미친다기보다는 궁극적으로는 인간에게만 미치게 된다.[395]

박재은은 조나단 에드워즈와 스티븐 웨스트가 각각 속죄론의 통합을 시도하였으나, 객관적 속죄론과 주관적 속죄론이 상호 긴밀히 융합되기보다는 한쪽에 편중되는 경향을 보였다고 분석한다. 아울러 오늘날의 신학적·사회문화적 정황을 반영한 보다 총체적이고 역동적인 통합과 재구성이 요구된다고 판단한다.

이와 같은 통합 시도 외에도, 전통적 형벌 대속론의 한계를 비판하고 이를 극복하려는 다양한 신학적 대안들이 제기되어 왔다. 예컨대, 그레그 보이드(Greg Boyd)는 '승리자 그리스도'(Christus Victor) 이론을 대안적 속죄론으로 제시하며, 이 이론이 형벌 대속론과 도덕적 감화론의 핵심 요소를 모두 포괄함으로써, 객관적 측면인 칭의(justification)와 주관적 측면인 성화(sanctification)를 동시에 담아낼 수 있다고 주장한다. 위르겐 몰트만(Jürgen Moltmann) 역시 형벌 대속론의 전통적 한계를 지적하며, 보다 통전적인 해석의 틀을 제안한다. 그는 안셀무스의 만족설, 종교개혁자들의 형벌 대속론, 혹은 승리자 그리스도 이론 등에 전적으로 만족하지 않고, 그리스도의 대리적 고난을 삼위일체 하나님의 사랑을 계시하는 구속사적 사건으로 이해한다.[396]

---

395 Ibid., 107.
396 신옥수, "몰트만의 통전적 구원론", 『한국기독교신학논총』 95(1) (2015): 143. 몰트만은 하나님이 십자가에서 그리스도와 함께 고난을 당했다고 주장하며 삼위일체 하나님을 진술한다. 그는 만약 하나님이 자신의 본성 안에 있는 '사랑'으로 세상을 사랑한다면, 하나님은 세상의 고통가운데 함께 참여하고 계신다고 역설하고 전통적인 신론을 극복하고 '임마누엘' 하나님의 내재적 사역을 강조한다. Jürgen Moltmann, *The Crucified God*, 김균진 역, 『십자가에

몰트만은 역사적으로 기독교 신학이 늘 정체성(identity)의 위기와 현실 세계와의 관계성(relevance)의 위기 사이에서 긴장해 왔다고 진단한다.[397] 그는 교회와 신학이 세상의 현실적 문제에 연루될 때 전통적 정체성을 상실할 위험에 직면하며, 반대로 기독교 정체성만을 고수할 경우 사회적 소외를 초래할 수 있다는 이중의 위험을 지적한다. 이러한 긴장 속에서 그는 하나님을 세상의 외부에 존재하는 초월적 존재로 보지 않고, 고난 받는 세계 안에서 그 역사에 동참하시는 하나님으로 이해하며, 속죄론에서 '칭의' 개념을 재구성하고 성화의 차원을 보다 심화·확장하는 신학적 노력을 전개한다.

이러한 신학적 조망 속에서, 십자가 신학의 결론으로서의 '칭의'는 단순히 그리스도의 순종과 고난으로 인한 죄 사함이라는 소극적 효과에 머무르지 않는다. 오히려 그리스도의 전 생애에 걸친 능동적 순종을 통해 이루어진 '의'(righteousness)를 근거로 신자에게 부여되는 적극적인 의의 전가(imputed righteousness), 곧 의인으로서의 지위와 특권, 그리고 상속자적 권리까지를 포괄하는 이중적 효과를 갖는다.

예수 그리스도의 십자가 죽음은 시대적 배경, 문화적 맥락, 그리고 해석자의 신학적 전제에 따라 다양한 방식으로 이해되고 해석되어 왔다. 로마서 5장 8절에서 사도 바울이 증언하듯, 그리스도의 십자가는 인간의 존재론적 문제인 죄와 죽음에 대한 '구속'이라는 객관적 측면뿐 아니라, 죽음을 통해 언약을 성취하고 하나님의 사랑을 계시한 윤리적 모범이라는 주관적 측면을 동시에 포함한다.

달리신 하나님』(서울: 대한기독교서회, 2017), 287-8 참조.
397   Ibid., 18.

따라서 다양한 속죄 모델 각각이 제시하는 상대적 유효성과 제한성을 인식하면서, 오늘날의 신학적 상황에 부합하는 통합적 속죄론의 정립이 요구된다. 이는 각 모델의 장점을 비판적으로 수용하고, 그 한계를 상호 보완하는 방식으로 십자가 신학의 통전적 재구성을 시도해야 함을 의미한다. 이러한 신학적 과제는 단지 전통을 계승하는 데 그치지 않고, 오늘의 세계 안에서 십자가 사건의 의미를 새롭게 해석하고 살아내는 실천적 방향성을 제공할 수 있어야 한다.

구원론의 이중 축: 칭의와 성화

칼뱅주의 신학의 영향을 강하게 받은 한국의 주요 교단들은 대체로 '형벌 대속'(penal substitution) 이론을 수용하고 있다.[398] 그러나 교회 정책 전반에 성공과 성장 중심의 사고방식이 스며들기 시작하면서, 속죄론은 점차 주술적 방식으로 이해되는 경향이 강화되고 있다. 이러한 현상은 한국 교회가 직면한 도덕적 위기의 상황 속에서, 속죄론의 실질적 진리에 대한 근본적 비판을 촉발시키고 있다.

특히 현대 한국 교회의 신학적 흐름은 두 극단적 경향으로 나뉘는 양상을 보인다. 하나는 십자가 사건의 초월성만을 극단적으로 강조하는 형태이며, 다른 하나는 율법 준수를 과도하게 강조하는 보수적 신앙 형태이다. 양쪽 모두 정통 교리에 대한 신앙 고백은 견지하고 있으나, 그 고백에 상응하는 성도의 삶이 동반되지 못함으로 인해, 교회와 신자들이 사회로부터 반복적으로 비판의 대상이 되는 현

---

398 물론 한국교회 안에서도 교단에 따라 다른 이론을 지지하는 경우도 있다. 예를 들면, 오순절 교단은 예수의 십자가 죽음을 '승리자 그리스도' 이론이나 치유자 이론으로 해석하는 경향이 있다.

상이 두드러지고 있다. 이는 삶과 신앙의 불일치라는 고질적 문제를 노정시키며, 이로 인해 신학계 내에서는 이를 극복하려는 다양한 논쟁들이 제기되어 왔다. 그 중 하나가 바로 '칭의'와 '성화'의 인과 관계를 둘러싼 논쟁이다.

본서가 이 논점을 간략하게나마 다루고자 하는 이유는, 이 논쟁이 '형벌 대속론'의 한계를 비판하고 이를 극복하려는 신학적 시도와 밀접히 연관되어 있기 때문이다. 아울러, '그리스도의 십자가를 통한 우주적 변혁(cosmic transformation)'과 신자의 '성화된 삶'이 긴밀히 연결되어 있음을 드러낸다는 점에서, 이 논의는 실천신학적 함의를 지닌 긍정적 통찰을 제공한다고 판단된다.

그리스도의 십자가 사역 안에서 '칭의'(justification)와 '성화'(sanctification)는 단절되거나 독립된 교리로 분리될 수 없다.[399] 사도 바울의 십자가 신학은 칭의와 성화를 이원적으로 구분하지 않으며, 오히려 믿음을 통한 의로움, 곧 '믿음의 의'(δικαιοσύνη πίστεως)를 강조한다. 바울은 로마서에서 '믿음의 의'가 '순종의 의'(δικαιοσύνη ὑπακοῆς)를 내포하고 있음을 드러냄으로써, 구속의 은혜뿐만 아니라 성도의 윤리적 실천까지 포괄하는 십자가 신학의 총체성을 입증한다.

이러한 관점은 종교개혁 시대 루터의 '이신칭의'(sola fide) 교리에서 시작된 신학적 해석과도 연관된다. 루터는 "오직 믿음으로 의롭다 함을 받는다"는 원리를 중심으로 칭의 교리를 정립하였다. 그러나 이에 대해 로마 가톨릭 교회는 루터의 칭의론이 신자의 성화와 윤리적 삶을 소홀히 한다는 이유로 비판하였다. 가톨릭은 반(反)펠

---

399 William M. Greathouse, "Sanctification and the Christus Victor Motif in Wesleyan Theology," *Wesleyan Theological Journal*(1972): 47-58.

라기우스적 구원론의 입장에서, '믿음을 통한 의'가 하나님의 은혜에 의해 구원의 시작을 여는 요소임을 인정하면서도, '순종의 의'를 통해 천국에 이를 수 있으며, 그렇지 않을 경우 연옥의 심판이 따른다고 주장하였다.

결과적으로, 로마 가톨릭은 루터가 제시한 '수동적 의'(passive righteousness)와 '능동적 의'(active righteousness)의 인과적 관계가 신자의 실천적 삶을 충분히 반영하지 못한다고 지적한 것이다. 이러한 논쟁은 종교개혁 이후 '칭의-성화' 간의 관계에 대한 해석의 다양성을 초래하였으며, 현대 한국 교회 내의 신앙과 삶의 불일치 문제와도 깊은 관련을 맺고 있다.

칼뱅은 '그리스도와의 신비적 연합'(unio mystica cum Christo)이 지니는 이중적 은혜(duplex gratia), 곧 칭의(justificatio)와 성화(sanctificatio)의 연관성을 통해 로마 가톨릭교회의 비판에 대응하고자 하였다. 그는 루터의 '이신칭의'(sola fide) 교리에 내포된 칭의와 성화의 이분법적 구조가 지닌 한계를 극복하기 위하여, 그리스도와의 연합을 통해 두 은혜가 동시적으로 발생한다는 점을 강조함으로써, 구원의 객관적 측면(속죄)과 주관적 측면(성화)을 유기적으로 통합한다.[400]

칼뱅은 루터와 마찬가지로 칭의와 성화가 논리적으로는 구별되며, 그 관계에 일정한 선후가 존재함을 인정하였다. 그러나 그는 동시에, 이 둘이 그리스도와의 연합에 기초한 성령의 사역으로 말미암

---

[400] 이은선, "칼빈의 칭의와 성화의 관계에 대한 개핀(Gaffin)과 페스코(Fesko) 논쟁", 『한국개혁신학』 60(2018): 109; 김은수, "칼빈의 구원론 이해—'그리스도 연합'과 '이중은혜'를 중심으로", 『한국 기독교신학논총』 67(2010): 170-2.

아 결코 분리될 수 없는 관계에 있음을 역설한다. 칼뱅에 따르면, 참된 칭의는 회개를 동반한 중생을 통해 나타나며, 이는 곧 성화된 삶으로 귀결되는 필연적 연속성을 지닌다. 즉, 인간은 회개 없이는 의롭게 될 수 없으며, 칭의는 반드시 거룩한 삶의 열매로 이어져야 한다.

이와 관련하여 신학계에서는 칼뱅의 구원론에 나타나는 칭의와 성화의 관계를 '동시성'(simultaneity)으로 이해할 것인지, 아니면 '우선성'(priority)의 관점에서 해석할 것인지를 둘러싸고 다양한 논의가 전개되어 왔다.[401] 이은선의 분석에 따르면, 미국 펜실베이니아에 위치한 웨스트민스터 신학교의 개혁파 신학자 리차드 개핀(Richard B. Gaffin)은 칭의와 성화가 선후의 구분 없이 동시에 발생한다고 주장한다. 그는 칼뱅의 구원론에 있어서 칭의와 성화가 논리적으로도 동시에 주어지는 은혜이며, 이를 통해 칭의-성화 간 분리 불가능성을 강조한다.

반면, 캘리포니아 웨스트민스터 신학교의 교의신학자 존 페스코(John V. Fesko)는 칼뱅의 신학 내에 칭의가 성화에 논리적, 점진적 우선성을 가진다고 보며, 두 교리를 구별된 질서로 이해해야 한다고 주장한다.[402] 이처럼 양측은 모두 칼뱅 신학의 정통성을 주장하면서도, 구원의 적용 순서에 대한 해석에서 상이한 견해를 보인다.

특히 개핀은 존 머레이(John Murray, 1898-1975)의 '결정적 성

---

401 이은선, "칼빈의 칭의와 성화의 관계에 대한 개핀(Gaffin)과 페스코(Fesko) 논쟁", 108-44. 이은선은 그의 논문에서 개핀과 페스코의 논쟁을 중심으로 칼뱅의 구원론에 "동시성"과 "과 "인과 관계성"의 논쟁을 다루고 칼뱅의 구원론 안에는 "동시성"과 칭의의 "논리적 우선성"이 모두 발견된다고 진술한다.

402 Ibid.

화'(definitive sanctification) 개념을 수용하여 칭의와 성화의 동시성 논리를 전개한다. 머레이에 따르면, 신자는 세례와 더불어 그리스도와의 연합을 통해 죄와 죽음으로부터 실질적 단절을 경험하고, 거룩한 자로서의 새로운 정체성을 획득한다(고전 1:2; 딤후 2:21). 동시에 그는 로마서 6장 1절부터 7장 6절까지의 본문을 근거로, 신자가 죄의 지배에서 자유를 얻는 구원의 사건이 단회적이고 결정적으로 일어난다고 주장한다.[403] 이는 곧 칭의와 성화가 단지 시간적 연속이 아니라, 구조적으로 연합된 사건임을 강조하는 신학적 입장으로 이해된다.

개핀(R. B. Gaffin Jr.)은 칭의와 성화의 관계에 대한 논의에서, 루터가 "성화에 대한 칭의의 시간적·논리적 우선성"을 강조한 반면, 칼뱅은 "그리스도와의 신비적 연합"을 중심에 두어 칭의와 성화의 동시성을 보다 강조하였다고 주장한다.[404] 칼뱅이 "칭의가 신앙을 떠받치는 주된 근거"라고 설명한 점에 대해, 페스코(D. C. Fesko)는 이를 루터와 마찬가지로 칭의의 우선성을 강조한 것으로 해석한다.[405] 그러나 개핀은 해당 표현을 "신자가 그리스도와의 연합으로 굳게 세워지고, 종교 전체가 그 연합을 중심으로 회전한다"는 의미로 이해하며, 이로부터 칭의와 성화가 동시에 발생한다는 관점을 이

---

403 John Murray, "Definitive Sanctification," in Collected Writings of John Murray, vol. 2(Edinburgh: Banner of Truth Trust, 1976), 275-80. "결정적 성화"(Definitive Sanctification)란 죄와 죽음의 지배로부터 즉각적 불가역학적 단절을 의미한다. 이것은 죄와 죽음으로 점철된 그리스도인의 삶이 새로운 피조물로서의 은혜의 삶으로 결정적 변화를 일으키는 것을 의미하는 것으로 "그리스도와의 연합"을 통해 가능해진다.

404 Ricard B. Gaffin Jr., "Biblical Theology and the Westminster Standards," *Westminster Theological Journal* 65(2)(2003): 176-7.

405 Calvin, 『기독교강요』, 3.11.1.

끌어낸다.

페스코의 해석에 동의하는 토머스 웬거(Thomas L. Wenger)는, 개핀이 칼뱅의 "그리스도와의 연합" 사상을 칭의-성화의 동시성을 뒷받침하는 근거로 제시한 데 대해 비판적으로 접근한다. 그는 개핀의 칼뱅 해석이 16세기 종교개혁의 문맥이 아니라 20세기 신학적 조류의 영향 아래 형성된 "칼뱅 연구의 새 관점"(New Perspective on Calvin)에 해당한다고 지적한다.[406]

반면 마이클 호튼(Michael Horton)은 개핀이 주장하는 '결정적 성화'(definitive sanctification) 개념을 수용하며 그의 입장을 옹호한다. 그러나 그는 존 머레이(John Murray)의 결정적 성화론이 전통적인 구원론의 구조, 곧 '구원의 서정'(ordo salutis) 안에서 설명될 수 없는 독자적 위치를 가진다고 진단한다.[407]

이러한 논의는 칭의와 성화의 관계에 있어 성화가 '결정적 동시성'인가 혹은 '점진적 후속성'인가의 물음을 중심으로 전개되며, 이는 하나님의 절대 주권적 사역과 이에 대한 인간의 책임 및 역할에 대한 신학적 성찰을 요청한다는 점에서 그 의의를 지닌다.[408] 이 논쟁의 저변에는 종종 신자의 삶이 고백과 불일치한다는 비판에 직면한 교회가, 어떻게 신자의 성화와 거룩한 삶을 지속적으로 확보할 수 있을지를 묻는 실천적 고민이 자리하고 있다.

---

406 Thomas L. Wenger, "The New Perspective on Calvin: Responding to Recent Calvin Interpretations," *Journal of the Evangelical Theological Society* 2(50)(2007): 316.

407 Michael Horton, *The Christian Faith: A Systematic Theology for Pilgrims on the Way*(Grand Rapids: Zondervan, 2011), 650.

408 박재은, "결정적 성화(definitive sanctification) 개념과 구원의 순서(the ordo salutis) 사이의 관계성 고찰", 『조직신학연구』 27(2017): 275-6.

이와 관련하여 독일 루터파 신학자인 디트리히 본회퍼(Dietrich Bonhoeffer)는 전통적인 칭의론에 입각하여 은혜와 구원을 지나치게 강조한 나머지, 그리스도에 대한 실천적 순종 없이 값없이 주어진 은혜만을 강조하는 교회와 신자들의 안일함을 비판한다. 그는 그리스도께 순종함이 없는 은혜, 고난이 결여된 은혜, 성육신적 삶으로 실천되지 않은 은혜를 "값싼 은혜"(Cheap Grace)라 규정하며 다음과 같이 말한다.

> 값싼 은혜란 교훈과 원리와 체계 같은 은혜를 말한다. 죄의 사유는 보편적 진리라 했다. 하나님의 사랑은 기독교적 신념이라 했다. 이것이 사실임을 시인하는 자는 이미 죄의 사유를 받았다는 것이다. 이러한 은혜론을 소유하고 있는 교회는 은혜가 흡족한 옳은 교회라 하였다. 세상은 죄를 뉘우칠 필요도, 죄에서 해방되기를 애걸할 필요도 없다. 이 은혜의 교회에서 자신의 죄를 덮어 감출 뚜껑을 얼마든지 싸게 얻을 수 있기 때문이다.[409]

그 후 신학계에서는 개혁주의 구원론 내에서 신자의 삶과 신앙고백 간의 불일치 문제를 극복하기 위한 방안으로, 칭의와 성화의 관계에 대한 재정립 시도가 지속적으로 제기되었고 이에 대한 논쟁 또한 활발히 전개되었다. 이러한 논의의 연장선상에서 특히 주목할 만한 것은 1980년대 이후 '바울에 대한 새 관점'(New Perspective on Paul, NPP)의 등장이었다. 이 관점은 종교개혁 전통의 '이신칭의'(justification by faith alone) 교리에 근본적인 도전을 제기하

---

409 Dietrich Bonhoeffer, 『나를 따르라』, 허역 역(서울: 대한기독교서회, 1979), 24.

며, 바울 해석의 새로운 틀을 제시하였다.

대표적인 학자인 톰 라이트(N. T. Wright)는 종교개혁 이후 개혁주의의 칭의론이 성경을 오직 구원의 틀 안에서만 해석하는 경향이 있으며, 초기 복음이 전파되던 헬라-로마 사회의 사회적·정치적 함의를 간과하고 있다고 비판한다.[410] 라이트는 고린도후서 5장 10절과 로마서 14장 10-12절을 근거로 바울이 '행위에 근거한 칭의'를 진술하고 있다고 주장하며, 전통적 개혁주의가 강조해온 '그리스도의 의의 전가'(imputation of Christ's righteousness) 개념을 명시적으로 거부한다.[411] 이는 신학계 내에서 심대한 논쟁을 촉발하였다.

라이트에 따르면, 그리스도의 십자가와 부활을 믿음으로 말미암아 얻게 되는 칭의는 '하나님의 언약 안으로 들어가는(getting in)' 것을 의미하며, 일단 언약 안에 들어온 신자는 '율법의 행위'를 통해 그 언약적 지위 안에 '머물러야'(staying in) 한다고 주장한다. 그는 루터의 회개와 죄 용서, 그리고 의의 전가 개념에 근거한 칭의 이해를 부정하며, 구원을 '이중 칭의'(dual justification) 개념으로 설명한다.[412] 즉, 현재 칭의는 그리스도를 믿는 믿음으로 이루어지며, 미래 칭의는 재림 시점에서 하나님의 심판대 앞에 설 때, 신자의 삶을 근거로 최종적인 칭의가 선언된다는 것이다.[413]

---

410 N. T. Wright, 『바울 복음을 말하다』, 최현만 역(평택: 에클레시아북스, 2011), 196-8.

411 라이트의 신학에 대한 신학자들의 비평은 이승구, 『톰 라이트에 대한 개혁신학적 반응: N. T. Wright의 신학적 기여와 그 문제점들』(서울: 합동신학대학원 출판부, 2013); Stephen Wellum, 『오직 그리스도』(Solus Christus), 김찬영 역(서울: 부흥과개혁사, 2018)을 참조하라.

412 Wright, 『바울 복음을 말하다』, 199-203.

413 박동근, 『칭의와 복음』(경기: 합동대학원 출판부, 2012), 96.

요약하면, 라이트의 주장에 따르면 현재 칭의는 '믿음에 의한 은혜'로 시작되며, 미래 칭의는 '행위에 의한 심판'에 의해 완성된다. 그는 로마서 2장 13절, "율법을 행하는 자라야 의롭다 하심을 얻으리라"는 말씀을 미래 칭의의 성경적 근거로 제시하며, 이를 '행위에 따른'(according to works) 혹은 '행위에 기초한'(based on works) 칭의로 해석한다.[414] 그러나 이러한 해석은 개혁주의 신학자들로부터 '율법주의' 혹은 '공로주의'에 빠질 위험이 있다는 비판을 받는다.

특히 존 파이퍼(John Piper)는 라이트의 해석이 "행위가 구원을 결정짓는 실질적 근거"로 오해될 수 있다고 우려하며, 그의 입장이 결과적으로 '공로에 기초한 칭의론'(meritorious justification)에 이르는 것이라고 강하게 비판한다.[415]

루터의 '이신칭의'(justification by faith alone) 교리는 신자의 윤리적 삶에 대한 관심을 상대적으로 약화시켰다는 비판을 받아왔다. 루터는 '칭의'를 법정적 개념의 '의의 전가'(imputation of righteousness)로 이해하였고, 로마서 6장 15-23절과 데살로니가전서 4장 1-12절에 근거하여 '칭의' 이후 '성화'가 이어지는 순차적 구원의 서정(ordo salutis)을 제시하였다. 이 같은 시간적 구분은 신자의 신분 변화(칭의)와 그에 따르는 삶의 변화(성화)를 구분하되, 결과적으로 윤리적 삶에 대한 상대적 지연을 정당화하는 방식으로 오용될 여지를 내포하고 있었다.

루터 칭의론의 이러한 한계를 보완하기 위해, 김세윤은 N. T. 라이트(N. T. Wright)와 마찬가지로 루터의 '의의 전가'(imputation

---

414   N. T. Wright, "New Perspectives on Paul," 10th Edinburgh Dogmatics Conference in August 2003.

415   John Piper, *The Future of Justification*(Illinois: Wheaton, 2007), 118.

of righteousness) 교리를 전면적으로 부정하지는 않으면서도, 라이트가 제시한 '현재 칭의'와 '미래 칭의'라는 이중적 개념을 수용하여 종말론적 구조를 내포한 "유보적 칭의론"(deferred justification)을 제안한다.[416] 김세윤에 따르면, '칭의'는 단순히 법정적 '의의 전가'라는 의미를 넘어서, 하나님 나라의 공동체 안으로 편입되는 관계적 사건이며, 이는 신자의 정체성과 소속을 결정짓는 공동체적 의미를 담지하고 있다. 그는 루터의 법정적 칭의 개념과 라이트의 종말론적 구조를 결합하여 두 입장을 통합하고자 한다.

특히 김세윤은 '칭의'와 '성화'를 이분법적으로 구분하기보다, 이 두 사건을 평행적이며 동시적으로 일어나는 신적 사역으로 이해하고, '현재 칭의'와 '종말론적 칭의'의 통합을 시도한다. 그의 주장에 따르면, 바울은 유대주의자들과 율법의 역할을 둘러싼 논쟁 속에서는 법정적 언어로 '칭의'를 강조하였으며(로마서, 갈라디아서, 빌립보서 3장 등), 이방인들에게 윤리적 타락을 지적하며 복음을 전할 때는 '성화'의 언어를 사용하였다. 다시 말해, 바울이 복음을 설명하는 방식은 청중의 정황에 따라 언어적 강조점이 달라졌을 뿐, '믿음으로 세례를 받는 순간'에는 하나님과의 관계 회복으로서의 '칭의'와, 거룩한 백성으로서의 삶을 살아가는 '성화'가 동시에 시작된다는 것이다.

---

416 김세윤, 『칭의와 성화』(서울: 두란노서원, 2013), 71-4. 김세윤에 따르면, 전통적인 칭의론은 지나치게 법정적(declarative) 의미에만 치우쳐, 관계적(relational) 의미와 종말론적(eschatological) 차원을 간과함으로써, 실제로 의롭게 살지 않으면서도 자신이 의롭다고 여기는 신자들을 양산하였고, 이로 인해 한국 교회 내에서 심각한 윤리적 문제가 발생하게 되었다고 주장한다. 그는 이러한 문제를 극복하기 위해, 전통적인 구원 서정(ordo salutis) 이론의 한계를 인식하고, '새 관점'(New Perspective on Paul) 학파로부터 도출된 통찰들을 적극적으로 수용할 필요가 있다고 제안한다.

예컨대 바울은 유대주의자들의 율법 중심적 구원관을 반박하면서, 인간의 근본 문제를 '죄'로 규정하고, 그 해결을 율법이 아닌 '하나님과의 관계 회복'으로 제시하며 법정적 언어를 강조하였다. 반면, 데살로니가 교회와 같이 유대주의적 도전이 없고 우상숭배, 음행 등 윤리적 타락이 심각한 이방인 공동체에서는, '죄'라는 법적 개념보다는 "더러움"이나 "부끄러운 행위" 등 의식(purity) 언어를 사용하여 복음을 '성화'의 관점에서 서술하였다(참조. 롬 1:18-31).[417]

이러한 관점은 바울 신학 안에서 칭의와 성화의 긴밀한 통합 가능성을 열어줄 뿐 아니라, 신자의 구원을 단순한 신분의 변화에 머물지 않고 존재와 삶 전체의 갱신으로 확장하는 통전적 구원 이해를 제시한다는 점에서 주목할 만하다.

김세윤에게 있어 '성화'는 현재적 삶을 지칭하는 '칭의'의 또 다른 표현이며, 이로 인해 '성화'는 '칭의'와 구조적으로 분리될 수 없는 개념이다. 따라서 그는 성화를 칭의 이후에 나타나는 구원의 단계로 보지 않는다. 곧 '칭의'는 단회적으로 일어나는 단절된 사건이 아니라, 그리스도를 믿는 순간부터 최후 심판에 이르기까지 구원의 전 과정을 포괄하는 종말론적 범주로 이해된다.

그러나 김세윤의 이른바 "유보적 칭의론"(deferred justification)은 신자의 거룩한 삶의 중요성을 강조한다는 점에서는 긍정적인 측면이 있지만, 동시에 신자의 삶에서 드러난 '율법 준수'의 여부에 따라 구원의 탈락 가능성을 암시하는 바, 이는 로마 가

---

417 김세윤은 사도바울이 칭의와 성화를 동일한 실재를 의미하는 동의어로 사용하고 있다고 주장한다(고전 6:11). 다만, 바울은 성화를 하나님의 거룩한 백성(롬 12:1; 고전 6:1-11; 3:17; 6:19; 7:34; 고후 1:12; 살전 2:12; 3:12-13; 4:3-8; 5:23)으로 사는 것을 의미하는 관계적 씻음의 의미로 사용하였다는 것이다.

톨릭이 주장하는 '믿음과 선행을 통한 구원'이라는 관점과 유사한 문제를 낳을 수 있다는 비판을 피하기 어렵다. 바울이 고린도전서 1장 30절에서 진술한 바와 같이, 인간의 구원은 언약적 율법 준수의 성화를 통해 이루어지는 것이 아니라, 그리스도께서 십자가를 통해 완성하신 '의'가 그리스도와의 연합(unio cum Christo)을 통해 신자에게 전가됨으로써 이루어진다.

요컨대, 개혁신학의 '형벌 대속론'(penal substitution)의 한계를 극복하려는 시도로서 속죄론의 융합을 시도한 여러 견해들은, 균형 잡힌 통합을 달성하기보다는 특정 이론에 편향되는 경향을 드러내 왔다. 특히 형벌 대속론 내에서 칭의와 성화 사이의 인과관계를 둘러싼 신학적 논쟁은 여전히 현재진행형이다.

다음 장에서는 현대 교회가 직면한 신앙과 삶의 불일치 문제, 나아가 사회적 신뢰의 상실이라는 현실을 극복하기 위한 방안으로, 그리스도의 삼중직 개념을 중심으로 한 '십자가 신학'의 총체적 재구성을 제안하고자 한다.

제17장 십자가 신학 담론을 위한 총체적 재구성

　그리스도의 십자가 죽음이 지닌 신비는 고대, 중세, 그리고 현대에 이르기까지 각 시대마다 강조된 특정 측면만으로는 충분히 설명될 수 없다. 이는 십자가의 의미가 단순히 하나의 차원에 국한되지 않고, 세 가지 상호 연결된 차원을 포괄하기 때문이다. 첫째, 십자가는 죄인이 하나님의 형상을 회복하는 개인적 차원을 포함한다. 둘째, 그것은 하나님의 창조질서가 회복되고 궁극적으로 하나님 나라가 회복되는 우주적 차원을 지닌다. 셋째, 신자 개개인의 구원이 성령의 역사 가운데 우주적 공동체로 점진적으로 확장되어 가는 종말론적 차원을 내포하고 있다.

　예수 그리스도는 하나님의 말씀에 기초한 선지자, 제사장, 왕의 삼중직을 지니신 분으로서, 육신을 입고 세상에 오셨으며, 그분의 사역은 본질적으로 새로운 삶의 사회적 질서를 창조하는 공동체의 형성을 지향한다.[418] 스코틀랜드의 개혁파 신학자 포사이스(P. T. Forsyth, 1848-1921)는 십자가의 신비를 그리스도의 삼중직에 따라 '세 겹으로 엮인 끈'(the threefold cord)으로 설명하였다.[419]

첫째 끈은 하나님의 공의를 만족시키며 '칭의'를 성취하는 제사장적 관점(satisfaction aspect)이다. 즉, 십자가는 그리스도께서 화목 제물로 자신을 드림으로써 개인의 구속을 성취하신 사건으로, 개인적 차원을 드러낸다. 둘째 끈은 사탄의 권세를 꺾고 우주적 승리를 달성하는 왕적 관점(triumphant aspect)을 반영한다. 즉, 십자가는 그리스도께서 세상의 악을 제압하고 승리하신 우주적 차원을 드러낸다. 셋째 끈은 선지자적 사역을 반영한다. 십자가는 그리스도의 부활과 재림 사이를 살아가는 신자들에게 삶의 지침을 제공하는 종말론적 관점을 드러낸다. 이는 하나님의 계시 말씀이 그분의 사역과 일치하였듯, 신자 또한 '성화'의 삶을 살아가야 함을 요청하는 것이다.

따라서 십자가의 궁극적 목적은 죄로 인해 상실된 하나님의 형상을 회복하고, 파괴된 창조질서를 본래의 상태로 되돌리는 데 있다. 이러한 목적을 성취하기 위해서는 그리스도의 삼중직 사역이 상호 보완적으로 연결되고 통합되어 균형을 이루는 총체적 십자가 신학으로 재구성될 필요가 있다.

십자가 신학의 개인적 측면: 속죄와 구원

418　John Howard Yoder, *The Politics of Jesus*(Grand Rapids, Michigan: William B. Eerdmans Publishing Company, 1972), 100-4.

419　Peter Taylor Forsyth, *The Work of Christ*(Grand Rapids, MI: Christian Classics Ethereal Library, 1910), VII.

십자가의 의미는 인간 개인에게 구원이 어떻게 적용되는지를 설명하는 객관적 차원, 곧 죄인이 그리스도와의 연합을 통해 하나님과의 관계 변화에 이르게 되는 구속의 구조적 측면에서 출발한다. 신약성경은 구원의 결과를 "그리스도께서 신자 안에 거하시고, 신자는 그리스도 안에 거하는 것"(요 15:5)으로 묘사하며, 이는 구원의 본질이 인격적 연합에 있음을 시사한다. 특히 요한복음 14장 23절은 그리스도의 내주하심이 지극히 개인적이며 개별적인 성격을 지님을 명확히 한다.

예수께서 말씀하신 연합이 신약 성경에서 일관되게 단수형으로 표현되고 있다는 점은 주목할 필요가 있다.[420] 이는 믿음으로 반응하는 주체가 개인임을 강조하며(요 6:35, 37, 40, 45, 47), 그리스도와의 연합 역시 각 신자 개인의 실제적 경험임을 시사한다(요 6:56). 이러한 증언들은 십자가에서 성취된 그리스도의 속죄 죽음과 부활이 그리스도와의 연합을 위한 객관적 근거가 되며, 이 연합이 성령의 사역을 통해 개별 신자에게 주관적으로 적용된다는 신약성경의 일관된 진술을 보여준다.

결국 그리스도와의 연합은 신자가 옛 사람을 벗고 그리스도 안에서 새 사람을 입는 존재론적 전환을 의미한다. 곧, 연합의 교리는 구원론의 핵심으로서, 그리스도의 객관적 구속 사역이 성령의 적용 사역을 통해 신자의 삶에 어떻게 주관적으로 실현되는지를 설명하는 중심 축을 이룬다.[421]

420　Bruce Demarest, 『십자가와 구원』, 이용중 역(서울: 부흥과개혁사, 2006), 497.

421　John Murray, *Redemption Accomplished and Applied*, 장준호 역, 『구속』(서울: 복있는사람, 2011), 10-2.

그렇다면 인간은 그리스도께서 십자가에서 이루신 '그리스도의 의', 곧 구원의 은혜에 어떻게 참여할 수 있는가? 인간의 죄로 인해 하나님과의 관계가 단절되었고, 이 단절은 인류의 파멸을 초래하였다. 따라서 인류의 회복은 오직 그리스도와의 연합을 통해서만 가능하다. 곧 인간은 성령의 사역을 통해 믿음으로 "그리스도와의 신비적 연합"(unio mystica cum Christo)에 참여하게 되며, 이를 통해 구원의 은혜를 누리게 된다.[422]

---

422 '그리스도와의 신비적 연합'(unio mystica cum Christo)은 성도가 그리스도의 십자가 죽음에 함께 참여함으로써 그와 함께 죽고(롬 6:4), 그리스도의 부활에 동참함으로써 함께 살아나며(롬 6:8), 그와 함께 하늘에 올려지고(엡 2:6), 궁극적으로는 그의 재림 시에 함께 영광 가운데 나타나는 것(골 3:4)을 의미한다. 이와 같은 연합의 개념은 단지 비유적이거나 상징적인 차원에 머물지 않으며, 결혼 관계에 비유되듯이 법적-사법적 측면과 신비적·유기적 측면을 포괄하는 복합적인 구조를 가진다. 이 두 측면은 상호 배타적인 것이 아니라 오히려 긴밀하게 결합되어 있으며, 법적인 연합이 신비적 연합의 토대를 형성한다는 점에서 논리적 선후관계를 지닌다. 요한복음 15장에서 예수 그리스도는 "포도나무와 가지"의 비유를 통해 이러한 연합의 교리를 설명하고 있으며, 바울 사도는 갈 2:20에서 그리스도와의 연합을 자신의 삶 속에 실현된 실존적 차원으로 묘사하고 있다. 그리스도와의 연합 교리는 바울의 구원론에서 핵심적인 구조를 이루며, 종교개혁 시대의 장 칼뱅(John Calvin)은 이를 구원의 중심 교리로 체계화하였다. 이 전통은 17세기 청교도 신학자들을 거쳐, 현대 개혁신학에 이르기까지 구원론의 근간을 이루는 가장 중요한 교리 가운데 하나로 유지되고 있다. 개혁신학 전통 안에서 그리스도와의 연합은 세 가지 주요 차원에서 논의된다. 첫째, 그리스도와의 연합은 창세전에 하나님께서 택하신 자들에 대한 작정(decretum absolutum)에 기초한 내재적이고 영원한 차원을 지닌다(엡 1:4). 이 연합은 시간 속의 역사 이전에 존재하는 신적 의지의 표현으로 간주된다. 둘째, 하나님은 그리스도 안에서 구원을 실행하시기로 작정하셨으며, 이는 그리스도의 성육신, 십자가 죽음, 그리고 부활 사건을 통해 구속사를 실현하신 시간적·역사적 차원의 연합을 이룬다(롬 6:3-11). 이 구속사적 연합은 객관적 사건 속에 신자의 참여를 포함하는 것이다. 셋째, 이러한 구원의 객관적 토대 위에 성령의 사역을 통하여 개별 신자의 삶 속에 실현되는 적용적이고 신비적인 연합이 존재한다(엡 2:4-6). 이 연합은 신자의 존재와 삶 전반에 걸쳐 지속적으로 영향

신자에게 있어 구원이란 단순한 법적 선언을 넘어, 그리스도와 연합된 존재로서 그리스도의 현존을 경험하며 살아가는 실재적 삶을 의미한다. 칼뱅은 이러한 그리스도의 현존을 "부재적 현존"으로 명명하였는데, 이는 그리스도께서 이 땅에서는 "영적으로 현존"하시며, 하늘에서는 "육체적으로 현존"하신다는 이중적 개념을 반영한다. 그러므로 신자는 현재의 삶 속에서 그리스도의 부재적 현존을 성령을 통해 경험하면서도, 장차 도래할 그리스도의 육체적 재림과 그에 따른 완전한 연합을 소망하며 기다린다.

성령은 이와 같은 그리스도와 신자 사이의 연합을 매개하는 중보자 역할을 수행한다. 신자가 그리스도와 연합하게 되는 힘은 전적으로 성령의 사역에 의존하며, 이는 성령이 "아버지의 영"이자 "아들의 영"(갈 4:6; 롬 8:9)으로 불린다는 사실을 통해 암시된다.[423] 이와 같이 성령은 신자에게 그리스도를 접붙이는 수단으로서 기능하며(롬 11:17), 신자는 그리스도와의 연합 안에서 새 생명을 얻게 된다.

또한 구원의 현재적 경륜 속에서 신자는 성부 하나님과 중보자 예수 그리스도를 통해 간접적 연합을 이루며, 이와 동시에 성령을 통해 그리스도는 신자와 실재적인 영적 연합을 이루신다.[424] 이러한 연합은 단순한 상징이 아닌 실제적 사역으로서, 그리스도의 대속적 의가 신자에게 적용되는 방식이기도 하다. 곧 그리스도의 '의'는 그

을 미치며, 성화의 전 과정과 밀접하게 연관되어 있다. 이와 같이 그리스도와의 연합 교리는 구원론 전체를 아우르는 통합적 구조로서, 예정과 구속, 적용이라는 구속사의 전 단계를 유기적으로 연결시키는 신학적 중심축을 형성한다.

423 Calvin, 『기독교 강요』, 3.1.2.
424 김선동, "그리스도와의 연합에서 본 칼뱅의 구원론", 『장신논단』 51(3) (2019): 73.

의 수동적 순종을 통해 신자에게 중생의 생명을 부여하며, 동시에 능동적 순종을 통해 신자의 전 삶을 변화시키는 능력으로 작용한다.

성경은 그리스도와의 연합(unio cum Christo)의 개념을 다양한 은유를 통해 표현한다. 그러나 많은 신자들은 여전히 그리스도를 '자신 외부에 존재하며 구원의 영향력을 행사하는 분'으로만 이해하는 경향이 있다.[425] 이러한 이해는 구속의 객관적 측면을 강조하는 데 유익하지만, 성경이 제시하는 연합 개념의 본질을 충분히 포착하지는 못한다. 안토니 후크마(Anthony A. Hoekema)의 지적처럼, 그리스도와의 연합은 단순한 신자의 감정적 체험이나 도덕적 영향력의 결과가 아니라, 그리스도의 십자가 구속 사역에 근거한 신적인 계획의 실현으로서, 하나님께서 창세전에 작정하셨고 영원히 지속되는 실재적 영적 연합을 의미한다.[426]

개혁주의 신학은 이러한 관점에 따라, 그리스도와의 연합을 구원의 특정 단계로 한정하지 않고, 선택에서 영화에 이르기까지 구원의 전 과정을 포괄하는 구조적 개념으로 해석한다.[427] 이는 신자들이 "그리스도 안에서" 예정되고(엡 1:4-5), 부르심을 받으며(딤후 1:9), 거듭나고(엡 2:10), 의롭다 함을 얻고(롬 8:1), 성화되며(고전 1:4-5), 결국 영화롭게 되는 존재(롬 8:17)로 묘사되는 일련의 성경 구절들

---

425 Augustus H. Strong, *Systematic Theology*(Velley Forge, Penn: Judson, 1907), 795.

426 Anthony A. Hoekema, *Saved by Grace*(Grand Rapids, Mich: Eerdmans, 1989), 57-64. 존 머리(John Murray)도 그리스도와의 연합 사상이 구원 교리의 핵심 진리이고, 연합은 구원 계획의 과거, 현재, 미래의 모든 측면을 포괄한다고 진술한다(John Murray, *Redemption Accomplished and Applied*[Grand Rapids, Mich: Eerdmans, 1955], 162-5 참조).

427 Demarest, 『십자가와 구원』, 477.

에 근거한다.

　이러한 이해는 또한 칭의와 성화 사이의 구별과 통합을 설명하는 개혁신학의 전통, 곧 '이중 은혜'(duplex gratia)의 교리를 떠올리게 한다. 신자는 단지 그리스도의 의가 전가되어 칭의의 상태에 놓이는 것에 그치지 않고, 성령의 역사로 말미암아 성화의 삶 속에서 그리스도와 연합된 존재로 변화되어 간다. 곧, 그리스도와의 연합은 전가된 '그리스도의 의'가 신자의 '실질적 의'(righteousness in actuality)의 기초가 되는 것이며, 이를 통해 신자는 단지 객관적 구원의 지위에 머무르지 않고, 성령 안에서 사랑의 수고와 소망의 인내를 실천하는 존재로 변모해 간다. 신자의 성품과 관계, 삶 전체가 이러한 연합 안에서 새롭게 구성된다.

　바울 신학에서 그리스도와의 연합은 핵심 구조로 작용한다.[428] 콘스탄틴 캠벨(Constantine R. Campbell)은 그리스도와의 연합 교리가 바울 신학을 하나로 묶는 통합적 주제라고 강조한다.[429] 실제로 바울은 그의 서신서 전반에 걸쳐 "그리스도와 함께"(예: 롬 6:8), "그리스도 안에서"(예: 롬 12:5), "그리스도로 말미암아"(예: 엡 1:5) 등의 반복적인 표현을 통해, 신자와 그리스도의 인격적이고 실존적인 연합을 강조한다.[430] 특히 "엔 크리스토"(ἐν Χριστῷ, 그리스도 안에)

428　바울의 그리스도 연합 사상에 대한 논증은 Constantine R. Campbell, 『바울이 본 그리스도와의 연합』, 김규성, 장성우 역(서울: 새물결플러스, 2018)을 참조하라. 또한, 브리닉은 그의 논문 V. P. Branick, "The Sinful Flesh of the Son of God(Rom. 8:3): A Key Image of Pauline Theology," CBQ 47(1985): 246-62에서 바울이 하나님께서 "자기 아들을 죄 있는 육신의 모양으로 보내어"(롬 8:3) 라고 쓴 것은 죄에 관하여 그리스도께서 인간과 전적으로 연합되셨다는 사실을 설명하려는 것이라고 논증한다.

429　Campbell, 『바울이 본 그리스도와의 연합』, 594-5.

430　바울은 그리스도와의 연합을 설명할 때, 개인적 차원과 집단적 차원을

라는 표현은 단지 신학적 개념이 아니라, 공동체 전체가 그리스도와 연합된 존재로서 살아가고 있음을 나타내는 실재적 묘사이다.

바울은 로마서 8장에서 신자 안에 내주하시는 그리스도(롬 8:10)와 성령(롬 8:9)을 유기적으로 연결하며, 삼위 하나님의 사역이 성령을 매개로 하여 신자 안에서 역사하심을 천명한다. 그는 고린도전서 6장 17절에서 "주와 합하는 자는 한 영이니라"고 하여, 그리스도와의 영적 연합을 직접적으로 서술하며, 이어 6장 19절에서는 신자의 몸이 "성령의 전"임을 선언함으로써, 그리스도와의 연합이 곧 성령의 내주하심이라는 실재적 경험으로 이어짐을 강조한다. 그리스도와의 연합은 단지 교리적 선언을 넘어, 선택에서 영화에 이르는 구원의 모든 단계에 걸쳐 신자 안에서 구현되는 실재적 연합으로 이해되어야 하며, 이는 삼위일체 하나님의 구원 사역 전체를 관통하는 중심 개념으로 자리한다.

그리스도와의 연합은 신자의 삶 전체에 실질적이고 구체적인 구원의 열매로 나타나는 실존적 진리이다. 이 연합의 결과는 신자가 그리스도와 함께 십자가에서 죽고, 장사되며, 부활하여 영화롭게 되는 구원의 전 과정을 포괄한다. 이는 신자가 예수 그리스도를 믿음으로 말미암아 칭의를 얻고, 성화의 삶을 살아가며, 마침내 영화의

동시에 포괄하는 방식으로 서술한다. 예컨대, 고후 5:17이나 빌 3:9와 같은 본문에서는 그리스도와 성도 개인 사이의 친밀한 연합이 강조된다. 반면, 고전 15:22이나 갈 3:28에서는 그리스도와의 연합이 구속 공동체 전체에 적용되는 집단적 차원으로 진술된다. 나아가, 롬 8:1, 고전 1:30, 엡 1:3-4 등에서는 개인과 공동체의 연합이 함께 언급되며, 이 두 차원을 상호 보완적으로 제시한다. 그러나 본 절에서는 십자가 구속 사역의 개인적 적용이라는 측면에 초점을 맞추어, 그리스도와 성도 개인 사이의 신비적 연합에 주목하고자 한다. 이러한 접근은 구속의 보편성과 함께 개인의 실존적 회심과 신앙적 응답의 중요성을 부각시키는 데 필수적이다.

단계에 이르는 구속사의 통합적 구도를 함의한다. 다음에서는 성경이 증언하는 그리스도와의 연합의 결과들을 순차적으로 고찰하고자 한다.

그리스도와의 연합의 첫 번째 결과는 '이전 존재로부터의 단절'이다. 곧, 신자는 그리스도와 함께 십자가에 못 박히고 장사됨으로써 옛 삶과의 단절을 경험하게 된다. 로마서 6장 6절은 이를 "우리의 옛사람이 그리스도와 함께 십자가에 못 박혔다"고 진술하며, 이는 성령의 능력 안에서 일어나는 신비적 연합의 결과이다. 갈라디아서 2장 20절에 사용된 헬라어 수스타우로오(συσταυρόω, '함께 십자가에 못 박히다')는 신자가 역사적으로 십자가에 달리신 그리스도와 실제적으로 연합되어 죽은 자로 간주됨을 의미한다. 이는 단순한 상징이 아니라, 죄에 대하여 죽고, 세상과 결별하며, 이전의 정욕적이고 반(反)하나님적인 삶의 방식에서 전환된 실존적 상태를 가리킨다.[431] 이처럼 그리스도와 연합한 자는 세상의 가치와 방식에 더 이상 지배받지 않으며, 죄에 대해 단절된 존재로 살아간다.

두 번째로, 그리스도와의 연합은 신자에게 새로운 생명을 부여한다. 신자가 그리스도와 함께 살아났다는 것은 영적 부활을 의미하며, 이는 회심과 중생의 실재적 결과이다. 로마서 6장 23절과 디모데후서 2장 11절은 이 생명을 '영생'으로 설명한다. 에베소서 2장 4-5절과 골로새서 2장 13절은 허물과 죄로 죽었던 자가 "그리스도와 함께 살리심을 받았다"고 진술하며, 여기에 사용된 헬라어 순에조오포이에센(συνεζωοποίησεν, sun + zoopoieo, "함께 생명을 주다")은 신자가 그리스도와 연합하여 생명을 부여받는 능동적 변화를 묘사한

431　Demarest, 『십자가와 구원』, 498.

다.[432]

　이러한 부활의 생명은 단지 죄사함의 선언을 넘어, '새 사람'(골 3:10)을 입고 하나님을 인지하고 그의 뜻을 좇는 전인격적 삶으로 나아가게 한다. 죄의 무감각 속에 있던 신자는 이제 성령을 통해 하나님의 진리를 깨닫고, 영원한 나라를 소망하게 되며, 새로운 가치체계 아래에서 살아가게 된다(롬 6:4).

　세 번째로, 그리스도와의 연합은 신자에게 '칭의'라는 법적 효력을 부여한다. 고린도전서 1장 30절과 빌립보서 3장 9절은 그리스도와의 연합이 신자에게 '의로움'을 가져다주는 근거임을 강조한다. 이는 단지 외재적 선언이 아니라, 그리스도의 십자가 순종과 죽음을 통해 획득된 '의'가 신자에게 전가(imputatio)됨으로써 가능해지는 구속적 효과이다.[433]

　하나님은 그리스도의 순종으로 획득된 의를 믿는 자에게 전가하심으로 자신의 공의는 훼손하지 않으면서도 죄인을 의롭다 선언하신다. 이러한 전가의 논리는 전적으로 그리스도와의 연합을 전제로 한다. 칼뱅은 고린도후서 5장 21절의 "죄를 알지도 못하신 이를 우리를 대신하여 죄로 삼으셨다"는 구절을 주해하며, 이는 하나님의 화목의 의지가 곧 인간에게 의를 전가하기 위한 수단이자, 칭의가 곧 화목의 선언임을 시사한다고 설명한다[434] 따라서 신자는 하나님과 화목하게 된 자로서, 그리스도 안에서 다른 신자들과의 화목된 공동

432　Ibid., 499.

433　바울은 고전 1:30에서 "너희는 그리스도 예수 안에 있고, 예수는…우리에게 지혜와 의로움과 거룩함과 구원함이 되셨다"라고 진술하여, 그리스도가 십자가 죽음을 통해 이루신 의가 '전가'되고 신자와 그리스도간의 '연합'이 이루어졌다는 것을 언급하고 있다.

434　Ibid., 3.11.4.

체 안으로 들어가게 된다(갈 3:28; 골 3:11).

　넷째로, 그리스도와의 연합은 신자를 성화의 삶으로 인도한다. 요한일서 3장 6절은 "그 안에 거하는 자마다 범죄하지 아니하나니"라고 선언함으로써, 연합과 거룩함의 밀접한 관계를 드러낸다. 바울은 갈라디아서 5장 24절에서 "그리스도 예수의 사람들은 육체와 함께 그 정욕과 탐심을 십자가에 못 박았느니라"고 진술하며, 그리스도와 연합한 자는 성령의 인도하심 아래 육체의 소욕을 이기고 성령의 열매(갈 5:22-23)를 맺는 삶을 살아가게 됨을 강조한다.

　고린도후서 3장 18절은 이러한 성화의 과정을 "그리스도의 형상으로 변화되어 가는 것"으로 묘사하며, 이는 성령의 사역에 힘입어 이루어지는 존재의 전환이다. 이처럼 성화는 단지 윤리적 실천이 아니라, 그리스도와 연합된 자로서 드러나는 내면적 변화이며, 세상 가운데 빛과 소금으로 살아가게 하는 실제적 능력이다.

　마지막으로, 그리스도와의 연합은 신자가 '영화'의 상태에 이르도록 이끈다. 바울은 골로새서 3장 4절에서 "그리스도께서 나타나실 그때에 너희도 그와 함께 영광 중에 나타나리라"고 진술하며, 영화는 장차 이루어질 미래적 구원의 완성임을 선포한다. 로마서 8장 11절에 따르면, 신자의 육신은 부활을 통해 영화롭게 되며, 데살로니가전서 4장 17절은 신자가 그리스도와 함께 영원히 거하는 삶을 묘사한다. 또한 베드로전서 5장 1절은 영화가 그리스도의 통치에 동참하는 방식으로 실현됨을 시사한다.

　이처럼 그리스도와의 연합이 지향하는 최종 목적은, 신자가 하나님 나라에서 그리스도의 영광과 통치에 실제로 참여하는 데 있다. 믿음으로 그리스도와 인격적으로 연합한 자는, 십자가를 통해 이미 성취된 그리스도의 승리와 생명을 자신의 것으로 소유하며, 장차 완성될 하나님 나라에서 그리스도와 함께 영광에 동참하게 된다. 본서는 이와 같은 종말론적 영광의 실현이 신자 개인의 차원에서 어떻게 나타나는지를 중심으로, 그리스도와의 연합의 개인적 측면을 강조하고자 한다. 그리스도와의 연합을 통해 하나님과의 개별적 관계가 변화된 신자는, 궁극적으로 성화의 삶을 통해 십자가로 말미암아 이루어진 우주적 구속 목적에 참여하게 된다.

십자가 신학의 우주적 측면: 승리자 그리스도

십자가의 또 다른 중요한 의미는, 세상을 악의 권세로부터 건져내고 하나님 나라를 회복시키는 "우주적 화해"(cosmic reconciliation)의 측면에 있다(골 1:13 참조). 아울렌(Gustaf Aulén)이 제기한 '승리자 그리스도'(Christus Victor) 주제는, 그리스도의 제사장적 직무보다는 왕적 직무를 강조하는 관점을 대표한다. 아울렌은 그리스도께서 세상의 악한 세력들과 인류를 속박하는 폭정의 권세에 맞서 싸워 승리함으로써 만물과 화해를 이루셨다고 주장하며, 창세기 3장 15절의 원복음과 예수의 지상 사역 중 악한 영들을 내쫓은 사건들(골 2:15; 히 2:14)을 이에 대한 성경적 근거로 제시한다.[435]

사도 바울 역시 예수 그리스도의 공생애와 십자가 고난을 통해 "사망을 폐하셨다"고 선언함으로써(딤후 1:10), 그리스도의 삶과 죽음이 곧 악한 영적 세력에 대한 왕으로서의 '승리'를 의미함을 단언한다. 이때 사용된 헬라어 카타르게오(καταργέω)의 부정과거분사형

---

435 Aulen, *Christus Victor*, 55-60.

은, 사망이 '무력화되었음', 곧 '더 이상 효력을 발휘하지 못함'을 지시한다.

더 나아가 바울은 그리스도의 우주적 승리를 "통치자들과 권세들을 무력화하시고, 그것들을 공개적으로 드러내어 십자가로 그들을 이기셨다"(골 2:15)고 천명한다. 여기에서 '승리하다'는 의미의 헬라어 동사 '드리암뷰오'(θριαμβεύω)는 로마 제국의 군사적 문맥에서 유래한 용어로, 개선장군이 포로를 끌고 행진하는 장면을 묘사한다. 동일 구절에 나타나는 '아펙듀오마이'(ἀπεκδύομαι)는 패배한 통치자가 왕권을 상징하는 옷을 벗김 당한 채 공개적으로 수치당하는 장면을 암시하며, 이는 십자가 사건이 정사와 권세를 철저히 무장해제시키고 공개적으로 패배시킨 결정적 승리임을 시사한다.

따라서 그리스도의 십자가는 단순히 개인의 구속에 국한되지 않고, 악의 세력에 대한 결정적인 승리로서 신자들이 더 이상 사탄의 권세 아래 종속되지 않으며, 오히려 결박된 악의 세력을 향하여 하나님 나라의 승리의 행진에 동참하는 영적 공동체로 부름받았음을 의미한다.

그리스도의 구속 사역은 인간의 영적 실존을 회복시키는 데 그치지 않고, 전 우주적 차원에서 하나님 나라의 회복을 지향한다. '칭의'(justification)가 죄로 말미암아 불의한 법적 신분에서 벗어나 의롭다 함을 받는 법정적 선언이라면, '화해'(reconciliation)는 하나님과 인간 사이의 인격적 단절이 회복되는 관계적 사건이다. 이러한 화해는 하나님과 인간 사이에서 성취될 뿐 아니라, 구속받은 인간이 하나님의 자녀로서 다른 피조물들과의 올바른 관계 회복을 이루며 새로운 창조 공동체를 형성함으로써, 창조 질서 전반의 회복에 이르게 한다.

결국, 그리스도의 십자가는 인간의 죄로 인해 타락하고 혼돈 가운데 놓인 피조 세계 전체를 다시 그리스도 안에서 회복시키고 통일시키는 '우주적 화해'(cosmic reconciliation)의 성취를 의미한다. 이는 곧 그리스도를 통해 만물이 하나님과 화목하게 되고, 하나님의 통치 아래서 새롭게 질서를 회복해 가는 구속사의 궁극적 완성을 지향하는 것이다. 이 같은 십자가의 우주적 의미는 바울의 다음 진술 속에 집약되어 있다.

> 만물이 그에게서 창조되되 하늘과 땅에서 보이는 것들과 보이지 않는 것들과 혹은 왕권들이나 주권들이나 통치자들이나 권세들이나 만물이 다 그로 말미암고 그를 위하여 창조되었고…그의 십자가의 피로 화평을 이루사 만물 곧 땅에 있는 것들이나 하늘에 있는 것들이 그로 말미암아 자기와 화목하게 되기를 기뻐하심이라(골 1:16, 20).

십자가 신학에 있어서 구원 경험은 단지 개인의 내면적 변화에 국한되지 않으며, 오히려 성육신, 생애, 죽음, 그리고 부활이라는 그리스도의 구속 사건을 통해 성취된 '우주적 해방'에의 참여로 이해되어야 한다. 이러한 구원 이해는 고대 유대교 세계관, 특히 묵시문학 전통에서 형성된 우주론적 사고에 깊이 뿌리내리고 있다. 유대인들은 이 세계를 선과 악의 세력 간의 전쟁터로 간주하였으며, 이에 따라 신과 천사, 그리고 마귀의 존재가 역사의 전개에 실제적이고 강력한 영향을 미친다고 인식하였다.[436] 이 같은 전제 하에서, 구약 묵시문학의 다양한 신학적 스펙트럼에도 불구하고, 악의 영적 권

---

436 Boyd, "승리자 그리스도론", 38; Boyd, *God at War*, 172-176.

세에 대한 두려움과 종말론적 해방에 대한 희망은 공통된 주제로 등장한다.

신약 성경은 이러한 묵시론적 배경을 계승하여 사탄을 "이 세상의 임금"(요 12:31), "이 세상의 신"(고후 4:4), 그리고 "공중의 권세를 잡은 자"(엡 2:2)로 지칭하며, 이 세계가 악한 자의 권세 아래 놓여 있음을 암시한다. 요한일서 5장 19절은 이 점을 분명히 하며, "온 세상이 악한 자 안에 처해 있다"고 진술한다. 이러한 표현들은 인간 역사와 사회 질서 전반이 사탄의 왜곡된 영향력 아래 놓여 있다는 신약적 세계관을 반영한다.

예수께서 광야에서 사탄의 시험을 받으시는 장면은 십자가 신학의 우주적 차원을 상징적으로 보여준다. 누가복음 4장 5-6절에 의하면, 사탄은 예수께 "이 모든 권세와 영광을 내가 네게 주리라"고 제안하며, 자신이 이 세상의 권세와 영광의 실질적 소유자임을 암시한다. 이는 창조의 궁극적 주권자가 하나님이심을 믿는 신앙고백과 긴장 관계에 놓이지만, 동시에 이 세계가 현재적으로는 사탄의 기능적 지배하에 있음을 시사한다. 그러므로 예수의 성육신은 단지 인간 구원만을 목적으로 한 것이 아니라, "죽음을 통하여 죽음의 세력을 잡은 자, 곧 마귀를 멸하시기 위한"(히 2:14-15) 결정적 구속 행위로 이해되어야 한다.[437]

예수의 죽음과 부활 사건은 곧 이러한 악의 권세에 대한 결정적 승리의 행위로 해석된다. 하나님은 죽음에서 다시 살리신 예수를

---

437 그 외에도 성서에는 예수의 성육신의 핵심적인 이유가 사탄의 권세를 멸하고 인간에게 자유를 주시기 위함이라고 기록하고 있음을 알 수 있다. 예를 들면, "이 세상의 임금을 쫓아내기 위함"(요 12:31), "마귀를 멸하려 함"(요일 3:8), "모든 원수를 발아래 두려고"(고전 15:25) 등으로 묘사한다.

"영화롭게 하시고"(행 3:13), "높이셨으며"(행 2:33), 그를 시편 110편 1절의 예언에 따라 하나님의 오른편에 앉히사 '주와 그리스도', 곧 '임금과 구주'로 삼으셨다. 이러한 고양(高揚, exaltation)은 단순한 승귀 개념을 넘어서, 예수를 악의 세력에 맞선 하나님의 대표자이자 왕적 통치자로 세우신 종말론적 선언으로 간주된다.

골로새서 2장 15절은 이 승리의 실체를 명확히 드러낸다. 예수께서 십자가에서 "통치자들과 권세들을 무력화하시고…승리하셨다"고 진술함으로써, 십자가 사건이 곧 영적 악의 권세를 결정적으로 패배시킨 우주적 승리임을 선포한다. 이와 같은 맥락에서 누가복음 4장 18절과 에베소서 4장 8절은 그리스도께서 사탄의 포로가 된 자들을 해방하셨음을 강조한다. 이러한 성경 본문들은 예수 그리스도의 구속 사역이 곧 인간을 억압하는 악의 세력에 대한 실질적이고 전면적인 투쟁이었으며, 그 결과로 '해방된 백성'이 탄생했음을 뒷받침한다.

결론적으로, 신약 성경은 예수 그리스도의 성육신과 십자가 사건을 통해 인간이 사탄의 지배로부터 자유케 되었으며, 하나님 나라의 실현이라는 우주적 회복의 여정에 참여하게 되었음을 일관되게 증언한다. 이는 십자가 신학이 개인적 차원을 넘어서 전 우주적 차원의 구속을 아우르는 포괄적 신학 체계임을 시사한다.[438]

---

438 그리스도의 우주적 승리와 갱신을 뒷받침하는 신약 성경의 말씀을 요약하면 첫째, 그리스도가 정복한 사탄과 그의 무리를 정복한 내용이 눅 13:10-16; 행 10:38; 딤후 2:26; 히 2:14-15에 나타나고, 둘째, 그리스도의 죄와 권세 정복한 내용이 요 3:34; 행 8:23; 롬 6장, 7:14-25, 8:2에 있다. 셋째, 그리스도의 죽음에 대한 승리가 롬 6:23; 고전 15:56; 히 2:15에, 그리고 마지막으로 율법의 굴레에서 해방하는 내용은 롬 7:8-13; 고전 15:56; 갈 3:13에 나온다. 이처럼 신약 성경은 그리스도의 구속 사역이 사탄, 죄, 죽음, 율법이라는 네 가지 결정적인 억압의 세력을 정복하고, 신자들을 이로부터 해방시키는 우주적 구원 사건임을 일

몰트만(Jürgen Moltmann)은 바울의 사상을 수용하여 그리스도의 죽음을 '메시아 언약'의 성취로 해석하였다. 그는 부활하신 그리스도를 통해 피조물 세계 안에 존재하는 '악'이 극복되며, 궁극적으로는 새 창조를 통한 화해의 완성과 우주적 승리가 실현된다고 주장한다.[439] 특히 그는 홀로코스트와 같은 비극적 상황 속에서 십자가 사건을 단지 역사적 고난의 상징으로 보는 것이 아니라, 세상의 악에 대한 하나님의 정복적 화해의 사건으로 이해하였다(골 1:20; 엡 1:9-10 참조). 이처럼 몰트만은 십자가가 악의 세력에 맞서 싸우는 하나님의 구속적 개입임을 강조하면서, 그리스도의 승리는 단순히 개인적 차원의 구원이 아닌 세계 전체의 구속과 회복을 겨냥한 우주적 사건임을 강조한다.

이러한 관점은 초기 바울의 메시아 이해 변화와도 관련된다. 유대인 신학자였던 사울(바울)은 원래 구약의 메시아 예언들을 문자적으로 해석하여 다윗 왕조의 정치적 재건을 고대하였다. 그러나 그는 다메섹 도상에서 부활하신 그리스도의 계시를 경험하면서, 예수께서 자신의 몸과 피를 대속의 제사로 드림으로써 새 언약을 성취하고, 그를 믿는 자들로 하여금 하나님의 새로운 백성이 되게 하셨음을 인식하였다.[440] 이로써 하나님의 통치는 단순한 정치적 회복을 넘어, 십자가를 통하여 실현된 우주적 통치의 시작으로 확장된다. 곧 바울의 회심은, 십자가 사건을 하나님의 통치 회복이라는 메시아적 희망의 성취로 이해하게 되는 종말론적 전환점이었다.

관되게 증언한다.

439　Jürgen Moltmann, 『예수 그리스도의 길』, 김균진, 김명용 역(서울: 대한기독교서회, 1990), 383-424.

440　김세윤, 『구원이란 무엇인가』 (서울: 두란노, 2001), 163.

이와 같은 신학적 인식은 현대 신학이 관심을 가지는 중심 주제, 즉 개인의 구원을 넘어서 교회와 사회의 총체적 변혁이라는 문제로 연결된다. 윤형철은 근대 신학의 핵심 과제를 '기독교와 세상의 관계'로 규정하고, 이를 아브라함 카이퍼(Abraham Kuyper, 1837-1920)의 "일반 은혜론"(Common Grace)을 통해 분석한다. 그는 카이퍼의 일반 은혜론을 통해, 그리스도의 십자가가 전 우주를 포괄하는 구속 사건으로서 의미를 지닌다고 주장한다.[441] 특히 그는 성령의 우주적 사역을 통해 교회가 세상과 조화롭게 상호작용하며, 동시에 변혁적 사명을 수행할 수 있는 길을 모색해야 함을 강조한다. 카이퍼에 따르면, 세상은 중생한 자들이 속한 기독교적 세계와, 중생하지 않은 자들이 속한 비기독교적 세계로 나뉘며, 양자는 본질적으로 반립적인 관계(antithetical relation)에 있다. 그러나 이러한 반립은 단절이 아니라, 일반 은혜를 통해 그리스도인들이 세상의 변혁을 위한 신적 사명에 참여할 수 있는 가능성을 열어준다.

윤형철은 오늘날 한국 교회의 현실을 언급하며, 본래 거룩함(ἁγιάζω)과 의로움(δικαιόω)의 공동체로서 세상의 빛과 소금 역할을 감당해야 할 교회가 오히려 세속적 이념과 악의 문화에 동화되어 세상과 구별되지 못하고, 외면 받는 상황에 처해 있음을 지적한다. 이러한 현실에 대응하기 위해, 그는 카이퍼가 제시한 바와 같이 "특별 은혜" 안에 있는 그리스도인들이 "일반 은혜"의 영역에 능동적으로 참여하여, 중생 없는 세상을 중생을 통해 하나님의 뜻에 따라 변화되어야 할 대상으로 인식하고, 긍휼한 마음으로 바라보며 선교적 참여에 나서야 함을 역설한다.

---

441 윤형철, "성령이 일하시는 세상 속으로: 카이퍼의 일반은혜론에서 우주적 성령론의 함의", 『개신논집』 19(2019): 114-41.

이러한 신학적 요청은 결국 우주적 구원의 완성은 성령의 우주적 사역을 통해 이루어진다는 결론으로 이어진다. 곧, 모든 피조물은 성령의 사역 가운데 하나님의 본래 창조 목적에 도달하게 되며, 우주는 종말론적 질서 속에서 회복되고 재통일된다. 카이퍼는 성령의 우주적 사역에 대해 다음과 같이 설명한다.

> 우주 세계의 창조를 위해서는 "원인적 경륜"(the causative operation)과 "구성적 경륜"(the constructive operation)이 서로 협력하는 것으로 나타나는데, 성부께서는 세계의 창조 계획과 필요한 힘과 지혜, 즉 원인적 경륜을 제공하는 '왕'이라면, 성자는 성부의 계획에 따라 구성적 경륜을 이루는 '건축가'이다. 만약 성부와 성자가 독립적으로 존재한다면 그러한 협력은 불가능할 것이다. 그러나 성부는 성자의 근원이 되시고, 성자는 성부의 본질을 모두 포함하기 때문에 존재의 분열이 있을 수 없고, 오직 인격의 구별만 있을 뿐이다. 성부의 모든 지혜와 능력이 성자에게 부어졌기 때문에, 성자는 성부의 "영광의 광채요 본채의 형상"(히 1:3)이라. 하지만, 성부와 성자의 사역만으로 우주 세계의 창조는 완성되지 않고, 성령이 성부의 "복되고 거룩하게"(창 2:3) 하시는 목적과 성자의 '회복 본질'에 따라 완성해 간다.[442]

그리스도의 십자가는 성령의 우주적 사역을 통해 모든 피조물 안에 생명을 촉진하고 유지하는 원리로서 완성된다. 이러한 구속의 역사는 단일한 사건이 아니라 구속사적 연속선 위에 있으며, 그 시작은 그리스도의 성육신, 절정은 십자가, 확장은 성령의 사역, 완성

---

442 Abraham Kuyper, *The Work of the Holy Spirit*, trans. H. De Vries(Grand Rapids, MI: Christian Classics Ethereal Library, 1979), 44.

은 재림이라는 종말론적 틀 속에서 파악되어야 한다. 곧, 우주적 변혁(cosmic transformation)은 성육신을 통해 시작되고, 십자가를 통해 실체화되며, 성령의 사역을 통해 역사 속에서 확산된다.

이와 같은 구속 서사의 구조 속에서 사회 변혁의 궁극적 주체는 성령의 사역이다. 예수 그리스도의 성육신 자체는 하나님께서 구원을 위하여 인간 역사에 실질적으로 개입하신 사건이며, 이는 단지 구속적 표징이 아니라 하나님 나라 회복을 지향하는 사회 변혁의 동인이자 그 목표 자체로 기능한다. 따라서 예수의 성육신은 하나님이 세상을 구원하시기 위해 채택하신 구체적 방식이자, 하나님의 존재 방식(Being)을 드러내고, 동시에 그분의 구원 사역(Doing)을 체현하는 영적 사건이다. 곧 '성육신하신 그리스도'라는 표현은 그리스도의 존재론적 실체와 역사적 삶을 분리 없이 통합시키는 신학적 진술로 이해되어야 한다. 그리스도의 존재는 그의 행위와 동떨어진 고정된 본질이 아니라, 그의 삶과 고난과 죽음을 통해 드러난 인격적 사역의 통합체이다.

이에 따라, 그리스도인은 하나님께서 인간이 되기까지 자기를 비우시고 낮아지신(빌 2:6-8) 그리스도의 '성육신적 영성'(incarnational spirituality)을 자신의 삶의 양식으로 삼아 세상 속으로 나아가야 한다. 성육신적 영성은 단지 내면의 묵상이 아니라, 세상을 향한 참여와 연대, 그리고 변혁의 실천을 포함한다. 따라서 우주적 변혁은 그리스도인의 내면 영성과 실천이 하나 되어 세상 속에서 드러날 때 비로소 현실화된다. 성육신과 성령의 사역, 그리고 십자가는 분리된 세 사건이 아니라 하나님의 통합적 구속 경륜 속에서 함께 작용하여, 피조 세계의 회복과 새 창조를 향해 나아가는 삼위일체적 사역의 현현인 것이다.

십자가 신학의 종말론적 측면: 하나님 나라의 동심원적 확장

십자가 신학의 종말론적 측면은, 예수 그리스도의 십자가 사건이 구속사 내에서 어떻게 현재화되고 종말론적으로 확장되는지를 탐구하는 주제이다. 미국 복음주의 조직신학자 브루스 데머리스트(Bruce Demarest)는 그리스도의 죽음이 지닌 목적을 동심원 구조로 설명한다. 그는 가장 바깥 원을 '온 세상', 중간 원을 '교회 공동체', 가장 안쪽 원을 '구원받은 개인'으로 간주함으로써, 그리스도의 속죄 사역이 개인의 구원에서 출발하여 교회를 세우고, 나아가 온 세상의 구속으로 확장된다고 주장한다.[443]

이에 따라 본서는 십자가의 속죄가 단지 개인 구원에 국한되지 않고, 그 구원이 교회 공동체를 통해 구현되며, 종국적으로는 세상의 구속과 변혁을 목표로 삼고 있음을 '십자가 신학의 종말론적 측면'이라 정의한다.[444] 이러한 확장은 단순한 수직적 적용이 아니라, 신자들의 삶을 통해 역사 속에서 점진적으로 구현되는 실재이다.

복음의 확장과 사회의 변혁은, 성령의 능력과 신자들의 거룩한 삶, 즉 '세상의 빛과 소금'의 역할 속에서 실현된다. 네덜란드 개혁주

---

443 Demarest, 『십자가와 구원』, 291.
444 '동심원적 구조'의 의미는 그리스도의 십자가 사건이 주는 의미가 전적인 하나님의 은혜로 개인이 구원을 받고, 구원받은 자를 통하여 복음이 동심원적으로 확장되어 가는 것과 더불어 점진적 사회의 변혁이 일어나는 것을 의미한다. 본서에서는 십자가 신학의 다양한 해석들이 양극화되거나 서로 적대적 관계에 놓인 것이 아니라, 다양한 견해가 서로 통합되어 인간 '구속'이라는 동심원(concentric circle)의 핵심(core)으로부터 예수의 재림 때까지 이 땅에 창조 목적이 회복되고 하나님 나라가 세워지기 위하여 우주적 공동체의 변혁이 주변원(perimeter)으로 확장되어 가는 것을 의미한다.

의 신학자 클라스 스킬더(Klaas Schilder, 1890-1952)는 그리스도의 삼중직 사역과의 관련성 안에서 신자의 세상 속 존재 방식에 주목하였다. 그는 창조-타락-구속이라는 구속사 구조 속에서 창조와 구속이 그리스도 안에서 통합된다고 보았으며, 이에 따라 신자들에게는 하나님의 창조 본질 회복과 더불어 세속 사회의 정치 및 문화적 변혁에 대한 소명이 주어진다고 주장한다.[445]

그는 요한복음의 "아버지께서 내 안에, 내가 아버지 안에 있나이다"(요 10:38; 14:10-11)라는 말씀을 통해, 하나님과 그리스도의 존재론적 연합이 곧 사역의 위임과 통합을 의미한다고 보았다. 그리스도의 사역은 세상을 직접 구속하는 방식이 아니라, 교회 공동체를 통해 위임되어 실현된다는 점에서 십자가 신학의 종말론적 구조는 교회론 및 선교론과 밀접하게 연결되어 있다.

에베소서 1장 20-22절은 이 종말론적 측면을 신학적으로 잘 설명한다. "그 능력이 그리스도 안에서 역사하사…오른편에 앉히사…만물을 그 발아래 복종하게 하시고…교회의 머리로 삼으셨다"는 본문은, 승귀하신 그리스도께서 교회를 통해 만물 위에 통치하시는 현재적 실재를 선포한다. 마르틴 루터는 소교리문답 제2신조 40항에서 로마서 8장 34절을 인용하며, 십자가에서 이룬 구속 사역이 그리스도의 현재적 통치와 성령의 능력 안에서 지속되고 있다고 해석한다.[446]

나아가 하나님은 종말론적 구원의 완성을 위하여, 교회와 신

---

445 김재윤, "그리스도, 교회 그리고 문화: 클라스 스킬더와 디트리히 본회퍼를 중심으로", 『갱신과부흥』 26(2020): 290.

446 Martin Luther, 『마틴 루터의 소교리문답 해설』, 최주훈 역(서울: 복있는사람, 2018), 191.

자들을 선교적 도구로 삼으시며 "모든 민족으로 제자 삼으라"(마 28:18-20)고 명령하시고, 임마누엘의 약속을 보증으로 주셨다. 복음의 세계적 확장과 사회적 변혁은 단지 미래에 도래할 일만이 아니라, 성령의 내재와 활동을 통해 현재화되고 있으며, 이는 부활과 재림의 신학과도 긴밀히 연결된다.

그리스도의 부활은 단순한 사건이 아니라, 십자가의 승리를 공적으로 선언하고 확증하는 결정적 계시이다. 성경은 부활만을 승리로 보지 않는다. 오히려 십자가는 결정적 승리이며, 부활은 그 승리를 선언하고 입증하는 사건이다.[447] 이 점에서 사도행전 2장 23-24절의 사도 베드로의 선언은 주목할 만하다: "너희가 그를 죽였으나, 하나님께서 그를 살리셨고, 우리는 그 일의 증인이다." 이는 부활이 단순히 생명의 회복이 아니라, 인간의 불의한 판결을 하나님의 의로 무효화시킨 사건임을 명확히 한다. 따라서 십자가의 대속적 죽음은 부활을 통해 결정되고 확장되며, 신자들이 종말론적 "믿음과 소망"(벧전 1:3, 21) 가운데 살아갈 수 있는 근거가 된다.

역사적으로 십자가 신학의 종말론적 측면이 축소되거나 간과될 때, 교회는 종종 타락과 세속화의 길을 걸었다. 초기 교회는 유대 종말론의 틀 안에서 예수의 사역을 이해하였으며(막 1:15), 바울은 '이미-아직'(already-not yet)이라는 종말론적 구조 속에서 그리스도의 복음을 해석하였다.[448] 초대 교회는 그리스도의 부활과 성령의 임

---

447   Stott, 『그리스도의 십자가』, 449.
448   바울에게 있어 '성도'란, 이미 임한 하나님의 나라의 백성, 곧 '하나님의 이스라엘'로서 하나님의 나라의 완성을 향해 성령 안에서 살아가는 자들을 의미한다. 갈라디아서 3장부터 6장에 이르기까지 바울은 성도들에게 "성령으로 시작하여"(갈 3:3), "성령을 따라 행하며"(갈 5:16), "성령으로부터 영생을 거둘 것"(갈 6:8)을 강조한다. 이는 성령의 내주와 사역이 종말론적 시대의 표지로

재를 통해 마지막 시대가 이미 도래했음을 확신하였으며, 장차 완성될 새 시대를 고대하였다. 그러나 로마 제국의 박해 이후 기독교가 제국의 국교로 제도화되면서, 종말론적 긴장감은 급격히 약화되었고, 그에 따라 교회는 점차 영적 무기력과 세속화로 나아갔다.

오늘날 한국 교회는 구원 이해에 있어 지나치게 칭의 중심의 법정적이고 형식적인 차원에 머무름으로써, 성경이 제시하는 구원의 통전성과 그 종말론적 역동성을 상실하고 있다. 그 결과, 신자의 신앙과 삶 사이의 불일치 현상이 심화되고 있으며, 이는 목회자의 도덕적 실패, 대형 교회의 세습과 같은 구조적 문제로 표출되고 있다. 본서는 이러한 현상이 한국 교회가 구원을 그리스도와의 실존적 연합이나 성령 안에서의 윤리적 참여가 아닌, 법적인 선언에 국한시켜 온 결과라고 진단한다.

20세기 루터교 신학자 디트리히 본회퍼(Dietrich Bonhoeffer, 1906-1945)는 구원 이해의 왜곡을 "값싼 은혜"(cheap grace)와 "값비싼 은혜"(costly grace)의 대조를 통해 날카롭게 분석하였다.[449] 본회퍼는 값싼 은혜를 회개 없는 죄 사함의 선포, 훈련과 고백 없는 세례와 성만찬 참여로 설명하며, 이는 실질적 제자도와 순종이 결여된 은혜 개념이라고 비판하였다. 반면 값비싼 은혜는 그리스도의 부르심에 응답하는 대가 있는 순종을 동반하며, 구원받은 신자에게는 철

기능함을 보여주며, 성도는 성령 안에서 믿음을 따라 의의 소망을 기다리는 자들임을 뜻한다(갈 5:5). 바울 신학에서 성령의 임재는 단지 내면적 체험에 머무르지 않고, 새로운 창조와 종말론적 전환의 징표로 작용한다. 곧 성령은 장차 사라질 이 세대 가운데서 '새로운 세대', 곧 종말론적 공동체가 살아가는 삶의 방식 자체이다. 이러한 삶은 오직 성령의 인도하심에 의해 가능하며, 성도는 이를 통해 현재 속에서 미래의 하나님 나라를 선취하며 살아간다.

449 Bonhoeffer, 『나를 따르라』, 24-25.

저한 훈련과 자기 부인의 삶이 요청된다고 주장하였다. 이는 구원의 본질이 단순한 상태의 변화에 그치지 않고, 종말론적 긴장 가운데 지속적으로 실현되어야 하는 윤리적 실재임을 시사한다.

그리스도의 십자가는 사탄의 권세를 결정적으로 무력화하였지만, 아직 구원이 완성되기까지 사탄은 여전히 성도의 삶을 교란하며 하나님의 섭리 아래 성화를 위한 도구로 작용한다. 곧, 이미 칭의를 받은 그리스도인은 이 세상에서 악과 고난이라는 현실을 통과하며 하나님의 통치를 받아 살아간다. 바울은 구원을 단회적 사건으로 축소하지 않고, 재림의 날까지 성도가 긴장 관계 속에서 살아가야 함을 강조하였다(참조. 롬 8장). 그는 또한 고린도전서 15장 50-58절에서 성도의 수고가 주 안에서 헛되지 않음을 강조하며, 성령을 통해 종말론적 구원의 확실성이 보증된다고 진술한다.

이러한 관점에서 구원의 보증으로 주어진 성령의 역사는 신자를 그리스도와 연합하게 하며, 성도는 자신의 선한 행위를 하나님의 은혜의 열매로 인식하는 동시에, 종말론적 긴장 가운데 자신의 부족함을 자각하며 소망 가운데 살아가게 된다. 이처럼 그리스도인은 자신의 삶 속에서 종말론적 소망과 현실의 고난 사이의 간극 속에서 믿음을 실천하고 확증하게 된다. 결국, 이 세상의 가치와 질서를 따르지 않으려는 그리스도인의 삶에는 고난이 필연적으로 수반된다. 이러한 고난은 단순한 시련이 아니라, 믿음이 실체화되는 과정이며, 하나님에 대한 의존과 신뢰를 심화시키는 수단이 된다. 나아가, 고난은 성도 안에 내재한 그리스도를 드러내는 영적 통로가 되며, 그리스도인은 고난을 통해 자기 존재 안에 계신 그리스도를 나타내는 삶으로 이끌려 간다.

이레네우스가 주장한 '총괄갱신'(recapitulatio) 이론은, 예수 그리스도께서 죄로 인해 좌절된 인간 역사 속으로 육화하시어, 창조의 본래 목적과 종말론적 완성을 향하여 인간 역사를 다시 통합하고 회복시키셨다는 신학적 진술을 담고 있다.[450] 곧 그리스도의 십자가 사건은 아담의 범죄로 인해 파괴된 인간 존재와 역사의 전반을 총괄적으로 되살리는 구속 사건으로 이해되며, 이를 통해 하나님께서 처음 창조하신 인간의 형상이 그리스도 안에서 새롭게 갱신된다는 것이다.

이와 같은 총괄갱신 개념은 그리스도의 사역이 과거를 복원하는 것을 넘어, 인류 전체의 역사를 하나님의 창조 목적에 부합하도록 미래적 방향성을 부여하는 종말론적 운동임을 의미한다. 그러나 이러한 구속사적 회복은 아직 완결되지 않았으며, 그리스도의 십자가 이후의 인간 역사 안에도 여전히 선과 악, 하나님의 형상과 죄성이 공존하는 긴장 상태가 지속되고 있다. 따라서 구원의 종말론적 완성을 소망하며 살아가는 신자들은 이 땅의 삶 속에서 실패와 회복을 반복하는 연약한 존재로 존재하게 되며, 그 안에서 성령의 회복시키는 능력을 의지할 것을 요청받는다.[451]

450　Irenaeus, *Proof of the Apostolic Preaching*, trans. Joseph Smith(Westminster, MD: Newman Press, 1952), 68-71; Dai Sil Kim, "Irenaeus of Lyons and Teilhard de Chardin: A Comparative Study of 'Recapitulation' and 'Omega'," *Journal of Ecumenical Studies* 13(1)(1976): 60-95.

451　이스라엘의 출애굽 사건은 십자가의 종말론적 측면을 생생하게 보여준다. 즉, 출애굽은 전적으로 하나님 은혜의 사건이었지만, 이스라엘 민족은 약속의 땅인 가나안에 입성하기 위하여 험한 광야 생활을 해야 했다. 같은 맥락에서 신자는 사회의 변혁과 복음의 확장을 위해 종말론적 삶을 살아야 한다. 이는 광야의 힘들고 험난한 여정이지만 "너희 안에서 착한 일을 시작하신 이가 그리스도 예수의 날까지 이루실 줄을 우리는 확신하노라"(빌 1:6)라는 말씀을 의지하

이와 관련하여 손석태는 구속사를 창조-타락-언약-부르심-성취(십자가)라는 구조 안에서 서술하며, 이 과정을 하나님께서 선지자를 통하여 점진적으로 실현해 가시는 선지자적 구속사로 해석한다.[452] 즉 하나님은 인간을 거룩한 형상으로 창조하셨으나, 인간의 불순종으로 인해 죄와 죽음이 세상에 들어왔다. 그러나 하나님은 아담에 의해 파괴된 창조 질서를 회복하시기 위해 그리스도, 곧 '새 아담'을 보내어 속죄와 회복을 이루시며, 새로운 창조를 언약하셨다.

하나님의 이 새 창조 비전은 구약 선지자들의 예언 가운데서 명시되며, 전쟁과 기근, 적대감이 소멸되고(사 2:4), 하나님의 말씀이 온 땅에 충만한(사 11:9) 샬롬의 세계를 회복하는 것을 목표로 한다. 이러한 계획의 성취를 위하여 하나님은 아브라함을 부르시고, 선지자들을 통하여 언약의 말씀을 전달하셨으며, 마침내 예수 그리스도의 십자가 죽음과 부활을 통해 그 구속사를 결정적으로 시작하셨다.

이와 같은 총괄갱신의 원리는 오늘날 신자들의 존재 방식에도 동일하게 적용된다. 즉, 구원받은 자들은 그리스도 안에서 새 창조의 첫 열매가 되었으며(고후 5:17), 하나님께서 세우신 '새 언약 공동체의 선지자들'로서, 예수 그리스도의 재림과 최종적 구원 성취의 날까지 하나님의 구속 계획에 동참하는 사명을 부여받았다. 종말론적 구원은 단번에 주어진 것이 아니라, 그리스도를 머리로 한 공동체를 통해 점진적으로 확장되며 완성되어 가는 구속사적 과정이며, 신자들은 그 여정 속에서 성령의 능력에 의존하여 그리스도의 형상을 더욱 온전히 이루어 가야 한다.

여 나아가야 한다.

452 손석태, "만인 선지자", 『개신논집』 18(2018): 5-36.

복음은 단지 개인의 구원을 위한 메시지를 넘어, 세상의 갱신과 변혁을 향한 하나님의 구속 계획을 내포한다. 이 변혁은 단번에 실현되는 것이 아니라, 신자들의 거룩한 삶—곧 섬김과 나눔을 실천하는 삶의 형태—을 통해 세상 속에서 점진적으로 확장되어 간다. 이러한 점에서 신자의 윤리적 삶은 단순한 도덕적 표준을 넘어서, 하나님의 나라가 구체적으로 역사 가운데 실현되어 가는 구속사적 통로가 된다.

칼뱅은 그의 『기독교 강요』 제3권 6장부터 10장까지의 다섯 장을 통해 '성화'의 신학을 집중적으로 논구하였다. 이는 그가 신자의 삶과 구원론 사이의 불가분의 관계를 얼마나 중시했는지를 잘 보여준다. 칼뱅에 따르면 성화는 회개에서 시작되며, 이 회개는 단순한 감정의 변화가 아니라 인간의 전 존재—내면적 성향과 외적 행위—를 하나님께로 돌이키는 실천적 전환이다.[453] 그 결과로 신자는 새로운 행위의 열매를 맺게 된다. 칼뱅은 성화가 구원의 필연적 결과임을 주장하면서도, 성화가 구원의 조건은 아님을 명확히 한다. 만약 성화의 과정이 구원 이해에서 누락된다면, 기독교 신앙은 신비주의적 종교로 전락할 위험에 처한다.

이 점에서 칼뱅은 16세기 루터파 신학자 안드레아스 오시안더(Andreas Osiander, 1498-1552)의 "본질적 의"(essential righteousness) 개념을 비판적으로 평가한다. 오시안더는 칭의가 단순히 죄 사함을 통해 하나님과의 관계 회복을 의미할 뿐 아니라, 신자가 예수처럼 의로운 존재로 '변화'됨으로써 존재론적 차원의 의

---

453 Calvin, 『기독교 강요』, 3.3.6.

로움이 성취된다고 보았다.[454] 이는 칭의와 성화를 실질적으로 동일시하는 견해로, 결과적으로 신자들에게 신비적 체험을 추구하게 하였고, 신앙과 삶 사이의 불일치를 조장하는 이론적 기반이 되었다.

칼뱅은 이에 반하여 "의와 거룩함은 동일하지 않으나, 분리될 수 없는 것"이라고 진술한다.[455] 칭의와 성화는 구분되지만 결코 분리될 수 없으며, 이 구조는 구원에 대한 점진적이고 종말론적인 이해를 전제한다. 만일 칭의가 하나님의 언약에 근거하지 않고 인간의 공로나 율법적 순종에 종속될 경우, 믿음은 그 본래의 의미를 상실하고 공허해질 수밖에 없다.[456] 반대로, 칭의가 존재론적 변화로서 성화를 포함한다고 주장하는 견해 또한 기독교를 신비주의적 종교로 환원시키는 오류에 빠질 수 있다.[457]

루터는 이러한 긴장을 "의인인 동시에 죄인"(simul iustus et peccator)이라는 명제로 요약하였다. 신자는 그리스도 안에서 의롭다고 칭함을 받았지만, 여전히 죄의 잔존하는 영향력 아래 있으며, 그로 인해 성령의 도우심 없이는 육체의 욕망과의 싸움에서 패배할 수밖에 없는 존재다. 따라서 성화는 성령에 의한 능동적 참여를 전제하며, 신자는 자신의 힘이 아닌 성령의 은혜에 의존하여 거룩함을 추구해 나간다. 칭의는 하나님의 은혜로 믿음을 통해 즉각적으로 주

---

454 오시안더의 신학은 기독교 신비주의의 하나로 그리스도와 하나님의 말씀의 신비적 연합과 연관이 있다. 그는 신자의 칭의가 그 사람 안에 그리스도가 거함으로 인한 결과라고 주장하였다. 루터가 칭의에 대해 하나님의 은혜가 전가된 것이라는 주장에 반하여, 오시안더는 신자의 의로움은 하나님의 내주함으로 인한 결과라고 주장하였다.

455 Ibid., 3.11.6.

456 Ibid., 3.13.3.

457 Ibid., 3.11.8.

어지는 것이지만, 그 결과로 요청되는 성화는 일생을 통해 이루어지는 점진적 과정이다.

이러한 성화의 여정은 단지 개인 윤리의 성숙으로 환원될 수 없으며, 하나님 나라의 우주적 확장과 직결된다. 조직신학적으로 보건대, 이미 그리스도의 십자가를 통해 임한 하나님 나라는 '이미' 이 땅에 실재하지만, '아직' 완성되지 않은 상태로 남아 있다. 이처럼 신자의 삶은 '이미-아직'(already-not yet)의 종말론적 구조 속에서 지속적 긴장 가운데 놓여 있으며, 그 긴장은 오히려 신자의 존재를 정체시키기보다 구속사의 실현을 향한 능동적 동력으로 작용한다. 신자는 이미 그리스도의 구원을 소유하고 있으나, 동시에 그 구원의 궁극적 완성, 곧 하나님 나라의 완전한 도래를 소망 가운데 기다리는 존재이다.

예수께서 말씀하신 바와 같이, "하나님 나라는 너희 안에 있느니라"(눅 17:21)는 선언은 하나님 나라가 단지 미래의 사건이 아니라, 현재 신자의 삶 가운데 실현되어야 할 실체임을 드러낸다. 또한 이 하나님 나라는 하나님의 뜻이 이 세상에서 구현되어 가는 역사적 운동이며, 신자는 세속 세계와 분리된 탈역사적 존재가 아니라, 그 역사 속에서 하나님의 뜻을 실현해 나가야 할 윤리적 책임을 지닌 존재이다. 신자의 삶은 사회적 영향력을 가지며, 그의 삶의 결과는 곧 세상의 역사적 현실에 직간접적인 영향을 미치게 된다.

이와 같은 하나님 나라의 종말론적 구조 속에서, 예수 그리스도의 부활은 종말에 이루어질 보편적 부활의 선취적 사건이며, 동시에 신자의 부활을 보증하는 구속사의 중심이다. 종말론적으로 실현될 하나님 나라에서 신자는 하나님의 성품에 참여하게 되며(벧후 1:4),

창조 당시의 하나님 형상이 온전히 회복되고 완성될 것이다. 이는 삼위일체 하나님의 내적 교통(περιχωρησις), 곧 성부, 성자, 성령 간의 사랑의 연합에 인간이 참여하는 영원한 공동체로서 실현된다.[458] 따라서 그리스도와의 연합은 단순한 영적 체험이 아니라, 종말론적 삼위일체론에 기초한 존재론적 변화이며, 이는 하나님 나라의 완성에 이르러 비로소 완전하게 성취된다.

그렇기에 그리스도의 부활 이후 성도는 여전히 세상의 고통과 악 가운데 긴장된 삶을 살아가야 하지만, 그 긴장은 궁극적으로 하나님의 창조 목적과 인간 존재의 운명이 완성될 것이라는 종말론적 희망 안에서 이해되어야 한다. 하나님의 나라는 이미 임하였으며, 그 완성은 예수 그리스도의 재림 안에서 궁극적으로 이루어질 것이다.

---

458 '페리코레시스'(περιχωρησις)는 우리 몸의 혈액이 각 기관을 순환하듯 상호 침투를 통한 내주와 순환을 의미하는 개념으로, 삼위 하나님이 각각의 본질을 훼손하지 않으면서 상호 연관을 맺고 일체를 이루는 삼위일체 하나님의 존재 방식을 설명하는 핵심 용어로 사용되어 왔다(De Fide Orthodoxa). 신약성경에서 사도 요한은 성부께서 성자 안에 거하시고, 성자께서 성부 안에 거하신다고 진술함으로써(요 14:10-11; 17:20-23), 삼위 간의 독특한 존재 양태를 묘사하고 있다. 이와 관련하여 이용수는, 통전적 선교를 하나님의 페리코레틱(Perichoretic) 관계에 기초한 개념으로 설명하면서, 하나님의 주권이 개인적인 차원을 넘어 우주적 영역까지 포괄하는 통합적 관계라고 주장한다. 이용수, "관계적 삼위일체 하나님으로부터 선교의 통전성: 페리코레시스(περιχωρησις)를 중심으로", 『한국개혁신학회』 58(2018): 254-91 참조. 본서는 십자가 신학의 속죄와 구원의 개인적 측면, 그리고 우주적 변혁의 측면이 페리코레시스(περιχωρησις, 성삼위의 상호내재)적이어야 한다고 본다.

제18장 보편성과 통전성 안에서의 십자가 신학

예수 그리스도의 십자가 죽음에 대한 신학적 해석은 고대부터 현대에 이르기까지 매우 다양한 형태로 전개되어 왔다. 이는 곧 속죄론이 특정한 문화적·역사적 정황 속에서 다양한 방식으로 재해석되어 왔다는 사실을 보여준다. 속죄에 대한 보편적 진리는 "예수 그리스도께서 인류를 위한 화목제물이 되셨다"는 고백에 공통되지만, 이를 해석하는 각 이론들은 그리스도의 사역 중 어느 한 직무, 곧 제사장직, 왕직, 선지자직 가운데 하나를 중심에 두는 방식으로 발전되어 왔다. 이러한 편중은 십자가 사건의 의미를 특정 국면으로 축소시킬 위험을 내포한다.

특히 속죄론은 그 자체로 그리스도의 삼중직과 결합되어 이해될 때에만 십자가의 보편성과 통전성을 온전히 드러낼 수 있다. 그러나 실제로 전개된 주요 이론들 가운데 다수는 이 삼중직의 통합적 구조보다는 단일 기능 중심의 해석에 머물렀다.

예컨대, '승리자 그리스도론'(Christus Victor)은 악의 권세에 대한 하나님의 승리를 강조하며 그리스도의 왕직을 중심으로 구성되었다. 이는 우주적 구속을 선포하는 점에서는 유익하나, 때때로 승리를 위한 대가가 사탄에게 지불되었다는 신화적 요소나 현재 역사 속에서의 고난을 간과하는 약점을 노출한다.

중세의 '만족설'은 제사장직의 측면에서 십자가의 사역을 해석하며, 하나님의 공의를 만족시키기 위한 그리스도의 대속을 중심으로 속죄를 설명한다. 이는 삼위일체적 구속 사역의 내적 질서와 계시를 일정 부분 반영하지만, 속죄를 '보상' 개념에 환원시킴으로써 하나님의 사랑과 정의를 이원화하거나 거래적으로 파악하는 결과를 초래한다.

'형벌 대속론'(penal substitution)은 종교개혁 전통 안에서 그리스도의 인성과 자발적 순종을 강조하며 죄의 심각성과 대속의 필요성을 강하게 드러낸다. 그러나 이 이론은 종종 하나님의 진노를 진정시키는 사법적 행위로 속죄를 정식화함으로써, 하나님의 공의와 자비의 조화를 충분히 통합하지 못하고 속죄를 개인화·탈역사화하는 경향을 보인다.

이외에도 '도덕적 감화론'은 하나님의 사랑을 윤리적 감동의 방식으로 계시한다는 점에서 선지자직의 차원을 내포하지만, 죄를 단지 도덕적 결핍으로 이해하며 원죄, 심판, 하나님의 진노라는 전통적 범주를 배제한다. '치유론'은 십자가를 인간 존재의 치유와 회복의 근거로 제시하되, 속죄의 대속성과 삼위일체적 구속 구도 안에서의 의미는 상대적으로 희미하게 만든다.

이처럼 각 이론은 특정 국면의 해석에 기여했지만, 속죄 사건의 총체성을 포착하기 위해서는 그리스도의 삼중직—제사장직, 왕직,

선지자직—이 유기적으로 통합되어야 한다. 제사장직은 하나님과 인간 사이의 단절을 대속적 희생을 통해 회복하며, 왕직은 악의 세력에 대한 하나님의 결정적 승리를 드러내며, 선지자직은 하나님의 뜻을 계시하고 성도의 삶의 방향성을 규정한다. 이 세 직무의 상호작용 속에서만 십자가 사건은 구속의 전범위적 의미를 드러내게 된다.

또한, 십자가 사건은 단지 과거에 완료된 구속의 행위로만 이해되어서는 안 된다. 이는 이미-아직(already-not yet)의 종말론적 구도 속에서, 현재를 살아가는 성도들의 신앙과 실천을 규정하는 사건이기도 하다. 하나님은 예수 그리스도의 성육신과 십자가, 부활을 통해 새 창조를 시작하셨고, 성령의 사역을 통해 그 구속의 실재를 지속적으로 확장하고 계신다. 이 확장은 단순한 개인의 내적 구원에 머무르지 않고, 구속받은 공동체를 통해 페리코레시스적 동심원(perichoretic concentricity) 구조 속에서 사회적 변혁으로까지 나아간다.

이러한 이해에 따르면, 십자가 신학은 '개인적 구원-우주적 변혁'이라는 이중 구조를 상호 배타적이지 않은 통합적 관계로 재구성할 것을 요청한다. 삼위 하나님의 내적 연합처럼, 신자의 구원과 공동체적 사명이 서로 연결된 질서 안에 있으며, 이러한 연합이 바로 십자가 신학이 갖는 보편성과 통전성의 신학적 구조를 형성한다.

결론

현대 교회는 복음의 본질인 '십자가 신학'을 점점 상실하고 있다. 세속적 성공, 개인주의, 성장주의 담론이 교회의 의제와 실천을 지배하는 현실에서, 십자가는 더 이상 교회의 중심이 아닌 주변적 상징으로 전락하고 있다. 본서는 이와 같은 위기의 시대에 십자가 신학의 보편성과 통전성을 회복하는 것이 긴급한 신학적 과제임을 천명하고, 이를 위한 신학적 틀로 칼빈의 삼중직 개념을 적극적으로 수용하였다. 그리스도의 선지자, 제사장, 왕직이라는 삼중직은 단지 교리적 구조를 넘어서, 그리스도의 사역과 인격 전체를 통합적으로 증언하는 신학적 구조이며, 오늘의 교회가 십자가 신학을 회복하고 교회론을 재구성하기 위한 토대로 작용할 수 있다.

무엇보다 십자가는 그리스도 사역의 중심이며, 모든 신학적 사유의 출발점이자 종착점이다. 본서는 십자가를 단지 형벌대속이라는 협소한 관점으로 환원하는 것을 넘어서, 그것을 존재론적·실천적·역사적 차원에서 총체적으로 재해석하였다. 선지자로서의 그리스도는 하나님의 진리를 계시하고, 십자가를 통해 계시의 극치를 드러낸다. 제사장으로서의 그리스도는 인간의 죄를 짊어지고 하나님과 인간 사이의 중보로서 십자가에서 완전한 속죄를 이루신다. 왕으로서의 그리스도는 십자가를 통해 세상 권세를 무너뜨리고 하나님의 나라를 선포하며 다스리신다.

이러한 통합적 십자가 신학은 개인의 구원에 국한된 복음 이해를 넘어서 공동체적, 우주적 차원으로 확장된다. 십자가는 신자의 윤리적 삶을 요청하는 기준이자, 교회의 정체성과 사명의 근거이며, 세상을 향한 하나님의 통치의 표징이다. 교회는 더 이상 세속적 성공이나 문화적 수용에 몰두할 것이 아니라, 십자가의 도를 따름으로써 세상을 섬기고 변혁하는 공동체가 되어야 한다. 본서는 이러한 실천적 전환을 '교회론적 재구성'이라는 과제로 설정하고, 그 대안을 삼중직의 통합신학 안에서 제시하였다.

또한 본서는 십자가 신학이 단지 서구적 산물이나 특정한 역사적 맥락의 결과가 아니라, 모든 시대와 문화 속에서 보편성과 통전성을 지닌 복음의 핵심임을 강조한다. 십자가는 단지 개인의 영적 체험이나 도덕적 본보기 이상이며, 전 인류의 구속사적 전환점이자 모든 피조물의 회복을 지향하는 종말론적 중심이다. 따라서 십자가 신학은 문화, 정치, 경제, 예술, 교육 등 삶의 전 영역에서 그리스도의 주권을 선포하는 총체적 신학으로 확장되어야 한다.

이러한 신학은 신자의 내면적 변화뿐 아니라, 사회적 책임과 참여, 정의와 평화, 공동체 형성 등 공공성과 변혁성을 동시에 요구한다. 십자가 신학은 고난 받는 자, 소외된 자, 억눌린 자의 삶 속에서 하나님의 현존을 드러내는 신학이며, 이는 예언자적 선포와 제사장적 중재, 왕적 통치를 통합하는 교회의 사역 안에서 실현된다.

결론적으로, 오늘의 교회는 다시금 십자가로 돌아가야 한다. 그것은 단순한 상징의 회복이 아니라, 그리스도의 삼중직 안에서 십자가의 본질을 통합적으로 이해하고 실천하는 총체적 전환을 뜻한다. 본서는 이 전환을 위해 신학적, 성경적, 역사적 토대를 다졌으며, 한국 교회와 세계 교회가 십자가 위에 다시 바로 설 수 있도록 이론적 방향성과 실제적 대안을 제시하였다. 이는 단지 하나의 신학적 주장을 넘어, 교회의 존재 이유를 근본에서 다시 묻는 선포이며, 시대를 향한 하나님 말씀의 갱신이자 부르심이다.

교회는 십자가를 통해 자기 정체성을 회복하고, 삼중직의 통전적 사역을 통해 그리스도의 몸으로서 세상 가운데 살아가야 한다. 그럴 때 교회는 더 이상 세속의 그림자를 쫓는 존재가 아니라, 고난 속에서도 부활의 영광을 선포하며, 하나님의 나라를 향해 나아가는 순례 공동체로서 자기 사명을 감당하게 될 것이다.

참고문헌(Bibliography)

영문 서적

Atkinson, William P. *The 'Spiritual Death' of Jesus: A Pentecostal Investigation*. Leiden: BRILL, 2009.

Aulen, Gustaf. Christus Victor: *An Historical Study of the three Main Types of the Idea of the Atonement*. translated by A. G. Hebert. New York: Macmillan, 1969.

Barn, George. *The Second Coming of the Church*. Nashville: Word, 1998.

Barrett, C. K. *The Gospel According to St. John*. 2nd ed. Philadelphia: Westminster, 1978.

Barth, Karl. *The Epistle to The Romans*. Translated by E. C. Hoskyns. London: Oxford University Press, 1933.

Barvinck, Herman. *Reformed Dogmatics*. Vol. 2. Edited by John

Bolt. Translated by John Vriend. Grand Rapids: Baker, 2003.

― Gereformeerde Dogmatiek III. Kampen: J. H. Kok, 1929.

Boersma, Hans. *Violence, Hospitality, and The Cross: Reappropriating the Atonement Tradition*. Grand Rapids: Baker, 2004.

Bolt, Peter G. *The Cross from a Distance: Atonement in Mark's Gospel*. Downers Grove, Illinois: InterVarsity Press, 2004.

Bowler, Kate. *Blessed: A History of the American Prosperity Gospel*. Oxford University Press, 2013.

Boyd, Gregory A. *God at War: Bible and Spiritual Conflict*. Downer Grov, Ill: InterVarsity Press, 1997.

― *Satan and the Problem of Evil*. Downers Grove, Ill: InterVarsity Press, 2001.

Brown, Raymond E. *The Community of the Beloved Disciple*. New York: Paulist Press, 1979.

Bryant, Robert A. *The Risen Crucified Christ in Galatians*. Atlanta: SBLDS 185, 2001.

Byrne, Rhonda. *The Secret*. New York: Atria Books/Beyond Words, 2006.

Calvin, John. *The Epistles of Paul the Apostle to the Galatians, Ephesians, Philippians, and Colossians*. Translated by T. H. L. Parker. Grand Rapids: Eerdmans, 1974.

Capps, Charles. *Authority in Three Words*. Tulsa: Harrison House, 1982.

Cho, David Yonggi. *How Can I be Healed?*. Seoul, Korea: Seoul Logos, 1999.

- *Salvation, Health and Prosperity, Our Threefold Blessings in Christ*. Altamonte Springs, FL: Creation House Strang Communications, 1987.

Cobb, Edwin Howard. *Christ Healing*. London: Marshall, Morgan & Scott, 1993.

Conzelmann, Hans. *I Corinthion: Hermeneia—A Critical and History Commentary on the bible*. Philadelphia: Fortress, 1975.

Copeland, Kenneth. *Following the Faith of Abraham I*. Fort Worth, TX: Kenneth Coperland Ministries, 1989.

- *Healed to Be or Not to Be*. Fort Worth, TX: Kenneth Copeland Ministries, 1979.
- *The Force of Face*. Fort Worth, TXT: KCP Publications, 1989.
- *The power of the Tongue*. Fort Worth, TX: Kenneth Copeland Ministries, 1980.
- *The Troublemaker*. Fort Worth, TX: Kenneth Copeland Publications, 1996.
- *You are healed*. Fort Worth: KCP Publications, 1979.

Crawford, Thomas Jackson. *The Doctrine of the Holy Scripture Respecting the Atonement*. Eugene, Oregon: Wipf & Stock, 2003.

Crisp, Oliver D. "Penal Non-Substitution." in *Revisioning*

Christology: Theology in the Reformed Tradition. Farnham: Ashgate, 2011.

Delitzsch, Franz. *A System of Biblical Psychology.* Grand Rapids: Baker, 1996.

Dunn, James D. G. *The Theology of Paul the Apostle.* Grand Rapids, Michigan: William B. Eerdmans Publishing, 1998.

Edwards, Jonathan. *The Works of Jonathan Edwards.* vol. 19. Edited by M. X. Lesser. New Haven: Yale University Press, 2001.

Edwin, David & Jr. Harrell. *Oral Roberts: An American Life.* Bloomington, Indiana: Indiana University Press, 1985.

Engberg-Pedersen, Troels. *Paul and Stoics.* Louisville. Kentucky: Westminster John Knox Press, 2000.

Fee, Gordon. *The First Epistle to the Corinthians.* Grand Rapids: W.B. Eerdmans, 1987.

Ford, Gerhard O. *On Being a Theologian of the Cross: Refletions on Luther's Heidelberg Disputation.* 1518. Eerdmans Publishing Company, 1997.

Furnish, V. P. *II Corinthians.* Translated with Introduction, Notes and Commentary. AncB 32A. Garden City, NY: Doubleday, 1984.

Girard, Rene. *I See Satan Fall like Lightning.* Translated by James G. Williams. Maryknoll, NY: Orbis Books, 2001.

- *Things Hidden Since the Foundation of the World.* Standford:

Standford University Press,1987.

Gnilka, J. *Paulus von Tarsus: Apostel und Zeuge.* Freibury/Basel/Wein, 1996.

Graham, W. Fred. *The Constructive Revolutionary: John Calvin & His Socio-Economic Impact.* John Knox Press, 1971.

Guthrie, Donald. *New Testament Introduction.* Illinois: Inter-Varsity Press, 1970.

Hagin, Kenneth E. *The Name of Jesus.* Tulsa: Kenneth Hagin Ministries, 1981.

- *Zoe: The God-Kind of Life.* Tulsa: Kenneth Hagin Ministries, 1989.

Hall, Douglas John. *An Excerise in the Theology of the Cross.* Minneapolis: Augusburg Publishing House, 1976.

- *God and Human Suffering: An Exercise in the Theology of the Cross.* Minneapolis: Augsburg, 1986.

- *The Reality of the Gospel and the Unreality of the Churches.* Philadelphia: Westminster, 1975.

- *Thinking the Faith: Christian Theology in a North American Context.* Minneapolis: Augsburg Fortress, 1989.

Harris, Murray J. *The Second Epistle to the Corinthians: A Commentary on the Greek Text.* The New International Greek Testament Commentary, Grand Rapids: W. B. Eerdmans, 2005.

Hauerwas, Stanley & William H. Willimon. *Resident Aliens: Life in the Christian Colony*. Nashville: Arbingdon Press, 1989.

Hinn, Benny. *Good Morning, Holy Spirit*. Nashville: Thomas Nelson, 1990.

– *Raise and be healed*. Orlando, FL: Celebration Publishers, 1991.

Hodge, Charles. *Systematic Theology*. Vol. 2. Grand Rapids, Mich: Eerdmans, 1981.

Hoekema, Anthony A. *Saved by Grace*. Grand Rapids, Mich: Eerdmans, 1989.

Horton, Michael. *The Christian Faith: A Systematic Theology for Pilgrims on the Way*. Grand Rapids: Zondervan, 2011.

Irenaeus, *Proof of the Apostolic Preaching*. Translated by Joseph Smith. Westminster, MD: Newman Press, 1952.

Kang, Byung Hoon. *Shema Dictionary*. Vol 5. Seoul; Biblical Research, 1990.

Kang, Steve. *Unveiling the Socioculturally Constructed Multivoiced Self: Themes of Self Construction and Self Integration in the Narratives of Second-Generation Korean American Young Adults*. University Press of America, 2002.

Kenyon, E. W. *The Two Kinds of Faith: Faith's Secret Revealed*. Lynnwood, WA: Kenyon's Gospel Publishing Society, 1998.

– *The Wonderful Name of Jesus*. 24th ed. Lynnwood: Kenyon's Gospel publishing Society, 1964.

Kuyper, Abraham. *The Work of the Holy Spirit*. Translated by

H. De Vries. Grand Rapids, MI: Christian Classics Ethereal Library, 1979.

Lewis, C.S. *More Christianity*. 22nd. Pr. New York: Macmillan, 1976.

Lie, Geir & E. W. Kenyon. *Cult Founder or Evangelical Minister?*. Oslo: Refleks Publishing, 2003.

Luther, Martin. *Luther's Work*. Edited by Jaroslav Pelikan and Helmut T. Lehmann. Philadelphia: Mujenberg Press, 1955.

- *D. Martin Luthers Werke: Kristische Gesamtausgabe*(65 vols: Verlag Hermann Böhlau Nachfolger, 1883-2009)

Maccoby, Hyam. *The Mythmaker: Paul and Invention of Christianity*. New York: Barnes & Noble, 1998.

McConnell, D. R. *A different Gospel*. Peabody, MA: Hendrickson Publishers, 1988.

McIntyre, Joe. *E. W. Kenyon and His Message of Faith: The True Story*. Lake Mary, FL: Creation House, 1997.

McKnight, Scott. *Jesus and His Death: Historiography, the Histrorical Jesus, and Atonement Theology*. Waco, Tex.: Baylor University Press, 2005.

Meyer, H. A. W. *Critical and Exegetical Handbook to the Epistles to the Corinthians II*. Translated by W. P. Dickson. Edinburgh: T. & T. Clark, 1879.

Meyer, Joyce. *The Word, The Name, The Blood*. Tulsa: Harrison House, 1995.

Moltman, Jürgen. *Experience in Theology: The ways and Forms of Christian Theology*. Translated by M. Kohl. Minncapolis: Fortress Press, 2000.

- *Experiences God.* Translated by Margaret Kohl. Philadelphia: Fortress, 1980.

Moo, Douglas. *NICNT Romans*. 2nd ed. Grand Rapids, MI: Eerdmans, 1996.

Murray J. Harris, *The Second Epistle to the Corinthians: A Commentary on the Greek Text.* The New International Greek Testament Commentary, Grand Rapids: W. B. Eerdmans, 2005.

Neibuhr, H. Richard. *Christ and Culture.* New York: Grand Rapids, 1975.

Niebuhr, Reinhold. *Nature and Destiny of Man: A Christian Interpretation*, 2 vols. New York: C. Scribner's sons.

Oberman, Heiko A. *The Dawn of the Reformation.* Grand Rapids, MI: William B Eermans, 1992.

Ozment, Steven E. *The Age of Reform, 1250-1550: An Intellectual and Religious History of Late Medieval and Reformation Europe.* New Haven: Yale University Press, 1980.

Pagels, Elaine Hiesey. *The Gnostic Paul: Gnostic Exegesis of the Pauline Letters.* Philadelphia: Fortress, 1975.

Panati, Charles. *Sacred Origins of Profound Things*. London: Pengiun Books, 1996.

Penna, Romano. *Paul The Apostle: Wisdom and Folly of the Cross: A Theological and Exegetical Study.* Vol.2. Translated by Thomas P. Wahl. Collegeville, Minnesota: The Liturgical Press, 1996.

Peterson, Robert A. *Calvin's Doctrine of the Atonement.* Philipsburg, NJ: Presbyterian & Reformed, 1983.

Piper, John. *The Future of Justification.* Illinois: Wheaton, 2007.

Plummer, A. *A Critical and Exegetical Commentary on the Second Epistle of Paul to the Corinthians.* ICC: Edinburgh, T. & T. Clark, 1915.

Rahner, Karl. *Theological Investigation IV.* Dayton: Longman and Todd, 1966.

Rudisill, Dorus Paul. *The Doctrine of the Atonement in Jonathan Edwards and his Successors.* New York: Poseidon Books, 1971.

Sanders, E. P. *Jewish Law from Jesus to the Mishnah: Five Studies.* London: SCM Press, 1990.

　- *Judaisn: Practice & Velief 63 BCE-66 CE.* London: SCM Press, 1992.

　- *Paul and Palestinian Judaism: A Comparison of Patterns of Religion.* Philadelphia: Fortress, 1977.

Schreiner, Sch T. R. *Galathians.* Zondervan Exegetical Commentary, Grand Rapids: Zondervan, 2010.

Schreiner, Thomas R. *I Corinthians.* Tyndale New Testament

Commentaries 7. Downer Grove, IL: IVP Academic,2018.

Schuller, Robert. *Self Esteem.* Waco, Texas: Word Books, 1982.

Stott, John. *Romans: God's Good News for the World.* Downer Grove, IL: InterVarsity Press, 1994.

Strong, Augustus H. *Systematic Theology.* Velley Forge, Penn: Judson, 1907.

Wacker, Grant. *Heaven Below: Early Pentecostals and American Culture.* Cambridge, MA: Harvard University Press, 2001.

Wan, Enoch. *Missions Practice in the 21st Century.* Edited by Sadiri Joy Tira. Pasadena: William Cerey International Press, 2009.

Weaver, J. Denny. *The Nonviolent Atonement.* Grand Rapids: Eerdmans, 2001.

Wenham, David. *Paul. Follower of Jesus or Founder of Christianity?.* Grand Rapids, Cambridge: Wm. B. Eerdmans Publishing, 1995.

West, Stephen. *The Scripture doctrine of atonement, proposed to careful examination.* 2nd edition with appendix. Stockbrige: the Herald Office, 1809.

Williams, Michael A. *Rethinking 'Gnosticism': An Argument for Dismantling a Dubious Category.* Princeton University Press, 1996.

Williams, Sam K. *ANTC.* Nashville: Abingdon Press, 1997.

Wright, N. T. *Jesus and the Victory of God.* vol. 2 of Christian

Origins and the Question of God 2. Minneapolis: Fortress, 1996.

- *Justification in perspective.* Edited by Bruce L. McCormack. Grand Rapids: Rutherford House, 2006.

Yoder, John Howard. *The Politics of Jesus.* Grand Rapids, Michigan: William B. Eerdmans Publishing Company, 1972.

영어 논문

Best, E. "Recent Continental New Testament Literature." *ET* 108.9(1997): 270-1.

Branick, V. P. "The Sinful Flesh of the Son of God(Rom. 8:3): A Key Image of Pauline Theology." *CBQ* 47(1985): 246-62.

Cho, YongGi. "Cho's problem with prosperity." *Charisma & Christian Life*(March 1988): 69-71.

Cranfield, C. E. B. "St. Paul and the Law." in *New Testament Issues.* Edited by Richard Batey. New York and Evanston: Harper & Row, Publishers, 1970, 148-72.

Cranford, Michael. "The Possibility of Perfect Obedience: Paul and an Implied Premise in Galatians 3:10 and 5:3." *NT* XXXVI. 3(1994): 242-258.

Crisp, Oliver D. "Penal Non-Substitution," in *Revisioning Christology: Theology in the Reformed Tradition*(Ashgate, 2011): 43-67.

Evenson, George. "A Critique of Aulen's Christus Victor."

Concordia Theological Monthly(1957).

Fitzmyer, Joseph A. "Crucifixion in Ancient Palestine, Qumran Literature, and the New Testament." *CBQ* 40(1978): 493-513.

Fuller, Daniel P. "Paul and The Works of The Law." *WTJ* 38.1(1975): 28-42.

Gaffin Jr., Ricard B. "Biblical Theology and the Westminster Standards." *Westminster Theological Journal* 65. no. 2(2003): 176-7.

Gregory of Nyssa, "The Great Catechism." in *Nicene and Post-Nicene Fathers*. Second Series. Edited by Philip Schaff and Henry Wace. Translated by William Moore and Henry Austin Wilson. 1893 repr., Peabody, Mass: Hendrickson, 1994.

Greathouse, William M. "Sanctification and the Christus Victor Motif in Wesleyan Theology." *Wesleyan Theological Journal*(1972): 47-58.

Gustafson, James. "The Sectarian Temptation: Reflections on Theology, the Church and the University." *Catholic Theological Society* 40(1985): 92-4.

Han, Gil Soo. "Immigrant Life and Work Involvement: Korean Men in Australia." *Journal of Intercultural Studies* 20 no. 1(1999): 5-29.

Hegedus, Timthy. "Douglas John Hall's Contextual Theology of the Cross." *University of Western Ontario, Consensus*: Vol. 15: Iss. 2, Article 3(1989).

Heider, George C. "Atonement and the Gospels." *Journal of Theological Interpretation*, vol.2, no. 2(2008): 260-73.

Hill, Grahm. "The Atonement and healing: Wrestling with a contemporary issue." *The pacific Journal of Baptist research* vol. 2(1)(May 2013): 1-38.

Irenaeus. "Irenaeus against heresies." in *The Ante-Nicene Fathers*. Edited by Alexander Roberts and James Donaldson. rep.,Peabody, Mass: Hendrickson, 1994.

Jackson, Robert. "Prosperity Theology and Faith Movement." *Themilios*, Vol. 15, No. 1(October 1989): 16.

Kim, Dai Sil. "Irenaeus of Lyons and Teilhard de Chardin: A Comparative Study of 'Recapitulation' and 'Omega'." *Journal of Ecumenical Studies*, 13(1)(1976): 60-95.

Lichtenberger, Hermann. "The Understanding of the Torah in the Judaism of Paul's Day: A Sketch." in *Paul and the Mosaic Law*. Edited by James D. G. Dunn. Grand Rapids, Michigan: William B. Eerdmans Publishing, 2001.

Malinowski, Bronislae. "Culture." *Encyclopedia of Social Services* Vol. IV: 621.

Martyn, J. L. "A Law-Observant Mission to Gentiles: The Background of Galatians." *SJT* 38(1985): 307-24.

Meyer, James David. "The Patristic Roots of Satisfaction Atonement Theories: Did the Church Fathers Affirm Only Christus Victor?." *Tyndale Bulletin*(2020): 293-313.

Moo, Douglas J. "Divine Healing in the Health and Wealth Gospel." *Trinity Journal* 9, no. 2(1988): 204.

Mueller, J. Theodore. "Luther's Doctrine of the Atonement." *Christianity Today*(1957).

Murray, John. "Definitive Sanctification." in *Collected Writings of John Murray*. vol. 2. Edinburgh: Banner of Truth Trust, 1976.

Nicholls, Bruce J. "Theological Education and Evangelization." *Let the Earth Hear His voice*. edited by J. D. Douglas. Minneapolis: World Wide, 1975, 637.

Oberman, Heiko A. "Some Notes on the Theology of Nominalism: With Attention to Its Relation to the Renaissance." *Harvard Theological Review* 53(January 1960): 50.

Ortlund, Gavin. "On the Throwing of Rocks: An Objection to Hasty and Un-careful Criticisms of Anselm's Doctrine of the Atonement." *The Saint Anselm Journa*l 8.2(2013): 1-17.

Pederson. "Paul's Understanding of the Biblical Law." *NT* XLIV.1(2002): 1-34.

Peters, Ted. "The Atonement in Anselm and Luther, Second Thought About Gustaf Aulen's Christus Victor." *Lutheran Quarterly* 24(1972): 301-4.

Ridderbos, Herman. "Galatians." *ISBE* 2(1992): 381.

Rodriguez, Angel Manuel. "Substitution in the Hebrew Cultus and in Cultic-Related Texts." Ph.D. diss., Andrews University Seventh-day Adventist Theological Seminary, 1979.

Schiller, Nina Glick & Georges E. Fouron. "Terrains of blood and nation: Haitian transnational social fields." *Ethnic and Racial Studies* 22(2)(Routledge, 1999): 340-345.

Schmiel, David G. "Martin Luther's Relationship to the Mystical Tradition." *Concordia Journal* no. 9(March 1983): 46-7.

Schwartz, Daniel R. "Two Pauline Allusions to the Redemptive Mechanism of The Crucifixion." *SBL* 102(2)(1983): 259-268.

Vercruysse, Jos E. "Gesetz und Liebe, Die Strukture der 'Heidelberg Disputation' Luthers(1518)." *Lutherjahrbuch* 48. Quoted in Forde 1997: 22.

Warfield, Benjamin Breckinridge. "Atonement." Reprinted from The New Schaff-Herzog Encyclopedia of Religious Knowledge. Edited by Samuel Macauley Jackson. NY: Funk and Wagnalls, 1908.

Weaver, J. Denny. "Violence in Christian Theology." *Cross Currents* 51(2)(2001): 152-60.

Wenger, Thomas L. "The New Perspective on Calvin: Respomding to Recent Calvin Interpretations." *Journal of the Evangelical Theological Society* 2(50)(2007): 316.

Wilson, R. Mcl. "How Gnostic Were the Corinthians?." *New Testament Studies* 19(1972): 65-74.

Wright, Christopher J. H. "Atonement in the Old Testament." *The Atonement Debate*. 75-6.

Wright, N. T. "Curse and Covenant: Galatians 3.10-14." *The Climax* of the Covenant: Christ and the Law in Pauline Thought. Edinburgh: T & T Clark, 1991.

–. "Curse and Covenant: Galatians 3.10-14." The Climax of the Covenant: Christ and the Law in Pauline Thought. Edinburgh: T & T Clark, 1991.

번역 서적

Althaus, Paul. 『마틴 루터의 신학』. 이형기 역. 서울: 크리스챤다이제스트, 1994.

Anselm. 『인간되신 하나님』. 이은재 역. 서울: 한들출판사, 2001.

Archer, Gleason L. 『성경 난제백과 사전』. 황영철역. 서울: 생명의 말씀사, 1990.

Baker, Mark D., Joel Green. 『십자가와 구원의 문화적 이해』. 최요한 역. 서울: 죠이선교회, 2014.

Bavinck, Herman. 『개혁 교의학3』. 박태현 역. 서울: 부흥과개혁사, 2011.

Beeke, Joel R. 『설교에 관하여: 설교자의 마음에서 회중의 마음으로 이어지는 개혁주의 설교—츠빙글리, 칼뱅에서 로이드 존스까지 설교에 관하여』. 송동민 역. 서울: 복있는사람, 2019.

Berkhof, Louis. 『벌코프 조직신학』. 권수경, 이상원 역. 고양: 크리스챤다이제스트, 2001.

Billings, J. Todd. 『그리스도와 연합』. 김요한 역. 서울: CLC, 2014.

Borg, Marcus J. 『기독교의 심장』. 김준우 역. 서울: 한국기독교연구소, 2009.

Brinton, Crane. 『서양사상의 역사』. 최명관, 박은구 역. 서울: 을유문화사, 1984.

Bruce, F. F. 『바울』. 박문재 역. 서울: 크리스챤다이제스트, 1992.
- 『신약사』. 나용화 역. 서울: 기독교문서선교회, 1999.
- 『신약의 메시지』. 김광택 역. 서울: 생명의말씀사, 1983), 28.
- 『요한복음』. 서문강 역. 서울: 도서출판 로고스, 1996.

Calvin, John. 『기독교 강요』. 문병호 역. 서울: 생명의말씀사, 2020.

Demarest, Bruce. 『십자가와 구원』. 이용중 역. 서울: 부흥과개혁사, 2006.

Dunn, James D. G. 『바울신학』. 박문재 역. 고양: 크리스챤다이제스트, 2003.

Fee, Gordon D., Douglas J. Moo, Dennis P. Hollinger. 『탐욕의 복음을 버려라』. 김형원 역. 서울: 새물결플러스, 2011.

Gorman, Michael J. 『삶으로 담아내는 십자가: 십자가 신학과 영성』. 박규태 역. 서울: 새물결플러스, 2010.

Gowan, Donald E. 『출애굽 신학』. 박호용 역. 서울: 성자출판사, 2009.

Graham, Billy. 『예수의 십자가를 기억하라』. 김주헌 역. 서울: 엔크리스도, 2003.

Hagin, Kenneth E. 『네 입에 건강이 있다』. 오태용 역. 서울: 베다니출판사, 2005.
- 『더 좋은 언약』. 김진호 역. 용인: 믿음의말씀사, 2008.
- 『마이더스 터치』. 김지호 역. 서울: 믿음의말씀사, 2014.
- 『병을 고치는 하나님의 말씀』. 김진호 역. 경기: 믿음의말씀사,

2007.

- 『속량』. 김진호 역. 서울: 믿음의말씀사, 2008.
- 『충만하고도 넘치는 하나님』. 김진호 역. 용인: 믿음의말씀사, 2008.
- 『케네스 해긴의 예수의 놀라운 이름』. 오태용 역. 서울: 베다니출판사, 2018.

Hanegraaff, Hank. 『바벨탑에 갇힌 복음』. 김성웅 역. 서울: 새물결플러스, 2010.

Hengel, Martin. 『바울: 그리스도인 이전의 바울』. 강한표 역. 서울: 한들, 1999.

- 『신구약 중간사』. 임진수 역. 서울: 살림출판사, 2004.
- 『신약성서의 속죄론』. 전경연 역. 서울: 대한기독교서회, 2003.
- 『십자가 처형』. 이영욱 역. 서울: 감은사, 2020.

Heschel, Abraham J. 『예언자들』. 이현주 역. 서울: 삼인, 2004.

Hoekema, A. A. 『개혁주의 종말론』. 유호준 역. 서울: 기독교문서선교회.

Horsley, Richard A. 『고린도전서』. 박경미 역. 서울: 대한기독서회, 2019.

Horton, Michael S. 『그리스도 없는 기독교』. 김성웅 역. 서울: 부흥과개혁사, 2009.

Jakes, T. D. 『부자 하나님의 부자 자녀들』. 김유태 역. 서울: 순전한나드, 2005.

- 『세상에서 가장 위대한 투자』. 조용만 역. 서울: 상상북스, 2002.

Levinas, Emmanuel. 『시간과 타자』. 강영안 역. 서울: 문예출판사, 2001.

Llyoyd-Jones, D. Martyn. 『마틴 로이드 존스의 십자가』. 서창원 역. 서울: 두란노, 1987.

Lohse, Bernhard. 『마틴 루터의 신학』. 정병식 역. 서울: 한국신학연구소, 2002.

Longenecker, R. N. 『갈라디아서』. 이덕신 역. 서울: 솔로몬, 2003.

Luther, Martin. 『루터 자서전』, 이형기 역. 서울: 크리스챤다이제스트, 1994.

　- 『루터편집5: 교회의 개혁자』. 지원용 역. 서울: 컨콜디아사, 1984.

　- 『마틴 루터의 소교리문답 해설』. 최주훈 역. 서울: 복있는사람, 2018.

MacCulloch, Diarmaid Ninian John. 『종교개혁의 역사』. 이은재, 조상원 역. 서울: 기독교문서선교회, 2011.

McGrath, Alister E. 『루터의 십자가 신학』. 김선영 역. 서울: 컨콜디아사, 2015.

　- 『삶을 위한 신학』. 안종희 역. 서울: IVP, 2014.

　- 『역사속의 신학』. 김홍기 외 3인 역. 서울: 대한기독교서회, 1998.

Metaxas, Eric. 『디트리히 본회퍼』. 김순현 역. 서울: 포이에마, 2011.

Moltmann, Jürgen. 『몰트만 자서전』. 이신건, 이석규, 박영식 역. 서울: 대한기독교서회, 2011.

　- 『십자가에 달리신 하나님』. 김균진 역. 서울: 대한기독교서회,

2017.

- 『예수 그리스도의 길』. 김균진, 김명용 역. 서울: 대한기독교서회, 1990.
- 『희망의 신학』. 이신건 역. 서울: 대한기독교서회, 2002.

Moo, D. J., D. A. Carson. 『신약개론』. 엄성옥 역. 서울: 은성사, 2010.

Murray, John. 『구속』. 장준호 역. 서울: 복있는사람, 2011.

Murray, Stuart. 『이것이 아나뱁티스트다』. 강현아 역. 대전: 대장간, 2011.

Osteen, Joel. 『긍정의 힘』. 정성묵 역. 고양: 크리스챤다이제스트, 2005.

Peale, Norman Vincent. 『긍정적 사고방식』. 이갑만 역. 서울: 세종서적, 2014.

Piper, John. 『칭의 논쟁』. 신호섭 역. 서울: 부흥과개혁사, 2014.

Roberts, Oral. 『기적을 기대하라, 오랄 로버츠 목사의 나의 삶, 나의 목회』. 전형철 역. 서울: 서울말씀사, 1998.

Schreiner, Thomas R., Gregory A. Boyd, Bruce R. Reichenbach. 『속죄의 본질 논쟁』. James K. Beilby, Paul R. Eddy 편. 김광남 역. 서울: 새물결플러스, 2018.

Stott, John. 『그리스도의 십자가』. 황영철. 정옥배 역. 서울: IVP, 2007.

Turretin, Francis. 『개혁주의 속죄론—그리스도의 속죄』. 이태복 역. 서울: 개혁된신앙사, 2002.

Ursinus, Zacharias. 『하이델베르크 요리문답해설(세계기독교고전

11)』. 원광연 역. 서울: 크리스챤다이제스트, 2016.

Walton, John H., Victor H. Matthew, 『창세기-신명기: IVP 성경배경주석』. 정옥배 역. 서울: IVF, 2000.

Wellum, Stephen. 『오직 그리스도』(Solus Christus). 김찬영 역. 서울: 부흥과개혁사, 2018.

Wright, N. T. 『바울 복음을 말하다』. 최현만 역. 평택: 에클레시아북스, 2011.

한국 서적

권문상. 『성경적 공동체: 삼위일체 하나님을 닮은 가족 교회』. 서울: 킹덤북스, 2013.

권수경. 『번영복음의 속임수』. 서울: SFC, 2019.

권오현. 『바울의 편지』. 서울: 대한기독교서회, 1995.

김명용. 『이 시대의 바른 기독교 사상』. 서울: 장로회신학대학교출판부, 2001.

김세윤. 『구원이란 무엇인가』. 서울: 두란노, 2001.

　- 『바울복음의 기원』. 서울: 도서출판 엠마오, 1996.

　- 『칭의와 성화』. 서울: 두란노서원, 2013.

김정우. 『시편주석 III』. 서울: 총신대학교출판부, 2010.

김창락. 『갈라디아서』. 서울: 대한기독교서회, 1999.

문희석. 『모세와 출애굽』. 서울: 대한기독교출판사, 1981.

박동근. 『칭의와 복음』. 경기: 합동대학원출판부, 2012.

박명수. 『한국 교회사의 전통에서 본 조용기 목사의 오중복음』. 경기도: 한세대학교말씀사, 2009.

박익수.『고린도전서』. 서울: 대한기독교서회, 1994.

박형용.『바울 신학』. 수원: 합신대학원 출판부, 2005.

서중석.『바울서신해석』. 서울: 대한기독교서회, 1998.

이상규.『개혁주의란 무엇인가?』. 부산: 고신대학교출판부, 2007.

- 『역사의 거울로 본 교회·신학·기독교』. 서울: 생명의 양식, 2019.

- 『헬라 로마적 상황에서의 기독교』. 서울: 한들출판사, 2006.

이양호.『루터의 생애와 사상』. 서울: 대한기독교서회, 2002.

이승구.『톰 라이트에 대한 개혁신학적 반응: N. T. Wright의 신학적 기여와 그 문제점들』. 서울: 합동신학대학원 출판부, 2013.

이장식.『기독교 사상사 제 2권』. 서울: 대한기독교서회, 1977.

조경철.『신약성서신학』. 서울: KMC, 2014.

조용기.『삼박자구원』. 서울: 서울서적, 1977.

- 『오중복음과 삼중축복』. 서울: 서울말씀사, 1997.

한국 논문

권성수. "고린도전서 1:18-25 주석."『신학지남』63(4)(1996): 49-77.

길상엽. "비폭력 십자가 이해에 대한 개혁신학의 비판: 데니 위버와 월터 윙크 중심으로."『한국복음주의조직신학회』33(2019): 72-4.

김막미. "몰트만의 십자가 신학에 대한 비판적 고찰: 고난 받는 하나님을 통한 희망의 발견."『한국개혁신학』37(2013): 244.

김봉습. "고린도전서 1:30의 해석에 대한 소고—구문 이해 및 바울서신의 관련 구절 분석을 중심으로."『신약논단』26(4)(2019년

12월): 1099.

김선동. "그리스도와의 연합에서 본 칼뱅의 구원론."『장신논단』 51(3)(2019): 73.

김은수. "칼빈의 구원론 이해—'그리스도 연합'과 '이중은혜'를 중심으로."『한국 기독교신학논총』 67(2010): 170-2.

김정형. "종말의 시제로서 도래(Adventus): 위르겐 몰트만의 종말론적 미래 개념 연구."『한국조직신학논총』 34(2012): 37-9.

김지철. "십자가와 하나님의 지혜(고전 1:18-2:16 중심으로)."『신학사상』 77(1992): 273-4.

김진균. "은퇴한 몰트만의 신학적 여정을 돌아보며."『기독교사상』 (1994년 6월): 146.

김진옥. "사단에게 내어 준 자(고전 5:1-5)에 대한 고찰."『신학정론』 30(2)(2012): 628

김창선. "바울의 십자가 신학: 십자가 신학의 중요성과 교회론적 함의."『장신논단』 19(2003).

남병두. "16세기 종교개혁의 사상적 원천에 관한 연구."『복음과 실천』 52(1)(2013년): 228.

류장현. "번영신학에 대한 신학적 비판."『신학논단』 61(2010): 6-10.

문병호. "그리스도의 무릎(satisfactio Christi) I: 개혁주의 속죄론의 형성."『신학지남』 73(4)(2006).

문선희. "루터의 십자가 신학 득의."『신학논단』 35(2004년 3월): 139.

박만. "속죄론적 십자가 죽음 이해에 대한 비판적 논고."『한국조직신학논총』 39(2014): 325.

박재은. "결정적 성화(definitive sanctification) 개념과 구원의 순서(the ordo salutis) 사이의 관계성 고찰." 『조직신학연구』 27(2017): 275-6.

- "조나단 에드워즈의 속죄론: 스티븐 웨스트의 속죄론과 비교해 본 에드워즈의 객관적. 주관적 속죄 측면 사이의 균형." 『개혁논총』 33(2015): 93-6.

박충구. "탐욕의 문화와 한국 기독교의 변종성." 『사회이론』 48(2015): 36.

박태현. "아브라함 카이퍼의 영역주권(1)." 『신학지남』 318(2014): 180-2.

- "아브라함 카이퍼의 영역주권(2)." 『신학지남』 320(2014): 167-193.

박형용 외 5명. "번영 신학과 고통의 신학에 대한 성명서." 『성경과 신학』 17(1994): 144-56.

서창원. "속죄론의 신학적 지평." 『신학과 세계』 58(2007): 74.

손석태. "만인 선지자." 『개신논집』 18(2018): 5-36.

신문궤. "마르틴 루터의 십자가 신학에 직면한 한국교회." 『신학과 목회』 49(2018년 5월): 198.

신옥수. "몰트만의 통전적 구원론." 『한국기독교신학논총』 95(1)(2015): 143.

유은걸. "양심과 율법의 기능: 바울 구원론에 있어서 판단근거의 문제." 『신학논단』 49(2007): 33-56.

윤원준. "Martin Luther와 하나님의 의: Luther 칭의론에 대한 비판적 고찰." 『복음과실천』 48(1)(2011년9월): 159-184.

윤철호. "구속교리에 대한 해석학적 고찰: '승리자 그리스도' 모델을 중심으로."『장신논단』44(1)(2012): 131-62.

― "통전적 구속교리: 형벌 대속(penal substitution) 이론을 중심으로."『한국조직신학논총』32(2012): 30-1.

윤형철. "루터의 칭의 개념이 지닌 혁신성과 모호성."『개신논집』17(2017): 112.

― "성령이 일하시는 세상 속으로: 카이퍼의 일반 은혜론에서 우주적 성령론의 함의."『개신논집』19(2019): 114-41.

이상규. "초기 기독교에서의 생명윤리: 로마시대 영아 유기, 낙태, 역병에 대한 초기 기독교의 대응."『개혁논총』54(2020): 9-63.

이상원. "J. 몰트만의 십자가 신학에 대한 비판적 탐구."『신학지남』75(2)(2008): 310.

― "하나님의 형상과 그리스도인의 성품."『신학지남』82(4)(2015): 88-92.

이승문. "갈라디아 공동체의 율법 저주와 십자가에 처형된 그리스도."『신학논단』35(2004).

― "바울의 율법 이해와 갈라디아 공동체의 정황."『대학과 선교』5(2018): 123-4.

이신열. "부에 대한 칼빈의 이해."『행복한 부자연구』3(2)(2014): 47-70.

이성림. "아벨라르의 속죄론: 도덕감화설에 대한 비판."『ACTS 신학저널』20(2021): 205-36.

이영훈. "영산 조용기 목사의 '좋으신 하나님 신앙'이 한국교회에 미친 영향."『영산신학저널』7(2004): 90.

이은선. "칼빈의 칭의와 성화의 관계에 대한 개핀(Gaffin)과 페스코(Fesko) 논쟁."『한국개혁신학』 60(2018): 109.

이진섭. "바울과 율법."『Canon&Culture』 5(2)(2011): 81-121.

임열수, 박명수. "Oral Roberts 목사의 신유운동과 오순절 운동."『오순절 신학논단』 2(1999): 85-93.

정찬도. "헤르만 바빙크의 속죄론 이해: 안셀름의 속죄 만족설 해석 중심으로."『갱신과 부흥』 17(2016): 150-1.

조경철. "하나님의 능력이 나타나는 계시의 장으로서 약함(약함을 자랑하는 사도 바울의 영성 연구)."『신학과 세계』 79(2014).

조재형. "영지사상에서 살펴본 고린도후서에 나오는 바울의 적대자."『신약논단』 20(2)(2013): 443-478.

최경숙. "바울의 고난과 하나님의 능력."『신학논단』 17(2)(2010년 6월): 395-425.

황덕영. "몰트만 신학에 있어서의 경험의 개념."『한국조직신학논총』 12(2005): 74.

황창기. "W. 개스끄 박사의 '번영 신학과 신학 성경'에 대한 응답."『성경과 신학』 17(1995): 64-8.